数字化领导力

打造数字化领导力的七项认知思维

邱晓昀 ◎ 著

中国商业出版社

图书在版编目（CIP）数据

数字化领导力/ 邱晓昀著. -- 北京：中国商业出版社，2023.6
ISBN 978-7-5208-2467-5

Ⅰ.①数… Ⅱ.①邱… Ⅲ.①企业管理—数字化—研究 Ⅳ.①F272.7

中国国家版本馆CIP数据核字(2023)第074177号

责任编辑：郑　静
（策划编辑：刘万庆）

中国商业出版社出版发行
（www.zgsycb.com 100053 北京广安门内报国寺1号）
总编室：010-63180647　编辑室：010-83118925
发行部：010-83120835/8286
新华书店经销
香河县宏润印刷有限公司印刷
*
710毫米×1000毫米　16开　16.5印张　248千字
2023年6月第1版　2023年6月第1次印刷
定价：68.00元
****
（如有印装质量问题可更换）

前言

"数字化领导力"这个名词听起来很宏大,但笔者的本意并不是想要论述数字化领导力是什么。虽然已有超过二十年的咨询顾问和企业管理经验,但笔者还是认为自己并不足以承担起这项艰巨且具有时代使命感的命题。

关于数字化是什么,当今有着太多的讨论,各类专家众说纷纭,很难说有一个权威的定义。这其实也符合了数字化的一个核心特征,那就是去中心化。数字化已经跟每个人的生活高度相关,已渗透到社会的方方面面,正在深刻地改变着人们的生活。

数字化的第一层含义是它改变了人们处理信息的方式。这一点是最容易被人理解和接受的。"大历史论"创始人大卫·克里斯蒂安说,人类文明进步最为核心的一点就是体现在对信息进行加工和利用的效率的提升上。因为数字技术的进步,信息产生的速度与体量、传播的速度、加工与处理方式的进化等各方面,都产生了惊人的、爆炸式的进步与提升。2022年11月推出的大型语言模型ChatGPT惊艳了全世界,就是一个非常好的例子。ChatGPT作为一种由人工智能技术驱动的自然语言处理工具,它不仅能够流畅地与人对话,还能够撰写文案、诗歌及编码。ChatGPT之所以引起广泛热议,本质上是因为它展示了人工智能技术对信息进行加工处理并运用于生产力提升的前景展望。

数字化的第二层含义是它改变了人们的行为方式和人与社会进行互动的方式。具体体现在管理中,我们可以看到大量新出现的组织形式、全新的管理模式与概念、团队组织形态,乃至迥异于以往的全新工作场景、人与人之间的互动模式、新的激励理念等。在今天被频繁提及的诸如自组织与无边界组织、去中心化、平台型组织、敏捷团队等，都是在数字化带来改变的基础上人们对于新组织行为模式的积极探索。围绕着这一方面，已经有大量关于数字时代新组织模式与创新管理理论的文章和专著发表，来自学术界、企业界及相关领域的专家纷纷抛出自己的独到见解和最新研究成果。领导力作为组织行为学的核心领域之一，自然也会受到数字化时代下人们的行为模式不得不改变这一观念和事实的影响。

数字化的第三层含义是它改变了人们思考问题的方式，或者说它改变了人们认知这个世界的方式。

本书是探讨领导力的，让我们将话题回到领导力上面来。领导力的定义，是一个无比繁杂的课题，几乎没有一个所谓最为权威的、能够被绝大多数人广泛接受的定义。无数管理大师，如彼得·德鲁克、亨利·明茨伯格、埃德加·沙因、曼弗雷德·凯茨·德弗里德、马歇尔·戈德史密斯等人，每个人都有自己独到的关于领导力的见解。但有一点差不多是共通的，那就是绝大多数关于领导力的阐述，往往都是从行为学和关系学的角度入手的。

举几个有代表性的例子吧。马歇尔就认为，"阻碍人们持续成功的因素，既不是智力与技能，也不是能力和经验，起决定性作用的，是一个人的习惯性行为"。这句话是马歇尔对于领导力的经典定义。马歇尔理论最有价值的地方在于，人们可以通过正确的学习与训练掌握良好的行为从而提升自己的领导力。但同时该理论也反映出，一个人习惯性的行为，恰恰也会成为阻碍他持续成功的因素。所以马歇尔指出，勇于改变习惯、打破过去的自己、持续学习新的行为，就能提升你的领导力，助你成功。

德鲁克说，领导者的唯一定义就是其后面有追随者。德鲁克认为领导力就是一种领导者与追随者之间的关系艺术，领导者通过制定正确的战略、合理的激励措施、良好的管理制度，加上个人高尚的道德与诚信，就能带领人们突破个性局限，完成并超越愿景。德鲁克是从领导者与追随者之间的行为关系的角度对领导力进行的解读。

在人力资源或领导力领域有较深涉猎的人会熟悉"领导力素质模型"这个提法。从大卫·麦克利兰博士于1973年第一次提出素质模型理论开始，人们对领导力的研究基本上就都是侧重于从行为的角度进行的。麦克利兰提出的关于能力素质的冰山模型，成为领导力发展领域最广为人知的理论基础。而罗明格（Lominger）咨询公司于20世纪90年代推出的包含67个素质条目的领导力词典，则将这一理论推到了当时的一个高峰，并深远影响了其后在全世界企业界和咨询领域都广泛采用的基于行为的领导力发展方法论。

基于行为的领导力发展理论有很明显的优点，那就是易于理解、学习与练习，持续从实践中验证与修订，便于传播。这些特征都十分有利于企业快速培养管理者与领导者。不过人们容易忽视一个重要的前提，那就是这些经过反复锤炼、提炼后得到的行为素质项目，典型的说法就是经过了大量数据样本的多场景验证，被认为是行之有效的。因此今天我们能够看到的任何一家权威的咨询公司所发布的领导力模型，都会号称是积累了数以万计的经理人的领导力行为素质样本研究而来。从某种意义上说，这是一种基于大数据的对于优秀管理者共同行为特征的建模。不过需要注意的是，这个模型生效的最重要的基础，就是场景不发生变化。

而数字化对当今世界带来的最大影响，就是领导力的应用场景发生了剧烈变化。

这种变化是体现在方方面面的，从社会秩序的根基、企业生存的商业逻辑、组织构成的基本原则，到产品运作的理念与方式、客户的获取与维护，再到工作形态和人们的交互与互动，都在发生巨变。当场景发生变化时，过去曾经有效的组织行为就会失去基础，基于经验的行为素质特征也会失去其曾经有效的指引作用。这能够回答为什么我们能够频繁地看到很多优秀的传统职业经理人，在面临数字化带来的变革浪潮中进退失据、迷失自我，无法真正发挥作用。

当曾经依赖的成熟的行为模式变得不可依靠时，我们也没有新的已被定义的模型可供学习。事实上数字化的演变还在持续加速突进之中，一切都具有不确定性。在这样的情况下，我们需要记住这样一句话：认知决定行为，行为决定领导力。归根结底，决定你的领导力的，是你的认知模式！

认知就是你思考问题的方式。你思考问题的方式不同，决定了你在面临一个具体的管理场景时，会采取什么样的行为。你所采取的行为类型，就决定了你的领导力类型。如果我们将注意力关注在重新审视我们的认知模式上，了解我们的认知是如何形成的，影响到认知模式调整的决定性因素有哪些，认知的不同将如何影响到我们行为的产生，以及如何做到能够自主自控地掌控我们的行为，那么这无疑要比单纯被动地接受别人传授的固化的行为模式有意义和有趣得多。

可惜的地方在于，当今关于领导力的研究重心，依然侧重于对领导力行为本身的关注。这并不是说对该类行为的研究不重要，而是说它可能会导致管理者自然地只会关注他们应该掌握和具备什么样的行为，却缺少了真正的思考，那就是为何需要这样的行为？采用这样行为的背后机理是什么？当企业致力于提出一套成熟的领导力模型时，我们向管理者灌输的是一整套需要他们坚定践行的行为范式，而非帮助他们真正形成独立思考的能力。

每个管理者不仅需要知道一个优秀的领导者应该学习和具备什么样的行为特质，他更需要做的是去学习和思考驱动这些行为特质背后的认知模式是什么。尤其是当数字化时代来临时，旧有的行为范式纷纷失效，新的模式尚未产生，对认知部分的探究就会显得至关重要。从某种意义上说，未来对领导力的研究，认知比行为来得更加重要。

事实上，这才是本书真正想要和读者共同探讨和分享的内容。它来自笔者过去数年中所做的思考，也来自笔者对身边大量变革性企业所经历的成功与失败案例的观察，亦来自笔者在咨询经历中与各类管理者所做的深入交流和思想的碰撞。本书尝试从不同的角度，提出在数字化时代人们应当学习并运用的七种全新的思维模式，分别对应第三章到第九章，在每章中笔者都会和大家探讨在数字化时代背景下一种主流的管理困境、曾经有效的管理行为模式为何会失效、与此对应所需的新的思维模式是什么、新模式给我们带来的启发，以及与此相关的各类案例。笔者希望这种模式能够给大家带来真正的头脑激荡，促使大家形成自己的独立思考，而并非由笔者来教给大家什么是数字化领导力。

希望以本书与大家共勉。

目录

第一章　秩序与规则的打破

秩序与规则的起源与建立 / 2

百年科学管理 / 4

　　现代管理思想的启蒙 / 4

　　走进科学管理 / 6

　　科学管理思维对我们生活秩序与规则的影响 / 10

不确定性的加速来临 / 12

　　"黑天鹅事件"频发 / 12

　　结构化思维带来的束缚 / 13

　　加快扇动的翅膀——数字化的"蝴蝶效应" / 16

　　突破的边界与希望 / 19

本章小结 / 21

第二章　新纪元的领导力之变

行为范式与失效的按钮 / 24

　　无处不在的操作系统 / 24

　　按下行为范式的按钮 / 25

　　领导力场景中的行为范式 / 27

　　激励理论的演变与员工满意度 / 28

　　开始混乱的按钮 / 30

新纪元领导力的曙光 / 34

新纪元，究竟是什么 / 34

数字化改变了游戏规则 / 36

不拘一格 / 39

未来领导力变化的方向 / 42

本章小结 / 44

第三章 敏捷与弹性思维

接纳不确定性，比想象的更难 / 48

神奇的神经传导素 / 48

知识的真相 / 50

打破你最强大的地方 / 52

确定性条件下的领导力特质 / 55

执行力与标准化思维 / 56

解构与归因思维 / 57

结果导向与效率思维 / 59

敏捷思维与弹性思维 / 61

敏捷的起源 / 62

敏捷组织的特征及敏捷思维 / 64

弹性思维 / 66

与弹性对应的傲慢思维 / 68

本章小结 / 71

第四章 抽象与关联思维

抽象与概念思维的关键是穿透本质 / 74

来自心理学家的研究 / 74

探讨"数字化"的本质 / 77

偏离真相的"数字敏感" / 78

穿透"数字"的本质 / 82

抽象与关联思维服务于创新 / 86

抽象与关联思维对管理的启发 / 87

获取信息和得知真相 / 87

精确思维与经验思维所带来的障碍 / 92

无处不在的束缚——具象化思维 / 94

"松散耦合"与"情景式管理" / 99

本章小结 / 102

第五章　迁移性学习的未来

经验性学习面临着巨大挑战 / 106

人工智能的影响 / 106

经验性学习面临的挑战 / 108

深度学习面临的岔口 / 116

迁移性学习的发展 / 119

行为范式的进化——自适应的行为范式 / 119

工作的未来，预示着能力的未来 / 124

本章小结 / 126

第六章　变化与成长思维

平衡与变化 / 128

现代组织的核心特征 / 128

平衡是组织的核心特征之一，但正面临着挑战 / 132

零和思维下的效率悖论 / 133

翠贝卡案例的两种不同解读 / 135

变化的诞生与成长性思维 / 142

平衡的组织能够从内部突破吗 / 142

耗散理论与自组织理论带来的启发 / 146

创新的根源与本质 / 149

成长的奥义 / 152

平衡是成长与创新的敌人 / 153

本章小结 / 158

第七章　赋能，而非控制

控制式管理的困境 / 162

并非总是有效的"授权" / 163

新环境所带来的能力错配 / 165

赋能，致力于打造个体持续获取新能力的能力 / 169

核心要素一：适宜的文化 / 170

核心要素二：相匹配的激励与评价机制 / 174

核心要素三：参与式管理与自主决策 / 180

本章小结 / 187

第八章　共享与平台思维

从"适者生存"到"协同共生" / 190

组织发展理论中的"竞争性"溯源 / 192

"协同共生"在企业管理中的兴起，及其与竞争性的关联关系 / 196

产品思维VS平台思维 / 197

平台模式诞生的基本条件 / 201

平台思维的强大之处及平台思维的未来 / 204

平台思维的多维视角 VS 产品思维的单维线性视角 / 205

对内的控制性视角 VS 对外的发展性视角 / 207

共创与生态 VS 竞争与博弈 / 208

从无序到有序 / 210

本章小结 / 213

第九章　元认知与元能力

元认知与认知中的模式识别 / 216

徒步之旅中的"上帝视角" / 216
　　元宇宙的兴起，及"元"与"Meta"的真实含义 / 219
　　元认知的重要性与价值 / 220
　　认知中的模式识别，与元认知的二次建模 / 222
　　发挥你我身边"元认知"的真正作用 / 224

如何正确认知自我、认知自己的领导力缺陷 / 225
　　优劣势转换带来的困惑 / 225
　　能力缺陷的起源 / 227
　　两种起源因素的交织 / 228
　　接受弱项反馈的进阶思考 / 231
　　领导力的梦境与现实 / 233

元能力——打造你的学习敏锐度 / 238
　　元能力的重要性逐渐凸显 / 239
　　学习敏锐度是元能力的核心 / 241
　　学习敏锐度的反面——钝化 / 243
　　运用元认知和元能力改变自己，提升自己的领导力 / 245

本章小结 / 248

附录一：关于学习敏锐度七个维度的定义 / 250

附录二：以Digital Leadership 5™测评数字化领导力 / 252

第一章
秩序与规则的打破

　　一部人类社会的发展史,就是秩序与规则的建立、打破、重建的循环史。不同文明发展阶段背后的经济与技术驱动因素的涌现,决定了一个时代的秩序与规则的根基。在现代工业文明的助推下,管理科学的诞生,反映了各种规则与秩序的叠加、改变与演进。当不确定性时代加速来临、数字化变革汹涌而至时,新的驱动因素正在推动原有的规则不断被打破。新的时代在呼唤新的管理秩序。

秩序与规则的起源与建立

大卫·克里斯蒂安在他的大历史论著作《起源：万物大历史》[1]里写道："现代起源故事的核心是复杂性不断提升这一观念。"这是一个很简明的叙述，但是力量强大。

因为人类独有的语言能力，使得分工与协作成为人类独有的社会性能力。随着越来越复杂的社会结构的出现，从远古的氏族、村落，慢慢进化为城镇、国家，在这一过程中，体现的是一种我们称为社会秩序与社会规则的进化，托马塞罗把它称为"累积文化演变"（Cumulative Cultural Evolution）。文明的进步，体现了人们不断探索建立更为合理的秩序与规则的持续努力。

社会秩序和社会规则的诞生，标志着人类开始以集体智慧的形式来对抗大自然的挑战。无疑，自从人类掌握了秩序和规则的力量，人类文明进程的速度被大大加快了。这肯定要算一件大大鼓舞人心的事情，因为人类能够以更高的效率来利用资源，创造出越来越高效和先进的工具与技术，加快改造自然界的进程，从而能够创造出更为高级的文明。

人类在掌握了技术创新这一利器之后，以孜孜不倦的态度，狂热地推动着文明的加速进步，并建立起今天高度发达的文明。从本质而言，反映的是人类在已认知和不断新开发出来的各个领域，建立起越来越复杂的秩序和规则的过程。文明的进步，体现在人们对这些秩序和规则的不断思考、修订、完善上。人类的每一个创新和重大的技术突破，就是在现有的秩序和规则的网络上发现了新的可拓展的节点，然后，将新的节点小心翼翼地连接进现有的系统，让它们很好地连成一体，并最终汇入人类文明这一宏大的网络。

---

[1] [美]大卫·克里斯蒂安. 起源：万物大历史 [M]. 孙岳，译. 北京：中信出版社，2019年。

可以认为，当今的人类社会，是建立在一系列极其复杂的秩序和规则的基础之上的。我们高度地依赖规则，小到每个个体的日常生活、家庭团体、朋友交际、社区交往，大至我们的工作、企业运营、城市管理、国家治理、外交军事、国际贸易，等等。可以想象，如果没有了秩序和规则，这一切在分秒之间就会崩塌至无法运作。

"熵"是最近数年来流行的管理热词。奥地利物理学家薛定谔对熵是这样解释的："我们现在认识到，大自然有一种趋向于无序的倾向，除非我们能够阻止它。"熵是热力学第二定律的体现，因为熵的存在，使得整个宇宙呈现出由秩序走向混沌的趋势。在管理的语境中，熵反映的是组织的混乱程度。随着人们有能力建立起越来越庞大和复杂的组织，根据物理学定律，组织会自然地呈现出趋向于混乱和无序的状态。而为了对抗这种组织的无序和混乱，让其变得更有效率，人们就会不断致力于在组织管理领域建立和完善各种秩序与规则。应当说，这就是现代管理学诞生背后的物理定律的支撑。

大卫·克里斯蒂安指出，人类文明的进化史可以归结为人类对信息处理和利用方式的更有效利用上。从这一点出发，我们可以认为，人类在认知自然的过程中将知识和信息有序化，并形成体系的最终体现，就是形成越来越完善的秩序与规则。这种秩序与规则反映在人类文明进化的每一个方面，从最早期人类生存所需的商业贸易、城市的建立、法律的出现、政治体制的逐渐完善，一直到今天已发展到无比庞大的各个专业体系，都无不体现了它进化的步伐。

我们已经能够确定，人类在各个方面建立秩序和规则，付出巨大努力持续对其丰富和完善，并以同样的努力拼命捍卫其不被挑战和破坏，是因为人们知道，大家共同遵照秩序和规则行事，能够让所有参与人的利益被最大化。人们愿意花费巨大的时间协调各方就某一领域达成协议，是因为这远远比一碰到该情形就需要重新就此展开谈判要来得划算得多，这能节约大量的时间和资源并提高效率。而如果你被排除在这个规则之外，就好比在原始社会时期，你突然发现被你的族群排斥，你不得不单独去面对危险，这往往就意味着死亡。这就是人们如此习惯于秩序与规则的最根本原因。人们依赖秩序和规则。

百年科学管理

商业环境与组织管理的复杂程度是紧随着经济发展的步伐而不断加剧的。为了对抗因为不断增加的组织的复杂性及其熵增属性带来的无序与混乱，当今的组织管理与商业逻辑都是建立在不断致力于推出更为专业化与精细化的秩序与规则之上的。

如果我们深入研究一下当今各大主流的管理思想就会发现，从20世纪50年代开始西方进入了一个爆发期，一长串鼎鼎大名的管理大师从这个时候开始密集登场，并在随后的数十年间将西方管理思想无论是在丰富程度还是在专业细分上都推向了一个个高峰。这并不奇怪，因为管理思想的活跃程度，与第二次世界大战结束后世界经济迎来的高速发展的黄金时期是完全匹配的。时间进入20世纪90年代后期，随着互联网、大数据及人工智能等新技术的出现，各类新的管理思想再次迎来了大爆发。

但如果我们认真梳理各主要的管理流派在过去的一个世纪中的发展并进行溯源，将会有一些有趣的发现。其中最为重要的一点是，现代西方管理思想起源时的出发点，在今天仍然对我们管理与日常组织行为的方方面面产生着巨大的影响，这不得不令人称奇，并值得我们思考为何如此。

现代管理思想的启蒙

关于当今主流的管理思想，可能有两个没有想到，也是大家之前没有给予足够重视的地方。

一、现代管理的起源并非过于久远

虽然早在18世纪爆发第一次工业革命，亚当·斯密于1776年出版的《国富论》❶奠定了现代经济学的基础，但真正意义上的现代组织结构直到20世纪初期方才初现端倪。按照一般规律而言，管理对象的出现，总是要早于相应的管理思想的出现。

1900年，柯达公司和拜耳公司成立。在那个时间点，后世意义上的大规模工业化生产尚未产生。1903年，第一架飞机完成试飞，福特汽车公司也在同一年成立。仅仅花费了十余年时间，在1917年，福特汽车公司即成功交付第100万辆福特汽车；仅在第一次世界大战期间（1914—1918年），参战各国就生产制造了共计18.19万架飞机并送上战场。20世纪初期，真正开启了大规模工业生产的狂飙时代。

大规模的工业化生产是历史上首次出现的新鲜事物，它必然会催生与之相符的现代化管理思想。事实上，法国工程师亨利·法约尔被普遍认为是提出现代管理理论的第一人。他在1916年发表的《工业管理与一般管理》❷一书中，提出了著名的14条"管理的一般原则"。其中，包含了大量的一直沿用至今的基本管理概念，包括"劳动分工""职权和职责""个人利益服从于整体利益""等级链""团队精神"等。在法约尔之后，随着大型机构发展的突飞猛进，各类现代管理思想也纷至沓来。

二、泰勒的科学管理对当今管理思想的影响

在今天，无论是在各大商业管理类课堂教学中，还是在企业为管理层提供的各类管理培训中，泰勒与他的科学管理都不会占据一个重要席位。毕竟，在人们的印象中，科学管理就是一个关于工业时代优化生产效率的流水线管理理论，它既过时老套，听起来也并不复杂深奥的样子，使得人们缺少深入探究的兴趣。事实上，在过去的20多年中笔者也是持有这样想法的人群中的一员。直到笔者开始着手研究现代管理思想的核心特征及其演变时，才发现人们大大低估了科学管理对当今管理思想影响之深远。

---

❶ [美]亚当·斯密.国富论[M].郭大力,王亚南,译.北京：商务印书馆, 2019年。
❷ [法]亨利·法约尔.工业管理与一般管理[M].迟力耕,张璇,译.北京：机械工业出版社, 2021年。

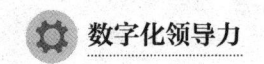

走进科学管理

弗雷德里克·温斯洛·泰勒于1856年出生于美国费城的一个富裕家庭。在他成长及受教育期间，正是美国东海岸的工业发展迅速上升期，当时的钢铁业和机械加工制造业蓬勃发展。泰勒最广为人知的，是他提出的"科学管理"理论。他精力充沛，涉猎极广，对众多领域都表现出了极大的兴趣。

泰勒是个发明家，他一辈子申请了40多项专利，其中很多的专利对后世产生了巨大影响，很大程度上推动了大规模生产技术的出现及应用，比如他所发明的"泰勒—怀特金属工具处理法""磨球法""动力锤"等。

泰勒也是个运动家。他靠自己强大的意志力和有别于对手的创造力，曾赢得1881年的美国网球公开赛双打冠军。之后，他又开始以极大的热情投入高尔夫球运动中去。

在泰勒投身运动时，就展现出了与他人迥然有异的思维方式。泰勒似乎对通过改良运动器具本身来提高运动成绩的兴趣更大一些。例如，他曾经专门给自己设计了形状像勺子的网球拍，设计了取得专利的草坪网球网，发明创造出高尔夫球运动中的一种"Y"形推杆，重新设计了特制棒头的超长球杆，等等。

当然，泰勒最为重要的身份，依然是因在现代管理理论方面做出了重大贡献而被认可为管理理论家。泰勒于1911年发表了《科学管理原理》[1]，系统阐述了他对于科学工作方法、组织方式、标准化管理、效率的追求和提升等各方面的看法，并提出了他的理论根基。

我们无须去重新翻阅和学习出版于100多年前的《科学管理原理》。但需要指出的一点是，以下我们列出的当今主流管理思想的四大核心根基，是完全发轫并建立在科学管理的基本原则之上的。

一、分析、还原，找到最佳方法

泰勒天生就是一名优化师。他的一生都在追求所有的事情"有一种最佳

---

[1] [美]弗雷德里克·温斯洛·泰勒. 科学管理原理[M]. 马风才,译. 北京:机械工业出版社,2021年。

方法"。寻找最佳方法，是泰勒兴趣广泛的一生在各领域中都致力于践行的最为核心的一项原则，是他提出的科学管理理论的基石。

事实上，如果追根溯源，这种思考和解决问题的方式，和起源于17世纪的欧洲，并在随后数百年内深刻影响了世界科学发展进程的"还原论"是同出一辙的。在还原论思想中有一个很经典的比喻，它将事物比喻为一个钟表，如果要弄清楚钟表的构造和运行规律，那就必须把它拆卸、分解开来，还原到它最基本的组成单元，才能把想知道的问题弄清楚。还原论是物理学和数学相结合的产物，所以它会运用物理的视角和数学的方法，将物质对象进行层层解析和分解，从分子到原子，再到电子和夸克，并用数学的方式来表达其内在的组合和变化规律。

这种思考和解决问题的模式对今天的管理有着极为深刻的影响。比如，我们一直都提倡的工作分析法，就是科学管理中的分析原则的极佳体现，它完美再现了泰勒将工作内容拆解成一个个动作，再对每个动作进行仔细观察以寻求最佳完成方式的思路与逻辑。

对于复杂的组织与流程类问题，人们习惯依赖的问题分析模式也同样如此。当人们发现组织运行不畅，或流程效率出现问题时，会着手致力于采用放大镜分析的手段，逐一检视构成组织的每一个组成成分的职责、定位、分工、协作关系、工作条件与标准化产出、关键指标的完成情况，等等，尝试从尽可能微观化的角度发现问题。这就好比现代西方医学从细胞生物学的角度来解释所有疾病的成因，且治疗手段也是从此入手。

分析与还原论对当今社会的影响之深超乎了我们的想象。这种对问题和事物进行逐层解构，通过呈现事物最本源状态来寻求解决方案的思路，不仅仅体现在管理理论的发展上，还体现在了社会科学发展的方方面面，并已经渗透到我们的日常。

二、标准化，追求秩序

在分析问题的基础上，泰勒认为一切都是可以被标准化的。在他的眼中，只要建立严格的、规范的、可测量的管理标准，使用明确的工作流程，就会充满秩序之美，并且一定会产生最优的结果。所以，标准化与追求秩序，是科学管理的第二大贡献。

事实上，在泰勒之后的管理学家们，把标准化这个管理原则又往前大大推进了好几步。曾几何时，在中国大量的企业和工厂的墙壁上，都挂着5S管理的标语。5S管理的内核，就是高度的标准化，它会要求企业的职场环境、成本控制、按时交付、安全生产等各方面，都严格按照最佳定义的标准执行。科学管理的这一原则相信，如果过程与每一个环节是科学和符合秩序之美的，那么结果一定是好的。

在今天，标准化这一原则是如此地普及。无论是你走进一家连锁餐厅的后厨，碰到餐厅的厨师长，或是来到一家大型超市的安保经理办公室，又或是进入一家世界五百强企业仓储中心的计划调度经理的办公室，你应该都能在他们的办公桌上发现一本印着各自公司 Logo 的标准化操作手册。

应当看到，这一原则在当今的管理界得到了广泛的应用。企业要求对每一个岗位必须撰写岗位说明书、对工作方法则提出标准化工作流程（Standard of Business, SOB）的概念。当你作为项目经理在企业内部横向推动一个协作项目时，你可能会碰到的频率最高的问题之一就是："你所做的符合公司的 SOB 吗？"人们不一定会挑战你所做的工作的合理性，但一定会关注你所做的是否符合公司制定的标准。因为他们相信，这些 SOB 是公司花费了巨大的资源，经过了无数专家反复验证之后的最佳流程，它就应当成为所有人开展工作的依据和指南。

三、效率至上

泰勒在世时因为他提出的科学管理而受到极大尊重的最重要原因，应归功于他在效率论上的显著成就。大量的工厂因为采用了他的效率理论，生产效率均获得了惊人的提升。这一成果，让科学管理成为那个年代的"圣经"。西方诸国纷纷邀请泰勒前往演讲，传播他的管理思想。

历史学家罗伯特·卡尼吉尔写道："到了20世纪20年代，似乎现代社会都整体拜倒在一个统治性的理念脚下：浪费是可耻的，效率是最高利益。"泰勒的理论在当时有着宗教般的影响力，推动了整个社会对效率的关注。

不过，效率这一原则的提出，让泰勒在世的时候也受到了极大的争议。有的管理学家批判泰勒的科学管理过于强调效率，而完全忽视了管理中人的作用和价值。直到20世纪60年代，麻省理工学院教授道格拉斯·麦格雷戈提出了著名的"X"理论和"Y"理论。其中,"Y"理论认为人是可以自我激励、自我控制的,如果给予员工更好的尊重,管理者就可以获得更好的工作成果,这与代表泰勒方法的"X"理论相对立。

但批评泰勒的人似乎没有注意到,"效率"在事实上已经成为当今所有企业共同追求的终极目标。难道在今天,还有企业会说它并不关注如何通过合理投入,来获得一个最佳产出的这一逻辑吗?资产回报率(Return On Equity,ROE)和投资回报率(Return On Investment,ROI)这类效率指标,一直都是当今公认的衡量企业是否优秀的最重要的指标。从这个角度而言,泰勒的科学管理对今天最重要的影响就在于此。泰勒第一次如此清晰和鲜明地定义了,我们所做的一切努力,都应当是紧紧围绕如何提高效率。只不过,在泰勒时代,他是通过对工作流程的不断分解和优化,精确定义每一个工人的每一个动作,定义每一个职场人士完成每一个任务的步骤,来达到提升效率的目标。而在今天,我们能够拥有的管理手段和技术手段会更多,我们有强大的计算机和网络,我们有更加好用的项目管理工具和手段,我们甚至开始拥有超级计算机和人工智能,这些,都能不断帮助我们提高效率。但我们要知道,企业应追求效率这个管理理念,是泰勒最先明确定义并推动起来的。

四、一切皆可衡量

我们今天都非常熟悉彼得·德鲁克的名言——如果你不能衡量它,就不能管理它(If you can't measure it, you can't manage it)。我们相信,今天所有的企业,都在进行绩效考核和绩效管理。"考核",在某些特定情形下,几乎成了管理的代名词。但少有人知道,第一次在商业组织中提出考核概念的人,是泰勒。

在最早的工厂里,是泰勒定义了管理者的职责,并明确指出,"衡量"应当是管理者最为核心的工作内容。泰勒要求,管理者应当是个监督者,他是记录员、报告员,负责收集与决策相关的信息,由此定义出了一个致力于监督、测量和观察的全新的工作角色。管理者基于收集到的信息,对工作流程的执行情况进行判断,对工人的工作成果进行判断,反馈可供改善和优化提升的信息,这是科学管理赋予管理者的职责。从这个意义上讲,它和我们今天在MBA课堂里所讨论的企业绩效管理也并没有什么本质上的区别了。

管理理论发展百年以来，考核的理论或许已经升级多次，无数新的方法和工具在不停涌现。从彼得·德鲁克的目标管理到罗伯特·卡普兰的平衡计分卡，从 KPI 到 OKR，考核的逻辑或许会变，但考核在管理上的本源意义却一直没有改变，考核的基本要素也从来没有改变过，只不过是考核过程中所使用的管理工具和方法的复杂程度在不断攀升而已。

科学管理思维对我们生活秩序与规则的影响

也许是因为时代过于久远，也许是因为人们在提到泰勒的科学管理时总容易仅将其贡献跟流水线生产工艺的改良关联在一起，但从以上对泰勒科学管理的四个管理要素的分析可以看到，我们似乎严重低估了科学管理对现代社会的影响力。从经济体系，到政府运作体系，到社会生活，到我们每个人在日常生活中不自觉而遵循的各种潜意识逻辑和理念，科学管理是无处不在的。在很多情形下，科学管理是如同空气一般的存在。后世绝大多数的管理思想，或多或少，都会带着科学管理的影子。

我们就拿现如今每个人都无比熟悉的"组织"作为一个列举的对象。因为社会生产力的高度发展，当今社会组织的演进已经到了一个极其庞大的程度，关于组织管理的各种理论也是极其丰富的。不过，无论这些组织身处哪个行业，或者跨出了经济的范畴，来到军事、政府治理与城市运营、社会公益与民间组织等领域，如果你认真观察所有不同类型组织的组织架构，你会发现一些惊人的共性特征。

这些特征包括，组织首先会强调分工。这种分工，一般都会到组织的最小单位，我们在今天会称之为"岗位"。清晰地定义每一个岗位的职责、责任、权力的大小，以及它的工作边界，已经成了组织管理的第一要义。对照科学管理的原则，你会发现"分工"正好体现了其要求每一个任务应当由最合适的人，以最合适的方式完成这一要义。

其次，所有的组织都会强调专业领域的划分，会制定出层级分明的架构，在大型组织中会嵌套进去一层层更小的组织单元，进而明确每个组织单元的功能与界限，以及它应当如何与其他单元进行协作和配合。

如果我们以一种宏观的方式来观察，你会发现几乎所有的组织设计者，都倾向于把它设计成一个类似于超级精密运转的复杂机器。这个机器由不同的部件组成，每个部件都有精心设计的独有功能，它们按照设定的规则与程序有条不紊地啮合在一起，共同完成一个更为复杂、高级和宏大的目标。如果我们发现机器不太能有效运转，那么我们就会以解构的方式来分析其各个部件，观察部件是否存在磨损或设计不良，观察部件之间的咬合和传动是否存在缺陷和不足，如果发现问题，那我们就着手修改和完善。我们设计一个组织的思路，基本上就是还原论思路的延续，它与泰勒的科学管理的思维方式，是高度一致的。

与人沟通，我们喜欢听人说"第一……第二……第三……"，如果对方不这样，我们就会失去耐心，会"关闭"自己的耳朵，或者干脆打断对方："喂喂，你的结构呢？你的逻辑呢？"关于有效沟通的界定，你会有一个强烈的判断。这种科学思维方式，甚至可能是你不自知的。

这样看来，科学管理是深入我们工作与生活的每一个细节的。对越是善于思维的专业人员来讲，越可能是如此，因为我们的思维方式被训练如此。我们已经被训练为习惯于用各种方法论去"分析"与"解构"一切，尝试去判断，去发现问题，去抓住规律和解决问题，去发现秩序之美。

彼得·德鲁克认为，在论及对现代思想的影响程度而言，泰勒要比卡尔·马克思来得更大一些。后世的很多管理学者和评论家都持有类似观点。

不能否认，科学管理成了现代管理学最重要的思想来源和根基之一。虽然在之后的百年之中大量的争奇斗艳的管理思想开始涌现，但无论从哪个角度去衡量，科学管理中强调的还原论、标准化、效率优先、考核，一直都是各个管理流派努力遵循的基准与原则。

那么，这样有什么不好吗？会带来什么问题吗？

其实，最大的问题，在于今天我们所处的这个世界，环境在变。世界正在从一个稳定的、有秩序的社会，变为充满越来越多不确定性的、模糊的世界。在一个正在越来越充满不确定性的世界中，科学管理的根基和边界，都在受到极大挑战。

不确定性的加速来临

"黑天鹅事件"频发

在今天，人们是如此娴熟地讨论着"黑天鹅事件"，就好像这已经是一个伴随我们多年的概念。我们每个人都能很准确地给出"黑天鹅事件"的定义，都能不假思索地给出一些"黑天鹅事件"的典型例子，无论是政治性事件，还是资本事件，都能信手拈来。

"黑天鹅事件"这个提法的产生，其实距今不过16年。在2007年，一位名叫纳西姆·尼古拉斯·塔勒布的美国著名衍生性金融商品交易员出版了《黑天鹅效应：如何及早发现最不可能发生但总是发生的事》（*The Black Swan: The Impact of the Highly Improbable*）一书。这本书甫一问世就成为全球畅销书，作者第一次向世人阐明"黑天鹅事件"这一定义，即指不可预测的重大稀有事件。

当人们回顾1997年的亚洲金融海啸、2000年的互联网"泡沫"破灭、2001年的"9·11事件"时，习惯上会把它们列入这个时代的重大"黑天鹅事件"。但事实上，这些著名事件发生时，还并没有"黑天鹅事件"这种提法。

事实上，发生在2008年的美国次贷危机并由此引发的全球金融风暴，是历史上第一次以"黑天鹅事件"的名义进入人们视野的。由于这一次金融危机影响深远，也借此机会，"黑天鹅事件"这个名词传递的概念形象而简明，迅速成为热点，并一举成为人们对于不可预测的重大稀缺事件的指称代名词。

大家需要留意的是,"黑天鹅事件"的一个重要属性,必须是极度稀缺,正如 17 世纪之前的欧洲人,从未意识到在世界的某一个遥远的角落,还存在一种黑色的天鹅,直到后来有人在澳大利亚见证了这种前所未有的动物的存在。

但是在今天,如果你上网随意搜索一下"黑天鹅事件"这个关键词,就会很轻松地发现网上充满了诸如"某某年度十大黑天鹅事件",或"年度股市十大黑天鹅事件"之类的新闻稿。很显然,这已然显著违背了"黑天鹅事件"最重要的稀缺属性。相比纳西姆·塔勒布的最初定义而言,如果这些事件每年都会发生数十起,那么就已经不能被称为"黑天鹅事件"了。

自从进入 21 世纪以来,"黑天鹅事件"在以比以前高得多的频率出现,诸如波音飞机危机(2019 年)、史上第一次出现的原油期货交易负值(2020 年)、英国脱欧……从这一连串的事件中,你可以很容易地得到一个结论,那就是"黑天鹅事件"出现的频率,在大大增加。在这种情况下,我们不可避免地会进行思考:为何会出现这一现象?当不确定性加速来临之际,我们的管理理论应当做出何等的改变?

结构化思维带来的束缚

归类是人们与生俱来的一种能力。

每个小孩子都会自然而然地把世界上的人分为好人和坏人。每当在文学作品、影视作品,也包括生活中接触到的陌生人,小孩子们几乎一秒钟就能根据他们的直觉来进行判断。很显然,在他们自己还并不复杂的世界观里面,就已经贴上了好人和坏人的标签。这些标签可能简单,但足够清晰和醒目,以至于小孩子可以毫不费力地进行判断。

随着他们长大,他们会慢慢认识到这个世界更加复杂,人的分类也要更加复杂一些,人不再能够简单地用两分法的方式区分为好人和坏人。比如说,大人可能就会这样来描述一个人:他很善良,对朋友非常友好,在陌生人面前可能会显得有些内敛和羞涩;如果在熟悉了之后,你又会发现他有活泼和幽默的一面。在这样的描述中,你会发现这个人具体了很多,更加真实了,因为多了很多细节。需要注意的一点是,这些你所认为的细节,都是通过运用大量的标签在定义这个人。比如我们在上面的描述中就提到了"善良""友好""内向""羞涩""活泼""幽默"这样一些词。这些描述性的语言，就是我们贴给他的标签。我们之所以可以以很快的速度了解他，就是因为所有人都熟知这些标签的含义。

归类，就是人类不断给我们所认知的事物贴标签的行为。我们之所以进化出这项能力（之所以用"进化"这个词，是因为我们几乎与生俱来这项能力），是因为它反映的是在人类文明进化过程中，我们对不断积累的信息更高效处理的一种本能方式。同类性质或相关的信息不断被归集在一起，人们慢慢发现了这类事物共同的特质和特性，如果将这些特质和特性以一种抽象方式表达出来，就成了我们熟知的标签。如果表述得更为精确一些，就成了一些大家能够达成共识的概念。

人类通过学习不断掌握已有的概念以形成知识的积累。经过数千年的积累，人类已经建立起超级复杂的学科体系，在几乎每一个体系内都会有无数聪明绝顶之人在孜孜不倦地继续开拓和形成新的知识。这方便了绝大部分的普通人，我们能够以更加便捷高效的方式学习和掌握这些知识。我们通过为看到和碰到的事物贴标签，大幅提升了认知和交流的效率。

当习惯对事物标签化后，我们会发现这会给我们带来极大便捷。比如当我们与家人讨论一个度假方案时，每个人都会提出自己的想法。但最终，大家可能在这样一些关键词上达成一致：足够远、雪山、徒步、原始的大自然、悠久人文。这一系列标签化下来，实际上可选方案就呼之欲出了，安排一次遥远西部地区的旅行，极有可能成为最终的方案。如果将我们讨论的主题更换为一个管理或商业场景的问题，你会发现讨论的逻辑是完全一样的，每个人轮流地飞速抛出最能代表自己想法的关键词，因为这些关键词的高度标签化，使得大家以意会的形式能够形成分秒间的意识层的交流，从而极大提升了这些严肃且复杂讨论的效率。

如果在标签化的基础上我们再进一步，那就是结构化了。

标签化是指将我们所需要处理的信息进行归类处理。而结构化要复杂一些，它指的是将我们思考问题的方式程式化。本质上，它也是一种基于经验的学习，将我们认为更有效、更强有力地思考问题的方式归类出来，形成规律和知识。

比如，三段论是人们常用的一种演绎推理结构。举一个三段论的简单例子：所有的天鹅都会下蛋（A，大前提），黑天鹅也是天鹅（B，小前提），所以，黑天鹅也一定会下蛋（C，结论）。人们发现这种思维方式是非常有效的，因而会将其应用在很多领域，比如推理论证、论文写作、科学研究等。

标签化，将事物分类，结构化会使人们变得更富有效率。这会带给人类一种强大感。这种强大感达到一定程度，会让我们产生幻觉。这种幻觉就是，我们好像已经认识了全世界！

在我们习惯性地为事物贴上标签，进行分类和结构化的时候，我们就容易犯一个将概念泛化的毛病。这种泛化会让我们自然而然地忽略可能存在的不确定性和模糊性，正是这种疏忽，会使我们犯下错误。比如，将问题简单化了，我们直接关闭了认识不确定性的窗口，从而让不确定性最终酝酿成巨大的风暴。

如果我们面对的始终是一个被经验性主导、高度明确的有秩序的世界，那么这种概念的快速迁移不仅不会是问题，反而是一种快速学习能力的反映。我们是如此依赖这种通过迅速的标签化和结构化方式认识这个世界的能力，以至于人们进化出了一种特别的技能。我们以那些受过良好的教育和精良训练之人为例，他们对各种复杂概念的掌握既深且广，对概念之间精微之处的差异也有相当之了解。当面对未知的新事物时，这一类人会展现出强大的自信，采用高度结构化的分析问题的方式，与他们大脑中既有的丰富概念进行一一精确匹对，快速解构问题，迅速对下一步可能发生的情况进行预测和判断，并给出他们对新事物的预测和回答。

上述的这个过程描述是不是让你有些熟悉之感？没错，如果这个场景发生在企业内，我们通常把它称为战略规划。无论你是就一个新产品的推出，或准备开拓一个全新的市场，或如何达成一个增长的三年目标，这种战略规划工作在本质上是在就未来发生的可能性进行预测。

这种战略规划能力在很多时候都会让人们感觉强大，因为它让人感觉自己可以掌控未来。但是在今天这个越来越充满变数的时代，无论是创新性技术的推动、颠覆性商业模式的不断推出、变幻莫测的社会与政治因素，还是不再可预测的消费者购买行为与习惯等，人们会发现传统的战略规划不再那么有效了。最主要的原因，可能就是传统的结构化认知事物的方式不再正确和有效。

简而言之，当"黑天鹅事件"发生时，通常是我们的预测系统出了问题。我们得承认，我们对日常生活的绝大部分观察，都是符合过往经验认知的。我们对事物的分类和结构化，绝大部分也都是准确和有效的。正是因为这一点，会让我们高度依赖于此。正是这种依赖性，让我们认为减少了模糊地带、降低了复杂性、忽视了不确定性，从而让"黑天鹅事件"发生。

标签化与结构化，是人类认知事物时所习惯使用的强大工具。秩序与规则，则是标签化与结构化的体系化反映。管理规则的建立，反映的就是人类对组织中出现各类管理问题的标签化识别，以及对最佳应对方案归纳形成指导性原则的过程。

而对不确定性加速到来的当下而言，我们终将发现：过于依赖经验的标签化和结构化思维将不再那么地有效，运用现有的秩序与规则对未来的预测正在失效，我们亟须找到一种新的方法来认知未来。

加快扇动的翅膀——数字化的"蝴蝶效应"

"一只南美洲亚马孙河流域热带雨林中的蝴蝶，偶尔扇动几下翅膀，可以在两周以后引起美国得克萨斯州的一场龙卷风。"这是美国气象学家爱德华·洛伦兹于1963年初次提出"蝴蝶效应"的一个表述。

"蝴蝶效应"在过去的数十年中，它经典的定义是指事物的发展对初始条件有着极为敏感的依赖性。初始条件的极小偏差，都将可能会引起结果的极大差异。"蝴蝶效应"本质上是用来反映一种极低概率事件，它打破的是一种人们原来固有的因果决定论。如果从结果倒溯的角度看，你是绝难预测最开始的触发条件的。极端的不确定性，是"蝴蝶效应"的本质特征之一。

今天的情况发生了一些变化。那只快乐、单纯的海伦娜闪蝶如今具备了数字化手段，它可以在世界的任何一个角落，和地球上无数只蝴蝶一起联手，共同掀起一场可以颠覆这个世界的巨大风暴。

发生在2021年1月的华尔街散户抱团对决华尔街金融巨头的事件，就是一个典型的"蝴蝶效应"的数字化故事。

游戏驿站（GameStop）是一家于1984年在纳斯达克上市的视频游戏零售商，因业绩低迷，被资本市场认定几无购买价值。不过，在接下来的故事里，游戏驿站并非主角，而围绕着游戏驿站的股票展开博弈的双方，上演了一场精彩的对决。

相比较于稳居支配性统治地位的华尔街金融巨头们，华尔街散户们就是那些扇动着翅膀的海伦娜闪蝶。他们单独个体的力量薄弱，个人能够调动的资源极为有限，发出的声音弱小，只能在金融巨头们制定的游戏规则下进场玩耍。他们有一个虚拟的社交广场——在一个叫Reddit的互联网社区网站上有一个叫华尔街赌徒（WallStreetBets）的论坛。这个论坛，是他们的最爱。在游戏场中，有极少数的"闪蝶"发现了游戏驿站这只股票，他们认为这只股票具有投资价值，于是在论坛中交换信息，召集大批其他的"闪蝶"，制定了联手买入的策略，从而迅速推高了股票单价。

华尔街金融巨头们并不看好这只股票。众多机构事实上都采用了做空的策略。著名做空机构香橼公开发表观点称散户们将成为输家。这一发言激怒了"海伦娜闪蝶"们，他们在华尔街赌徒论坛上聚集起来，制定了极具号召力的联手一致的抱团策略，坚决买入，坚定持有，进一步推高股价。

大型机构感受到了来自"海伦娜闪蝶"联手的强大压力。他们开始制定反扑策略，一些前所未有的强硬手段也纷纷上场。这里面就包括了强行关闭华尔街赌徒论坛、强行关闭被交易股票的交易通道等。但这些违反市场规则的手段引发了民众、政界及监管机构的关注，交易通道被迫重新打开，机构在这一轮较量中损失惨重，"海伦娜闪蝶"们赢得了第一轮的胜利。游戏驿站的股价在数周后终归还是慢慢回归到它应该所在的价格区间。但不能忘记的是，在这一轮博弈中，华尔街金融巨鳄们面对散户的进攻损失惨重。其中，Citadel基金在此次事件中损失约20亿美元，Melvin Capital则至少损失了40亿美元。

这次事件激发人们就此而进行了极为广泛和深入的讨论，其影响之大，甚至让美国证监会考虑就交易披露规则进行改革。不过，我们研究这一事件的角度略有不同。让我们先从以下几个有趣的问题开始。

（1）这是历史上第一次散户战胜华尔街大型机构的案例。散户的胜利固然鼓舞人心，但人们不禁要问，它为什么发生在这样的一个时间点？

（2）跟过往相比，对决的条件有了什么更改？

（3）华尔街传统的金融巨头们坐拥强大的资金优势、高度专业化人员、最先进的数据分析与决策系统、强大的组织保障，为什么会败于实际上毫无组织、极为松散、资金量远远处于劣势的散户？

（4）当个体战胜组织时，我们应如何重新思考组织的价值？

认真回顾这一事件，我们有几个重要发现。

（1）"海伦娜闪蝶"们利用了一个非常强大的数字化武器（他们50多年前的前辈们所没有的）。互联网论坛能够让散户们紧密地联系在一起，他们交换信息，制定攻守同盟的规则，采取一致行动，这样让个体力量极其微弱的散户们加在一起的力量，第一次超过了一直以高高在上姿态藐视他们的庞大机构。几只"海伦娜闪蝶"翩翩起舞，巨头们可以挥手间就驱散他们。但无数只"海伦娜闪蝶"，以一个看不见的数字化网络紧密连接在一起，宛如有一只无形的大手在指挥他们，这样就产生了难以想象的力量。

（2）无数只"海伦娜闪蝶"集中在一起的行动策略，宛如有一个集体智慧。这个集体智慧能够根据环境的变化、对手策略的变化，灵活而有效地制定应对手段，其执行效率也远远高于复杂的大型机构。可以想象一下，如果机构巨头们想要达成一个与散户类似的攻守同盟策略，机构之间需要召开各种极其严肃且复杂的高层会议，这类会议充满了争吵、辩论、利益交换，但注定会旷日持久。相比较而言，"海伦娜闪蝶"们的反应则显得快速、灵活且有效。我们把这种反应机制称为"网络神经反应系统"，在后面的章节中，我们还会就此做进一步的讨论。

我们可以观察到，在这个华尔街案例中，"海伦娜闪蝶"们制胜的关键因素是数字化手段的助攻。单只海伦娜闪蝶扇动翅膀能引起的变化与50多年前相比，没有任何不同。如果说在50多年前，单只闪蝶扇动的翅膀就已经能够引发遥远地方的风暴，那么在今天，如果有人能隐形指挥无数只闪蝶一致行动，那么它将引发何等巨变！这是最能让我们重新思考数字化之后的

"蝴蝶效应"的切入点。

50多年前的爱德华·洛伦兹一定不会想到他当年所定义的极微小事件（单只闪蝶）不再是孤立和散乱存在的，而是能够以今天的方式紧密联系在一起。因为这些微小事件数量的无穷性，它们被连接在一起而呈现的组合方式会更加无穷大。这样一来，"蝴蝶效应"所指的不确定因素可能会带来的巨大影响，就会被进一步无限放大。在数字化时代，"蝴蝶效应"的定义应当被改写了。

换言之，在数字化时代的"蝴蝶效应"，具备了如下几个全新的特征。

（1）因为数字化手段的助攻，蝴蝶扇动翅膀的速度加快了。

（2）因为数字技术的连接所产生的神经网络效应，让蝴蝶之间能够产生极为顺畅的组织协同效应，其反应的速度和效率远超传统组织，并能够主观产生极大能量。

（3）单独的蝴蝶个体不再是一个极微弱的初始条件，传统的"蝴蝶效应"也不再是一个极端不可预测的模糊事件。

（4）个体不再是可忽视的微小力量。"可联结"与"可叠加"的特征，会让"蝴蝶效应"的影响力急剧放大。

我们进一步注意到，在今天的数字化时代，每时每刻都会有无数新的数据和信息在加速产生。每一个新产生的数据和信息，都会成为"一只翩翩起舞的蝴蝶"。持续不断进步的技术，则在为这些"蝴蝶"提供越来越强大的连接手段和武器，因而，越来越剧烈的风暴，将会以越来越频繁的速度在世界各地发生。这将是未来数字化时代的常态。

"蝴蝶效应"的改写，反映出数字化时代对组织价值和个体价值的改写。事实上，数字化变革影响到我们的东西还有更多，例如对管理的基本规则、对领导力的核心原则、对企业文化与人的思考、对商业创新与管理变革的推动、对自我认知与领导力进阶等。这些，都将是本书探讨的范围。

突破的边界与希望

"黑天鹅事件"是不受欢迎的吗？如果回看过去已发生的重大"黑天鹅

事件",很显然每一次都给人类带来了重大伤害。《黑天鹅》[1]的作者塔勒布也承认,关于"黑天鹅事件"其实有一个悖论。根据塔勒布的定义,不可预测是"黑天鹅事件"的核心条件,那么人类无论怎样去加强对不确定性的认知,也无助于改变未来"黑天鹅事件"的发生。

这样一来,我们认识不确定性的意义在哪里呢?

不确定性是指在我们现有的标签体系中难以包含的模糊的那一部分。因为不能被已知的知识解释,所以它对人类而言通常是未知的部分。

塔勒布特别地指出,如果就每一次重大的科学技术突破而言,它实际上是所在领域的一次重大的"黑天鹅事件"。在这个颠覆性技术出现之前,没有人会预料到它,它也超出了现有经验与知识能够解释的范畴。因为科学家勇于踏入未知领域,以自己的睿智与洞见,发现与定义了全新的事物并带到人们面前。在历史上,也有无数次这样的新技术出现之时面临质疑与挑战。但也正是这些科学技术的突破,帮助我们不断提高人类能力的边界。

这就好比人类将象征登顶的旗帜插上了一座又一座未经征服的山峰。这是一个让人激动不已的过程,因为人类对未知领域的持续探索,我们已经将探索未知领域的边界推到了难以想象的极远之处。而每一个新出现的不确定性事件,就是在为我们提供一座未经攀登的山峰。

我们从来不会为已经知道多少而感到满足,我们只会为知道还有更多的无知而感到时间紧迫,这是无数智者通过他们自己的卓绝努力而验证的真知灼见。

当今因为不确定性的加剧,导致不确定性事件越来越频繁地出现,从另一个角度看,实际上是证明了因为技术的进步,人类在自己已知的知识范围之外又画了一个更大的圆,因而也将更大的未知领域开放在我们面前,我们也因而进一步加快了对未知领域探索的步伐。从这个意义上而言,我们不应担心和惧怕不确定性事件的发生,因为每一次突如其来的颠覆我们传统认知的事件在给我们带来深重影响(因我们不能预测和缺乏应对)的同时,也会带给我们突破边界的希望。

---

[1] [美]纳西姆·尼古拉斯·塔勒布.黑天鹅[M].万丹,刘宁,译.北京:中信出版社,2019年。

本章小结

● 秩序和规则，是人类在认知自然的过程中将知识和信息有序化，并形成体系的最核心体现。秩序与规则的建立，使得人类得以将集体智慧体系化，并运用在集体对大自然的改造上，以更高的效率去追求更高的目标。

● 大约100年前，人类社会的发展与进步到了一个加速点。因为新技术的爆发式出现，大规模工业化生产与复杂的现代形式的组织机构得以出现。在此背景下，现代管理思想开始萌芽。

● 泰勒的科学管理因为其在四个方面的卓越贡献，影响了随后百年的管理思想发展，并进一步影响到每个人的生活方式及思考问题的方式。

- ✓ 分析、还原，找到最优方法；
- ✓ 标准化、追求秩序；
- ✓ 效率至上；
- ✓ 一切皆可衡量。

● "黑天鹅事件"的初次定义不过就发生在16年前，但如今，"黑天鹅事件"正在以越来越高的频率发生。所有人都已经意识到，不确定性时代正在来临。现有的规则与秩序，不足以解释我们现在面临的一切。

● 结构化束缚了人类理解这个世界的能力。标签化带来的概念泛化，会使得事物的复杂性降低，人类将问题简单化。当人类失去对模糊问题的聚焦时，在被忽略地带，异变会产生。

● 因为数字化时代的来临，世界上无数只蝴蝶之间能依靠网络技术建立起强大的集体智慧，蝴蝶扇动翅膀的频率也在加快，从而能够具备引起更大规模风暴的能力。"蝴蝶效应"的定义，在数字时代应当被改写。

● 人类正确认知不确定性事件的方式，应当是将其视为突破现有边界的新希望。每一个重大"黑天鹅事件"的发生，本质上都是人们被突然暴露在一个完全未知的全新领域前的失措表现。立足于不断探索未知领域的人们，会将此视为拓展新的知识与文明边界的最好时机。

● 现有的秩序与规则，正在被越来越快地打破。新的时代，需要新的认知世界的方式，需要新的管理思想。

第二章
新纪元的领导力之变

　　管理与社会一样，是由一系列复杂的操作系统所控制的。在管理系统背后的运行指令与协议，是被管理学家精心定义的大量行为范式与基本管理原则。这些行为范式代表着人类的思维捷径，指引着管理者高效行事。但随着数字化的来临、个体价值的苏醒、输入性条件的不确定性大增、新组织形式的出现，管理者的竞技场发生了变化，传统行为范式的按钮开始失效，人们开始需要新的领导力要素和新的管理思想来适应新的时代。

行为范式与失效的按钮

无处不在的操作系统

现代人们的生活，是靠各种大大小小的操作系统来维持的。除了你我熟知的手机、电脑以外，几乎所有的日常可操作的电子设备，比如冰箱、洗衣机、收音机、烤箱、计算器等，你打开它的内部，都会发现它有一块或复杂、或简单的集成电路板，用于执行一系列事先设定好的操作指令。

当今社会运行本身，也是由一个个复杂的操作系统整合在一起实现的。比如从人降生于这个世界的一刹那开始，就有无数个系统为他运转了。医护系统为他提供 24 小时的健康保障，医疗系统随时待命提供救护保障，电力系统提供照明，供暖系统提供适宜温度，排污系统提供洁净卫生的环境，后勤系统提供充足的物料、食品供应，安保系统提供安全保障。还有各大社会保障系统也随之启动，帮助每个人顺利进入这个社会体系。这些系统都设计精良、互相精细嵌套，被人们用心维护和升级，确保能够正常运转。人类社会的有序、高效并不断进步，是高度依赖这些系统的。

我们现在来看一下管理。管理作为一种现象，要比它作为一门学科存在的历史要长太久。人类自从有了集体活动，有了组织的基本形态，就已经有了管理。但学术界真正承认管理成为一门学科，不过是最近 100 多年来的事情。让管理能够成为一门学科的其中一个主因，是近现代行为认知理论的逐渐成熟。科学家对人们在组织中日趋复杂的行为模式开展了严谨的分析，找到一些人们在既定环境因素下表现出来的稳定的行为模式组合，然后进一步将这些行为模式组合定义为固定的行为范式，这样就形成了大量基础的行为理论。这些行为理论围绕着如何激励、如何有效沟通、如何影响他人、如何协作与共赢等展开，由此就构成了现代管理理论的根基。

现代管理思想是基于一系列的行为范式的组合而构成的。你也可以把它想象成一个由无数行为范式构成的一个操作系统。在这个操作系统里，行为范式是指令集，行为输出的结果则对应了系统功能。管理学专家研究着人类越来越复杂的行为模式，正如那些狂热的电脑极客一样，致力于开发出更加复杂的操作系统，以更好地管理更为庞大和复杂的组织。

按下行为范式的按钮

自从各类行为范式被定义出来，就开始被接受，因为它符合人们热爱规则的天性。我们已经讨论过，人类文明的进化史，就是一个不断发现、建立、完善和升级各类秩序和规则的过程。人类在面对大自然、面对自然科学、面对社会管理时如此，在面对最为复杂的管理对象——人类自身时，也是如此。人们尝试找出人类在各种环境条件下做出各类反应的规律，以此形成管理理论。这样做，和人类发明其他规则和系统一样，是为了更好地控制和预测人类的行为，以得到我们期望的结果。

著名心理学家罗伯特·西奥迪尼把这种行为范式称为"思维捷径"。西奥迪尼认为，人们生活的环境越来越复杂，变化迅速，信息庞大，我们需要有捷径来对付它。我们不可能每次碰到问题时，都把方方面面所有的信息一一识别出来，对这些信息独自进行甄别、分析和判断。我们更倾向于采用的方法是，将事物的少数关键特征进行分类，一旦碰到触发条件，就可以不假思索地做出反应。这种方式无疑要高效得多。

英国哲学家怀特海曾说："文明的进步，就是人们在不假思索中可以做的事情越来越多。"这道出了行为范式的精髓价值之所在。

这种行为范式无处不在。在我们的生活与工作中，我们需要密切地与人互动，与人交换信息、建立友谊、基于互惠合作，争取获得资源、影响他人、在竞争中胜出、在交易中获利，等等，几乎在所有的人类活动中都可以看到行为范式的存在。人们所做的，就是依据那些已经刻入我们内心的各类行为范式来按下相应的按钮。

举个例子吧。笔者在超过20年的管理咨询顾问的经历中，曾经无数次就拟提供的咨询服务内容向客户报价，也曾无数次参与到客户的公开招标竞价中去。在笔者经历的所有竞争式报价案例中，从未曾有过初始报价就是最终签约价格的。似乎是一个所有人都会约定俗成的规则，当你报出一个价格的时候，你需要事先考虑客户准备在这个价格上砍下来多少，或者说每个人心目中都会有一个自己真正期望的成交价格。再比如，如果有人想买一辆车，那么任何一家汽车展厅的销售顾问给他的报价，也绝不会成为他们最终实际的成交价格。折扣优惠始终是消费者与销售顾问讨价还价的一部分。相信这样的场景，几乎适用于世界上任何地方的绝大多数的销售。

那么，有人思考过这个问题吗——当所有的销售方都采用同一策略的时候，为什么人们认为这种方式能够更有利于促成销售？难道不是直接给出真实价格，既有利于大幅提高沟通效率，也有利于客户透明决策吗？毕竟这样一来双方就不再需要彼此猜测对方的真实预期、斗智斗勇了，更不用说如果是处于多方竞标的场合，那么经历了几轮激烈较量之后，大家对彼此的报价也基本心知肚明了。

如果我们有机会请心理学家罗伯特·西奥迪尼来做解读的话，他会指出，在上述情境中，人们事实上采用了两种不同的影响力原则，也就是影响力行为范式。

第一个行为范式，是"互惠原则"。这个原则指出，我们应尽量以类似的方式报答他人为我们所做的一切。简单说，就是如果人家施恩于你，你就会尽力回报。厂家一般都会为新车定一个相对较高的标准价。当销售向你第一次报出这个标准价时，不管你是否会认为这个价格超出了你的预算还是处在你的预算范围之内，你可能出于矜持都会表示要稍作考虑。这时如果销售愿意为你提供一个折扣，从心理学上讲，他向你提供了一个优惠。受互惠原则的潜在影响，你会有做出同样回报的压力，那就是加快你做决策的速度，并在潜意识中实际上增加了你倾向于购买那一方的筹码。你可能会觉得自己是在全程掌控主动，却并未意识到，整个销售过程是被精心设计的流程来主导的。

第二个行为范式，则是"承诺和一致原则"。在这项原则下，人们对费尽周折得到的东西，会比轻轻松松得到的东西要重视得多。人们因为前期投入了大量精力和心血，甚至磨难和痛苦，在后期就会格外珍惜，甚至会毫无理由地为之捍卫。那么依据这一原则，如果甲方将整个价格谈判的过程弄得无比冗长，先用一个互惠原则钩住你，然后再运用承诺和一致原则，有意让你经历漫长的价格谈判过程，让你觉得最后这个成交价格是你经过努力争取而得来的。你会认为是你的努力最终促成了这笔交易，你内心拥有的成就感，会让你更加珍惜所争取得到的成果，并与经销商签约。

销售因为熟谙这些行为范式，他们所做的就是依据这些原则来设计相应的销售流程，等到顾客走进展厅时，他们所需要做的就是"按下相应按钮"。

领导力场景中的行为范式

在领导力运用的场景中，行为范式也是无处不在的。

比如说，在所有关于领导力的论述中，都会强调管理者需要以身作则。以身作则实际上反映的是人群中普遍适用的"跟随性原则"。该原则指的是在不确定的环境中，人们更容易依据别人怎么做来选择自己的行动。这是人类在漫长的文明进化过程中找到的一个思维捷径。在过去，勇敢和具有智慧的人，他们可能通常就是领导者，率先做出了大胆的表率行为。他的同伴们，在古代就可能是他的族人，通过跟随而获得了成功。这样一次又一次成功经验的积累，人们把它转换成固定的行为范式，并将它变为指导人们如何行事的原则，这样就变成了领导力的一部分。

无论众多的管理学大师如何尝试从不同角度来解读领导力，领导力都有一个最核心的含义未曾丢失，那就是管理者能够带领他人达到一个更高、更宏大的整体目标。该整体目标，应当大于个体目标之和。从这个定义上来看，管理者需要找到更加有效的方法，以使得团队整体的运作变得更为高效。通过熟练运用这些思维捷径，他就能以更快的速度、更高的效率来处理所碰到的团队问题，比如如何处理团队内部纷争、如何分配利益等。这个过程，就是一个管理者学习和提升他的领导力的过程。

关于领导力为何如此依赖行为范式，还有另外一个角度来解释。笔者一直认为，领导力这门学科，本质上是心理学这门学科的一种应用。管理者带领他人的过程中，需要了解他人、洞悉心灵、鼓舞士气、抚平挫折的伤痛、激发个人潜能、最佳地组合团队，这些工作里运用最多的知识和最管用的知识，就应当是心理学。心理学，就是一门研究各类行为范式的学科。

为了给大家一个更加具体的理解，下面选择激励这个领导力要素和大家做一个探讨。激励是领导力中永恒的话题，并且差不多是领导力中最核心的要素之一。我们以此为例，来看看有多少行为范式运用其中。

其实，我们对"激励"这个词的提法本身就带有行为范式的含义在里面。毕竟，当我们说需要激励某个员工时，这里暗藏的含义就是我们提供某种激励要素，就会得到某种我们预期的结果。我们所斟酌的，是究竟按下哪个按钮。毕竟在数十年无数心理学家和管理学家的研究下，有太多种激励模式和按钮可供选择。

激励理论的演变与员工满意度

在企业管理中，员工满意度一直是一个非常热门的研究话题。人们研究满意度，是因为认为如果能够让员工对他们的工作本身更加满意，那么他们就会有更好的工作表现，从而有更高的产出。在这里，人们也是自然而然地运用了一个行为范式的概念。

在早期的研究中，专家更多关注什么样的因素会驱动员工更加满意。基于此，有很多不同类型的激励理论被开发出来。如果深入观察这些激励理论产生的背景、它们在不同场景下发挥作用的情况，以及人们又会不断在新的激励困境下产生迷思，你会发现人们对激励因素的关注点在不断发生转移，就宛如孩子在探索一部复杂机器时，他先发现了一个功能，然后又发现了一个功能，随着更多被发现的机制，吸引他不断深入。

从泰勒的科学管理时代开始，人们就发现了"胡萝卜加大棒"政策的有效性。这个激励政策是如此之简明管用，我们会把它应用到太多的领域，比如我们的家庭，父母常常用此来管教孩子。

丹尼尔·平克将"胡萝卜加大棒"政策称为"寻求奖励、避免惩罚"的人类行为准则。他认为这种行为准则主导了过去数十年来人们所采取的主流激励模式。如同泰勒的科学管理影响了后世百年，但人们不太自知一样，"寻求奖励、避免惩罚"原则也已深深渗透进人们的生活之中。从我们开始有记忆起，人们就在按照大人的期许行事，以获得大人的认可和奖励，并在教训中认识和改正错误。在工作中，我们大多也是按此原则行事。企业中推行的绩效考核和奖金结合的制度，就是这一原则的极好体现。

不过，"胡萝卜加大棒"政策，强调的是顺从性。在应用得当的情形下，我们会得到高度顺从的员工。可是，这里有个悖论，顺从其实并不是管理者真正想要的东西，管理者是想通过顺从得到更高的效率，从而得到更好的结果。需要注意的是，这种顺从是在利益诱惑的条件下得到的，这会吸引员工投入更多的工作时间，但通常并不意味着能够主动创造价值。通过施加奖励，只不过是在强化员工按指令行事，减少错误。我们在按此进行激励时，除了付出更高成本，我们收获的可能是思维固化，但无法真正得到一个有凝聚力、有创造力的团队。

当人们意识到"胡萝卜加大棒"政策的局限性后，也开始对更丰富更复杂的激励因素做更深入的思考。马斯洛的需求层次理论，是在以上基础上的一个很大进步。当需求层次理论提出来之后，人们开始真正重视情感、尊重和自我价值实现这些因素对我们的重要性。也是从这时候开始，我们在管理中要求强调尊重员工的选择、强调员工发展与组织发展同等重要。对激励理论认知的改变，改变了我们日常的管理行为。

赫茨伯格的双因素激励理论，是在马斯洛需求层次理论基础上的一个复杂化变式。赫茨伯格认为，能够影响员工满意度的因素可以划分为两类，分别是激励因素和保健因素。那些跟工作和个人自我实现相关的诸如个人成就、组织或社会的赞赏、工作的挑战性、明确的职责划分、个人的成长与发展这些因素，能够带来员工的积极态度、激发员工认同感，因而属于激励性因素；与之相对，公司的政策与管理方式、上级的监督、工资福利、工作环境与工作条件，这些因素容易引发员工的不满意，并不能激发员工的工作热情，因而被称为保健因素。

基于双因素激励理论，企业得以在致力于提升员工满意度方面更有针对性。企业开始明白，如果只投入被划入保健因素类型的工作改善方面时，例如改善工作环境、提供良好福利保障，甚至提高工资收入水平，这些其实并不足以起到良好的激励作用。因为这些只能够消除员工的不满意，但想就此让员工被真正激励，却万万不行。

企业可以根据不断更新的激励行为范式调整自己的管理行为，在这个过程中，可以看到管理的进步。

开始混乱的按钮

当我们提到为员工提供有挑战性的工作时，几乎所有人都会同意这将有利于提高员工满意度。无论是马斯洛的需求层次理论、赫茨伯格的双因素理论，还是麦克利兰的成就需求激励理论，均认可这一点。

可是，在今天开始有人注意到一些奇怪现象的发生。比如，丽莎莱在《哈佛商业评论》上发表的一篇名为《激励员工的四大法则》文章中提出，如果员工不再为伟大的工作而感到激动了该怎么办呢？员工可能只是喜欢他自己正从事的工作而已。或者，他认为很酷并可以为之全情投入的工作，你可能会认为一点儿也不伟大。这种事情，正在越来越频繁地发生。

一件工作是否伟大，本质上是个价值观判断的事情。一个更有挑战性的工作是否会激励员工，取决于员工自己的价值观取向是否和负责工作设计的人的价值观取向一致。考虑到今天个体的多样性，那么发生价值观不一致的概率，其实是挺高的，我们应该意识到这一点。

所以我们可以看到，影响到多年来能够稳定运行的管理原则和行为范式的第一个因素出现了，这就是人的因素。

在过去，人的价值观的形成，更多依靠的是社会塑造。在道德形成的行为范式中，有一个社会承诺原则。这个原则讲的是人们会天然地表现出让自己的行为与社会环境整体认可的行为相一致。在古代，人们就意识到自己的行为必须与社会保持一致，这样才能在被大家认可的情况下融入整个集体，得以生存。在个体力量相当有限的过去，被集体抛弃是一件难以承受后果的事情。在这种模式下，人们会尽量按照社会的要求来努力塑造自己，努力成为一个符合公众价值观、被社会认可的人。

在当今社会，个体力量开始苏醒，在很大程度上是因为人们意识到了创新和多样性的价值。因为技术的进步，人们不再像过去一样为了完成一件事情需要所有人集体行事。人们发现创新比单纯提高原有行事的效率会带来更大的进步。创新是一件非常个人的事情，人们因此而意识到，保持每个人的独立性和多样性，有利于激发个体的创造性，从而开始调整我们的进化规则，转而开始允许和鼓励个体价值的发挥。

这个转变已经为很多先知先觉的企业所认识并采取了行动。我们已经听说有很多鼓励创新的互联网公司，开始有意打造突出员工个性化的职场环境，比如员工可以随意穿着、随意布置他们喜爱的工作场所，包括个人工位和办公区的公共场所。企业这样做并不是单纯为了讨好员工，让员工在一个他们喜爱的地方工作，在本质上其实是为了体现出对个性化个体和个性化元素的尊重，让个体价值得到充分体现。

这种对个体价值观的充分尊重和释放，就会带来和传统激励元素不一致，甚或是严重冲突的地方。我们在前面提到的员工可能会对企业提供的"有挑战性的工作"不屑一顾，而转身致力于自己感兴趣的工作，就是极好的例子。

谷歌有一个广为流传的做法，那就是20%自由时间法则。员工可以拿出自己工作时间的20%，投入自己挑选的感兴趣的领域。你可以看到谷歌采取了一个非常聪明的做法，它避免了那些天才的员工对"被安排的挑战性工作"可能会产生的抗拒，转而利用了他们对自己喜爱的工作的激情。毕竟，作为一名依托在谷歌这样一个巨型机构工作的员工，依据自身兴趣所创造出来的东西，又能离开谷歌生态多远呢？事实上，绝大部分的产出一定是为谷歌所用的。也如大家所知，一些谷歌的神级产品如Gmail、谷歌地图等，就是这个20%自由时间法则的产物。

并非所有的企业都会采用谷歌这样的做法。对于大多数企业而言，还是会依赖基于传统管理理论的激励行为范式。毕竟，创新意味着风险。但同样地，对于这些大多数企业，也就会面临激励失效的风险。

除了因个体价值观的苏醒和多元化带来的传统激励模式的失效，事实上还有很多其他的激励要素也都在面临挑战。接下来，我们会继续探讨。

比如，美国网飞（Netflix）公司、英国维珍（Virgin）集团，以及还有Evernote、Rocketwerkz这样的一些中小型企业，纷纷开始实行无限期休假制度。这些企业相信给予员工自行决定休假时长的自由，能够最大限度地激励员工。其中，美国网飞公司是一系列激励政策的先行者，当前已经在美国及全世界范围内掀起一股被学习的风潮。非常明显的是，如果按赫茨伯格所定义的双因素激励理论来看，休假是属于员工福利政策的，而福利则是归属于保健因素的。按照定义，保健因素只能消除员工的不满意因素，但并不能真正激励员工。可是，如网飞和维珍这样的企业，却把员工休假政策设计成了最具有创造性的激励手段。

所以，赫茨伯格的双因素激励理论受到了挑战，保健因素也会成为极其有效的激励因素。

大家所熟知的维基百科——为世人所熟知的互联网百科全书，这个案例，可能会带来更多与过往迥然相异的激励元素。

维基百科在全世界享有声望。事实上，它一直名列网友票选的全球十大最受欢迎的网站。大家不一定知道的是，维基百科是一个没有固定雇员的非营利组织，它所有的条目完全是由全球数以百万计的志愿者，用自己的业余时间完成的，并且是零报酬。

在历史上，维基百科打败了一系列对手。它的对手们，无一不是强大的传统商业化组织，如微软的Encarta和大英百科全书。其中，Encarta是微软在1985年启动的一个雄心勃勃的光盘版百科全书计划。在比尔·盖茨的全力推动下，背后有着无数个高薪微软工程师的全职工作，有微软公司雄厚的财力支持，有微软遍布全球的销售渠道可供利用，可是在占尽一切优势的情况下，在2009年，微软黯然下线了Encarta。

那么，究竟有多少人认真思考过这一案例背后潜藏的疑问呢？为什么维基百科这样一个松散的非营利组织能够打败一个强大如微软这样的商业组织？为什么那些志愿者愿意投入自己宝贵的时间无私奉献在这个项目上？如果金钱不能成为最主要的激励因素，那么激励他们如此付出的因素究竟是什么呢？

全世界有很多专家都对维基百科这个案例产生了极大兴趣。从他们的深入研究中，可以发现答案集中在以下这几个方面。

（1）维基百科的志愿者们通过共同完成这样一个伟大的产品，他们能够从中获得极大的认同感和成就感。维基百科是一个开源和动态的系统，每一个参与者时时刻刻都能观察到这个产品在他们的亲手呵护下成长，能够让每个志愿者获得极大的内在满足，就仿佛父母在养大自己孩子的过程中所拥有的那种感情。专家们把这一激励因素归之于内在动机。它反映了志愿者的贡献和自我价值的实现。在这个因素中，内在动机的激励效果胜过了传统金钱报酬带来的激励。

（2）专家们在志愿者的反馈中发现很多人都会强调一种"心流"的体验。"心流"是著名的积极心理学大师米哈里·希斯赞特米哈伊在30多年前提出的一个心理状态。它指的是人们在从事自己喜爱并有挑战性的一项任务时，会进入一种完全忘我的最佳体验。米哈里认为人们生活中最兴奋、最令人满意的体验就是他们处在心流之中。如果能够为人们提供使他们进入心流状态的工作，那么将是最佳激励。在这个部分，专家称为以乐为本的激励要素，战胜了传统以来人们认为只有勤勉付出才能得到回报的认知。

（3）人们注意到志愿者在付出极大努力来维护维基百科上的某个专业词条的过程中，一方面他们会因为真正的爱好去钻研而成为某个领域卓越的专家；另一方面，他们也会在围绕着维基的这个虚拟的互联网社区网络中，享受着交流、切磋、被尊重。这种在全世界范围内，在某个知识领域内影响无数人并被无数人尊敬的感觉，是某个单独组织所无法给予的。在这个部分，虚拟社区带来的尊严和荣誉感，战胜了传统真实组织带来的安全感。

我们可以看到，在上述案例中，传统激励元素中的金钱、组织带来的保障、付出才有回报这些核心要素，被以乐为本、心流、内在动机、专精、影响和帮助他人这些更新的要素替代，人们传统以来所定义的众多激励理论的行为按钮，纷纷失效了。

发生在激励理论上的这种演化，只是诸多管理领域中的行为范式开始发

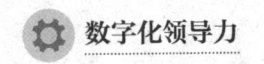

生变化的一个缩影。随着新时代的来临，随着大量新兴企业的大胆尝试和创新，人们开始意识到需要开发全新的管理理论来武装管理者。

新纪元领导力的曙光

新纪元，究竟是什么

前微软全球副总裁和前百度首席运营官陆奇在2020年终的一次公开演讲中提到一个观点，很好地解释了驱动时代发展的动力是什么，这有助于我们理解新时代的一些最重要的特征。

我们观察历史的进程，要看它深层的驱动力是什么。从大卫·克里斯蒂安的大历史论的角度看，信息和能源永远是历史发展中最深层的结构。任何一个复杂体系，最终都是"能量+信息"，产生熵减，我们所做的一切都是减熵行为。

我们这个时代的主流是数字化的能力，加上新的能源、新的技术和人的创新能力。更核心的是通过对需求的敏感观察，快速重组资源来创造价值，所以这是我们这个时代需要关注的。

——陆奇

如果看20年前，那时市值最高的公司，以制造和能源类的公司为主。而当下市值最高的公司，都是数字化驱动的公司。我们今天讲数字化，本质上是人类对信息这一要素应用的爆炸式解放，从而产生了惊人的效应，并且也以此标志着人类进入了新的纪元。

移动互联、5G通信技术、社交媒体的充分活跃、数字化社会底层应用的加速，这些都会极大加速信息的大量产生。这个产生过程是爆炸性的、无序的。而大数据、人工智能、脑机接口等，都是人们在尝试对信息进行熵减行为的优化探索，希望找到更加有序和高效的方式来应用大量的信息。在这个路径上，大量的新技术和新思路还在不断产生。

这种对信息及新能源应用方式的全新探索刚刚起步，所以，我们称之为"新的纪元"。它开创的是一个跟以前人类文明进步不同的方式。

组织管理大师玛格丽特·惠特利在《领导力与新科学》❶中曾就此做过一段很精妙的表述："机器世界里的事物都是按确定的规则运动的。在这一世界里，冷漠取代了丰富多彩。人类和他们的付出、思想体系，甚至生命本身，都与庞大的机器世界毫不相干。在所谓的科学世界观里，如果不考虑人的经验，将导致意想不到的后果发生。正像普利高津和斯唐热所说的那样，尽管科学家与自然界已进行了成功的对话，其意外结果却是发现了寂静的世界，这正是古典科学中自相矛盾的地方。古典科学展示给我们一个无生命的、被动的世界。这个世界就像一台自动运转的机器，一旦编好程序，便会根据程序所确定的规则运转。"

玛格丽特·惠特利认为，传统管理的理论根基主要是构建在古典物理与牛顿力学的基础之上的。而牛顿力学的要义则是还原论的开端。在这一思想下，人们看待组织，会倾向于以精确分解的方式来定义界限，比如职责和授权；醉心于设计精妙的流程，本质上则是将一系列复杂的商业或管理行为用流程的形式固化下来，以便于人们用解剖的方式来研究、优化，设计出更优的流程。玛格丽特称之为静态和固化的管理模式。

我们已经十分熟悉这种方式，这导致我们的行为方式也会趋向于适应这种静态模式。在这种模式下，最近数十年来诞生了大量的管理和领导力理论。这些理论将静态模式下人们的组织方式、激励方式、战略的制定方式等推到了一个极度丰富的程度。

但是，在新的时代，最核心的生产力要素信息本身，已经变成高度动态的。在今天，每个人都已成为信息的产生源，都在产生大量信息。对信息的准确性、时效性、质量的甄别，变得极为困难。新技术不断产生，传统商业

---

❶ [美]玛格丽特·惠特利.领导力与新科学[M].简学，译.杭州：浙江人民出版社，2016年。

模式不断被颠覆，且成为常态，而颠覆本身是最大的动态。

凯文·凯利在他于2018年发表的对未来20年的12大趋势预测中，对此有一个很好的描述。他的第一个预测就是"形成"。他提道："我们处在一个液态的世界，所有的东西都在不断地流动，不断地升级。比如汽车，你在睡觉时，特斯拉汽车也在不断升级。我们之前看到的是产品，现在看到的是过程。比如，我们以前拿到的是已经出版的百科全书，现在的维基百科就不是一本百科全书，它是一个创造百科全书的过程。"

这个"形成"的过程，会一直持续下去。这构成了未来时代的动态的本质。换言之，传统的管理思想是基于静态的牛顿力学的世界，而未来新时代则是一个动态的、充满不确定性的世界。新的世界，将需要新的管理思想。

当我们认识了新时代变化的本质，我们就能更好地理解，随着生产力要素的变化，生产关系也应随之变化，亦即，我们需要新的管理思想来应对新纪元的挑战。

数字化改变了游戏规则

在数字化时代，数据成了最重要的生产力驱动要素。因而，数据本身的特性，会给数字化时代带来最直接的影响。在这里，我们重点讨论一下数字化带来的三个变化。

一、数据的不断爆炸式产生，及数字化时代的动态特性，会导致传统模式下输入性条件的不稳定性

在管理领域受影响最大的例子，战略规划能力算一个。

在过去，人们高度依赖战略规划。比如，企业热衷于做各类中长期战略规划（咨询公司在这类项目上赚到了不少钱），以及每年都会做的年度经营计划。战略规划的逻辑是一种对未来的预测。这种预测的逻辑其实很简单，就是针对不同可能的情形，假设不同的输入条件，基于系统功能模块可能做出的反应进行模拟，推测可能的结果。那么，一个好的战略预测就会基于两个条件：第一个是非常确定的输入条件，比如客户的需求是什么、我现在的竞争对手是谁，等等；第二个则是功能模块内在机制的稳定性与可靠性，比如通过加强自己的成本控制,就能有效地改善利润空间。如果这两者都是可靠的,我们就会得到一个靠谱的战略规划。

不过在今天,战略规划职能所依赖的基本条件发生了变化。应该说,它所依赖的两大核心基础都变得面目全非。

比如著名的战略管理工具"波特五力模型",它紧紧围绕着现有竞争对手、潜在竞争对手、现有客户、供应商、潜在替代品这五个对象,来分析企业所面临的竞争态势。但现实环境是,在当今数字化浪潮席卷之下的市场上,波特五力模型的五大要素都正在失去分析的意义。比如说竞争对手这一要素,将你打败的将不再是传统意义上的竞争对手,而很有可能就是跨界而来的陌生新进入者。在这种情形下,你失去了传统静态分析方式下的分析对象。

再比如客户要素,你也不再如以往那般确定知道你的潜在客户是谁。事实上我们经常被教育说,当今的数字化业务是在"创造"新客户群体,而在这批客户被发现和定义之前,你也说不清他们究竟会是谁。

所以说,由于众所周知的不确定性,战略的输入性条件变得完全不可靠了。正如当你自己都不知道投入的是一个什么东西,自然就不可能期望从榨汁机中得到一杯你预想的橙汁了。

这样看下来,就能理解我们所说的传统战略分析的输入条件被极大模糊化了。当一个系统缺少它所依赖的输入条件时,这个系统就应当被淘汰了。这也是现在越来越少的企业继续采用传统方式来做战略规划的原因。

二、数字化会带来管理应用场景的变化

在过往,绝大部分管理理论描述的,都是基于充分竞争市场的管理行为。我们思考的都是相比于竞争对手而言,如何提供更加优秀的产品,如何具备更高的运营效率和更低的成本,如何更好地服务客户,等等。

但是在数字化时代,企业所处的环境从一个充分竞争市场变为了机遇市场。大家从比拼提供更质优价廉的产品、更优质的服务,变成了如何去以一个颠覆性的产品去打开一个前所未有的市场。在从竞争性思考的逻辑变成颠覆性思考的逻辑中,大量传统的管理工具和管理思想就需要被重写了。因为,大家更换了竞技场。

三、数字化会带来和以往不一样的组织主体

在数字化转型的影响下，柔性组织、小微组织、无边界组织、去中心化组织、Scrum 型组织等，各种全新的组织模式正在纷纷出现，大量传统的组织管理原则开始失效。

举一个很有意思的例子。比如说在经典的领导力模型中，会有一项叫作"跨团队协作能力"。一般而言，都会这样定义这项能力：能够充分理解各方立场；能够将团队小目标让位于更大的整体目标之下；能够以良好的沟通技巧协调不同团队的利益目标，并达成一致。

如果放在数字化时代的组织场景下，上述这种领导力可能就会被完完全全地推翻。首先，"跨团队"这个说法可能就需要重新改写。在无边界的柔性组织中，大家更多是以项目形式或平台形式组织在一起，并不存在部门之间的职能界限需要跨越。其次，在团队合作中，共情的能力、包容与多样性接纳的能力、弹性思维与敏捷思维的能力的重要性，将远远超过传统而言要求的协调与控制的能力、博弈与平衡的能力、冲突处理与化解的能力。最后，例如在 Scrum 型的团队中，更多鼓励的其实是敏捷的、分散的小目标的达成，而更为宏大但往往是模糊不清的整体目标反而是可以随时调整和让位于小目标的。

下面我们制作一个对比性表格，可以更清楚地看到"团队协作"这个能力项在两种不同的组织场景下是如何呈现出截然不同甚至相背而行的具体要求的，如表 2-1 所示。

表2-1 "团队协作"在两种环境下的不同要求

传统的金字塔形组织环境	数字时代的"柔性组织"环境
● 协调与控制	● 共情的能力
● 合作与博弈共存	● 包容与接纳多样性的能力
● 规则与流程是协作的基础	● 敏捷思维与弹性思维
● 小目标应服从于大目标	● 小范围的试点与迭代更为重要

从以上我们可以看到，因为输入性条件不确定性的变化、管理应用场景的变化、企业组织主体形式的变化，导致了对管理者要求的领导力要素的变

化。管理者们更换了竞技场，也更换了游戏规则。

不拘一格

我们先从一本书谈起。

《不拘一格》[1]其实是网飞创始人兼 CEO 哈斯廷斯出版的一本书的名字。网飞是当前最热的"硅谷"企业之一。其市值已超过 2000 亿美元，成为全球市值最高的娱乐传媒公司。不仅仅是网飞狂飙的股票市值，包括网飞推出的一系列高口碑的剧集和影视作品，网飞特立独行的管理理念及企业文化，也是大家频频讨论的热点。《不拘一格》是哈斯廷斯亲自参与写作的，它详述了网飞管理及文化中的"离经叛道"之处，也讲述了这样的文化是如何形成的，以及哈斯廷斯背后的思考。

之所以在这里选择网飞的案例，是因为网飞的众多管理创新，极好地契合了数字化时代未来企业对大量传统管理理念的颠覆这一现象。在网飞，我们可以看到大量新与旧的理念冲突，并有机会借助对网飞的一个详尽分析，来看看有什么更有趣的发现。

在深入分析网飞之前，先简单看一下它的发展历程。虽然并非一个历史悠久的企业，但网飞自创立以来，已经历过 4 次重大转型，具体如下。

（1）从邮寄 DVD 到网络流媒体播放的转型。

（2）从网络播放平台到通过外部制片公司出品影视作品，如《纸牌屋》。

（3）从外部授权到创建自己的制片公司，制作了如《怪奇物语》《罗马》等，获得大量奖项。

（4）从一家美国公司变成遍布全球 190 多个国家的全球性公司。

很多成功的大型企业连一次转型都很难熬过去，而网飞的这四次转型都非常成功，这本身就是一个极为不平凡之处。

我们一起来看看网飞管理与文化的惊世骇俗之处吧。

（1）无限期自由休假。

---

[1] [美]里德·哈斯廷斯，艾琳·迈耶. 不拘一格[M]. 杨占，译. 北京：中信出版社，2021年.

（2）取消审批管控，员工自主决策，包括几百万元的项目采购和价值上亿元的立项决策。

（3）取消奖金，没有绩效考核，为每一位员工支付固定年薪。

（4）鼓励员工与猎头沟通。

（5）不鼓励"一家人"的文化。

认真读读每一条吧！几乎每一条，都会击中你我！几乎每一条，都是对传统管理理念的对抗！

我们固然知道，管理本身是没有对错的。在历史上，其实也不乏一些在管理上很另类的组织，有些成功，有些失败。我们更关心的，是网飞凭什么能靠这一系列"古怪"的管理做法取得成功？网飞的做法能够给我们带来什么样的启示？

今天所有的企业，都会把"人才"和"创新"这两点作为其追求的目标。网飞也没有例外。这似乎也没有什么高明之处。但哈斯廷斯真正了不起的地方，是紧紧围绕"人才"和"创新"，把网飞的人才体系和创新体系打造成了一个自证自洽的系统。网飞的以上所有做法，都是服务于这两个目标的。这才是网飞的高明之处。

几乎所有的企业都会说它们重视人才，将人才看作第一生产力。不过，我们看看网飞是怎么做的。

网飞推行的是一个叫作"高密度人才"的策略。这里面有两点，第一，网飞追逐市场上最好的人才。当然，网飞也支付最高的薪酬，这也是网飞的核心策略之一。第二，网飞并不奉行绩效的强制分布，但事实上比这个走得更远。如果你只是一名普通的、不够优秀的员工，那就需要担心了，你随时可能会被要求离开，被一个更优秀的人替换掉，当然，网飞会支付最优厚的离职补偿。通过这样的不断循环，网飞会得到一个所期望的"高密度人才池"，普通绩效员工在这里会找不到容身之地。

这里有一个逻辑。网飞相信只有优秀的同事才能营造优质的工作环境，比如高效的沟通，优质的环境才能催生效能。更重要的是，对待优秀的人，需要完全不同的管理办法。比如，绩效管理其实是用来区分好与差的。但在一个高密度人才池中，就可以取消绩效管理了。同时，网飞也取消了奖金，直接支付一笔固定薪酬。网飞认为，这样的做法，能够给员工很好的安全感，从而激发他们更好地发挥——我们要谈的第二点——创造性。

在今天这个面临格局之变的大时代，创新几乎是每个企业孜孜以求的东西。网飞为了激发员工的创新，为之提供了一个几乎完美的土壤：在打造高密度人才池的前提下，倡导坦诚的文化。因为是聪明人，坦诚反而更有效率。含蓄和委婉，很多时候是为了照顾弱者而存在的；取消审批和管控，每个一线员工都有权力自行决策，无须获得上级的审批，同样也是因为公司相信在那个位置上，已放置了市场上最优秀的人才，就应该相信他的决策。

几乎所有的类似政策，其实都是为了更好地向员工授权，鼓励他们承担更大的责任。这也是很多企业在追求的另一个东西——赋能。你给予员工更大的自由，给他们赋能，他们就能给你创新，给你更好的结果。这就是网飞的逻辑。

在一些核心的管理要素上，比如激励和考核，比如授权，网飞采取了与绝大多数公司截然相反的做法。哈斯廷斯对人才的洞见，要远远地站在时代的前面。

哈斯廷斯对未来人才的特征有着精准把握，主要体现在以下几个方面。

（1）未来的人才，因为学习的加速，会呈现更高水准的质量。哈斯廷斯坚持从中挑选最顶级的一帮人。

（2）未来的人才会更看重自由，看重高质量的工作环境。

（3）未来的人才希望被尊重，包括尊重他们的能力。

（4）未来的人才厌恶规则。所以，给他们松散耦合的组织架构，取消规则。

（5）未来的人才更加坦诚、透明。

就未来的人才特征而言，并非网飞独有。他们的身上带着强烈的新时代的烙印，他们正在以前所未有的姿态，开始重塑我们的组织、重塑文化、重塑管理模式，也包括重塑领导力。

你不懂他们，就将无法领导他们。甚至，他们可能将不再需要他人的领导。不过，为了更好地理解他们，我们有必要先了解一下这个时代，这个全新的时代。

未来领导力变化的方向

如我们在前文探讨过的，过去是一个基于还原论和科学管理的静态世界。在过去的模式中，依赖可靠的行为范式和管理原则，都是有效的。因为社会运作的机理，就像一个稳定运作的大型精密系统一样，人们可以运用上述原理，熟练按下各个管理按钮，操作系统有效运作。

但我们同时也看到，新时代和过去有着根本性的不同。新时代最典型的特征之一，是不确定性。在不确定的情况下，那些我们熟悉的管理按钮，因为输入条件变得模糊不清而无法按下，或者干脆失效。这样就发现，传统管理学的根基，变了。

那么，新时代的领导力，将去向何方呢？

再来借用一下对未来预测的两个概念。第一个是我们前面提到的，未来是一个液化和流动的世界，是在不断地"形成"。第二个则是"重混"。

液化和流动的特性，是说未来的领导力可能会是一个不断变化、不断自动升级和迭代的东西，而不是像以前谈领导力，就像我们在谈一个成熟的"产品"一样。未来可能依据环境的不同、对象的不同、领域的不同、阶段的不同，领导力的要素都会发生变化。它将没有一个所谓正确或终极的形态，我们可能需要以一个非常开放的心态来接受它。在未来，甚至可能会有比网飞的做法更加石破天惊的企业出现，对此，我们表现出开放和拥抱。

重混，则是说大多数创新，往往都是现有事物的重新组合。未来新时代的领导力可能会非常不同。但如果我们深入进去观察它的组成要素，可能还会是那些我们曾经熟悉的成分。

比如网飞，他们取消层层审批，向一线授权，让员工可以直接决定采购、重大项目立项。这是一个极具创新的做法。至少在网飞之前，我们未曾听说过有任何企业有如此大胆的做法。他们难道不担心重大决策失误或渎职等情况的出现吗？

如果我们深入解构一下网飞的逻辑，你会发现，网飞是这么认为的：高高在上的领导，不会比一线的员工更了解实际情况；机会是稍纵即逝的，决策的速度更重要；我们需要激励员工学会自己承担起责任；我们雇用最优秀的人才，我们已经在每个位置上放置了我们能找到的最棒的人。

你看，上述的每一条，又都是我们熟悉的原则。对于所有的传统企业而言，上述的每一条，它们都曾经无比认真地践行过。所有的传统管理者都会同意，一线员工要比他们更了解情况，员工要能够自己承担责任，企业应当雇用最优秀的人才。可是，意识到这些并不意味着，这些企业能够把这些要素很好地捏合在一起形成类似于网飞这样的做法。更多的实际情况是，它们声称重视向一线员工授权的重要性，但从未真正放下过手中的权力。

网飞并没有重新发明什么全新的管理要素。事实上，上述所有的管理要素都已经在那里很多年。网飞是根据自己的理解，基于自己的人才战略和人才基础，做了一个管理要素重混。正是这个重混，成就了一个创新。

事实上，在数字化时代大量革命性的创新产品，往往都是重混的产物。比如苹果推出的第一代 iPhone 就是一个很好的例子。如果单独看 iPhone 的每一个核心功能组件，触摸屏幕、手持电话、掌上上网设备、照相机、音乐播放器、掌上游戏机，这些都是当时早已分别单独存在的产品。是因为乔布斯的洞见，将这些功能用一个封闭的 iOS 系统重混在一起，就定义了历史上第一台智能手机。

所以，新时代的领导力，首先它将是流动的和自我迭代的。其次它会是一系列管理要素的重新组合，会根据新时代的变化，呈现出跟以前既熟悉又截然不同的面貌。

本章小结

● 现代人们的生活，是由一系列大大小小的操作系统所控制的。管理在本质上，也是一套无比复杂的操作系统。在这套管理系统的背后，其操作指令与运行逻辑，是由一系列的行为范式组合而成。

● 各类行为范式与管理原则，反映的是人类所长期依赖的思维捷径。思维捷径可以帮助人们大大提高行事与决策的效率，因而我们也高度依赖各种管理类的行为范式。

● 在领导力运用场景中，行为范式是无处不在的。比如与激励相关的各种理论，就是行为范式运用的集中之地。管理者依赖各类管理原则，以此训练和提升他们的领导力。

● 因为个体力量的苏醒、个体价值得到更大的重视，导致一些传统的激励理念受到挑战。比如新时代的员工，可能会更加看重"自己喜爱的工作"，而非传统认为被安排的"有挑战性的工作"；以乐为本、心流、自我价值实现等因素，超越了传统的"胡萝卜加大棒"政策，超越了传统的金钱与利益驱动的激励模式。

● 数据与信息的更高效利用，与能源并列，是新时代最根本的两大驱动力之一。

● 新时代的特征，是流动的、液态的、重混的。这一特质也同样适用于新时代的管理特质。

● 数字化改变了管理者的竞技场与游戏规则。其中，管理的输入性条件发生了变化，应用场景发生了变化，组织的主体也发生了变化。新的竞技场，需要新的领导力规则。

● 领导力的核心基本特质不会变。它所包含的核心管理要素也不会变。但就如同新时代的特质一样，未来的数字化领导力的组合方式会变，它会被重混，会根据时代的演变而迭代，以适应新时代的变化。

第三章
敏捷与弹性思维

能够很好地接纳不确定性，展现出良好的灵活性、敏捷性与弹性思维，是管理者在进入新时代所需要具备的第一项领导力特质。不过，接纳不确定性并不容易。过去的人们被不断强化的模式辨析能力和思维捷径主导，习惯在各类管理原则、工具和方法的指导下行事，这通常让我们感觉强大。不过，在新时代不断增强的不确定性条件下，这种强大正在失效。

传统思维模式和新时代所需新的领导力特质之间形成了强烈的冲突。敏捷思维与效率思维的对立，以及弹性思维与傲慢思维之间的对立，能够让我们直观地认识到传统思维模式是如何影响管理者向敏捷转型的。如果要学会变得敏捷，我们需要认识到亲手打破自己最强大的地方的痛苦，并为此积极转变。

数字化领导力

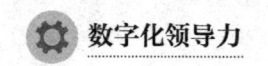

接纳不确定性，比想象的更难

与传统时代相比，高不确定性可以被称为新时代最为重要的一个特质。信息的高流动、无归属性、爆炸式的无序增长，个体力量的无限放大与个人价值观的苏醒，都导致管理者强烈地意识到需要以新的思维方式来认识和对待这个世界。

但是当管理者信心满满地认真行动起来，一部分人会突然意识到，另一部分人则可能是被事实教训后才认识到，还有一部分人则是被人无情地直接当面指出，他们其实并没有真正做好准备，也远远谈不上完成了这个转变。事实上，在我们即将展开讨论的所有新的领导力要素中，接纳不确定性这一项，它既是决定性的前提，同时也是最难具备的一条。

神奇的神经传导素

人类各种丰富的情感，比如幸福、悲伤、喜悦、恐惧、依恋、厌恶，是靠一种叫作神经传导素的物质来传递的。它作用的机理是，当我们的身体接收到外界信息时，神经系统会将信息传递回大脑。这时大脑会分泌一种神奇的化学物质，这种化学物质会分别对应大脑所产生的不同情感。科学家们把这种化学物质称为神经传导素，发现它所起的作用如同一个"信使"。信使会将大脑的情绪反应通过细胞脉冲的方式传递给神经控制系统，驱使人们去进一步接近那些积极和温暖的情绪，或者是远远逃离厌恶的情绪。

尤为重要的是，神经传导素的这种回路会形成有意识的强化。比如当一个女孩在初次接触一个男孩，她的大脑接收到了喜爱和依恋的情绪时，虽然她并不一定已经意识到这一点，但她的大脑会忠实地分泌相应的神经传导素来不断驱使她接近这个男孩，以得到更进一步的回路强化。在不知不觉之间，爱情就产生了。

科学家们的研究已经发现，多巴胺、血清素和乙酰胆碱是最主要的几种神经传导素，它们分别对应不同的情绪和功能。多巴胺对应的是快乐和幸福的情感。

我们现在从行为学的角度认识一下这个人们依赖的神经传导素回路所发挥的作用，心理学家们把它称为"模式辨认能力"。当多巴胺分泌产生时，大脑会发出指令让人们去寻求更多类似的积极反馈，如此重复则会让更多的多巴胺产生。多量的多巴胺会进一步释放这种积极情绪，从而强化了这个行为回路。在这个过程中，大脑自然分泌的神经传导素多巴胺无形中主导了一个固化行为模式的产生，这种"模式辨认能力"就如同自动导航驾驶一样，它会在人们不自觉的情形下主导我们的行为。

多巴胺在强化"模式辨认能力"方面发挥的作用其实还有更多。研究表明，多巴胺还能提供一种平复机制，也就是说，可以用来帮助消除不安情绪，减轻人的怀疑态度，从而使人更加容易出现模式辨认行为，以及更加容易相信大脑能识别出某种模式——哪怕在这种模式其实并未出现的情况下。

注射左旋多巴是一种被医生广泛用于治疗帕金森病的治疗方法。有大量的相关实验表明，经过注射左旋多巴后的对照组，会表现出显著更高的模式辨认行为，比如会更容易接受某种风潮、某些当时流行的观念，更容易相信星座与算命术，以及更容易沉迷于赌博。因为在赌博时，他们感觉在随机的数字中能够看到他们认为有确定模式的东西，这种被模式辨认能力包装为规律或经验的东西，能够让他们感觉是在依照观察到的规律铤而走险。

这种模式辨认行为在正常人群中存在着分布强度的显著差异。很显然，会有一部分人比另外一些人要更容易被模式辨认行为主导。比如，我们总是能够在身边发现有一部分人更容易笃信星座对人的性格和命运的影响（包括血型、属相等），也会有一部分人更容易改变自己的立场去跟随流行风潮。

模式辨认能力在大多数时候为我们提供的作用是正面的。这些被识别出的模式如果能够被多人验证，且在不同时期的不同场景下能够被重复验证，那么就成了我们在前面讨论到的行为范式。这些行为范式能够指导我们高效行事。但在有些时候我们也需要认识到，盲目的爱情这种东西永远都是存在的。无论你受教育程度的高低，或者自诩为理性之人，你都有可能会在某些情况下为模式辨认行为所误导。

对于那些非常严谨、理智且持高度怀疑主义理论的人群而言，他们不轻易相信他人，不轻易接受某种观念。他们会对事物进行反复求证，以求发现的规律真实可信。对于这部分人来讲，如果要在他们的大脑中建立起来一个稳固的可辨认模式，就需要无数次试验的强化，因而就会自然而然地导致一个结果——这些形成的辨认模式坚不可摧！你会发现要让这部分人群改变已经形成的观点或固有的行为方式会非常困难。即便在他们告诉自己要进行改变时，他们的大脑也会自然而然地进行阻止。

对更复杂的组织行为范式而言，人们在习得的过程中将需要更多次的强化，方能在大脑中留下极为深刻且固化的行为辨认模式。基于此，改变既有管理思想指导的固有行为模式，也会变得极为困难。

知识的真相

知识是承载人类文明进步的结晶，从来都在人类发展史上占据着至关重要的地位，备受尊敬。人们学习和掌握知识、信奉知识，运用知识解决大量问题，这会进一步凸显知识的力量。知识固然是人类智慧的圭臬，但我们在这里却建议大家认真思考一下知识的另一面：如果人们过于信奉知识的力量，极有可能导致在很多情形下被知识蒙蔽双眼。比如说，我们能够看到很多热爱读书之人，他们博览群书，但在不同的书里面往往只会看到同一种想法。如果想要在辩论中说服他们，往往会极其困难。

作为受过良好教育的现代人，我们经常会在各类不同的场合捍卫自己的立场。从某种程度上而言，这是对你已掌握的知识体系的捍卫。在这个前提下，我们有必要简单探讨一下关于知识的两个真相。深入了解这两个真相，有助于我们进一步理解人类偏执的来源，理解知识一方面在扮演文明进化的助推器，但另一方面旧知识也在掣肘着新知识的产生，阻碍着变革的发生。

第一个真相是人们更加偏爱来自经验的知识，哪怕明知道它不是很严谨，而又因为这个经验来自自身，人们往往会对此产生情感的偏袒进而捍卫。这会直接构成日常生活中很多愚蠢争吵的由来。

从严谨的角度出发，每个人都会同意所有的知识都应来自无数次观察的反复验证，比如说，来自一万个样本量的积累和观察。通常这种经过了严密的实证支持的发现，我们会称为科学的知识。

但在实际生活中的大多数场景下，你其实并不需要对所有事物都经历一万次观察，就会形成一个非常强烈的判断。比如说，关于某个作者，你可能只需要翻过1~2本书，就会得出结论是否会把这个作者的书扔进某个角落。你第一次来到非洲，只是在旅途中走访了几个并没有那么受打扰的村庄，参加了当地人欢迎你的几场有趣的仪式，可能就会得到一些关于非洲人生活的直观印象。回国之后如果有机会参加关于黑人生活方式的讨论，你可能就会以一种权威的方式来发表你的观点。你会看到，在大多数情况下，我们都会按此行事，快速形成对某类事物的看法和观点。并且，通常情况下你都会对这些来自亲身观察的观点进行捍卫，难以被其他人不同的观点影响。

要知道，人类的天性是喜爱捷径和效率的，人们习惯于只通过数次的观察就会得到一个判断和结论。想象一下你初次接触一个陌生人，你花了多久就确立了一个对他的初步印象？大多数人可能不需要一分钟！这种不到一分钟就形成的判断，和来自一万次的观察才会揭示的真相，这两者之间的巨大差距会构成一个难以逾越的鸿沟。

笔者有一位同事多年的老朋友，从事咨询的生涯比笔者还要多几年，她聪明好学且相当勤奋。她的咨询风格犀利且直接，经常在与客户简单快速的沟通之后就迅速给出自己的判断。鉴于她丰富的咨询经验，在很多情况下她确实是对的，这一点也为她赢得了不少声望。但在另一些情况下，她却可能会因为过于鲁莽的判断而碰得头破血流！

从效率出发的角度考虑，我们也并非鼓励对所有的新事物都要做一万次的观察，同时也不可能把每件事情都弄得和严谨的科学研究一样。但我们确实需要注意到，对经验捷径的过于自信有时候确实会给我们带来麻烦，甚至会完全蒙蔽我们的双眼。

关于知识的第二个真相，则是我们通常不太习惯于从证伪的角度考虑问题，甚至于拒绝证伪，它影响的是对事物看法的客观性和全面性。这个真相不是来自为了搞清楚它我们需要投入多少艰巨的努力，而是来自一个我们容易忽视的角度，一个专家们称为消极经验主义的角度。

著名哲学家卡尔·波普在科学思想史上最为重要的贡献，就是他所提出的科学证伪主义。按照波普的理论，每一个需要认知的事物都可以划分为两个部分：一部分是已有观察所积累的部分，它不应是事物全部的真相；另一部分则应是由怀疑主义来不断挑战，不断寻找负面案例来证明其不正确性。波普相信科学不应是被证实的，而应是被证伪的。

波普理论中最为核心的一点就是反经验主义。坦率地讲，这一有些违背常识的理论比较难以让人接受，在波普生前他的理论也遭到了极为广泛的争议。虽然在历史上不乏一些极为著名的例子可以支持波普的观点，比如哥白尼在15世纪完全缺乏科学观测手段的情况下提出日心说，但人们依赖经验的惯性依然强大无比。

怀疑主义论者从来都不是一个被主流接受的思维方式。人们自身习惯于经验主义的观察并乐于接受按此行事的他人。对于常持怀疑态度并总想证明一个观点存在错误可能性的人，人们总是很恼火的。在现实生活中，每个人都需要慎重考虑社会接纳性，会让你掂量一下别人是否愿意与一个事事采取怀疑态度的人相处。

上述两个关于知识的真相揭示了一个矛盾之处：一方面人们信奉知识来自经验和观察，这种基于实证得来的知识由于其自我强化的特性而易于导致人们滑向偏执；另一方面当环境条件发生变化和新事物产生之时，知识应随之迭代和更新，而人们对知识认知的误区会阻碍到这一点。人们会表现得固执、偏执，不愿接受新的事物，难以被说服和改变。

打破你最强大的地方

经验本身并不总是正确的，在观念上认知这一点并不难。

在人们的思维方式中，归纳与总结是一种与生俱来的能力。比如，你看完一本感兴趣的书，你一定不会记得这本书的每一个细节，更不可能完全记住组成这本书的全部 20 万个文字。但通常你会记住这本书最重要的一个观点，并且很可能在很长时间之后的某一个需要的时间点，比如说和朋友们的讨论中你能快速地回忆起来，并能将之清晰地表达出来。

对于复杂的东西，人们习惯于用简洁的方式来总结。对于一本书，你会用一个观点来记住它；一部电影，你会记住一个大概的故事，可能会再加上数个你印象深刻的镜头画面；一次愉快的长途旅行，你会记住几个温暖或有趣的瞬间，仅此而已。虽然科学家们声称我们的大脑有着 140 亿个脑细胞，但我们不可能以电脑存储的方式来记住接收到的所有信息。大脑的工作方式更像是一种有选择的记忆筛选，它会根据一系列的属性标签，把一些你认为有用或有兴趣的内容存储起来。在你需要的时候，大脑更多是根据标签在检索你的记忆。每一次记忆的回溯，都不可能是百分之百地还原，随着年代的流逝和记忆的缺失，回溯的内容也会越来越模糊。为了对抗这个模糊的过程，人们会进一步强化一部分标签，也就是说，对留存内容做进一步的简化。到了最后，有一些记忆已经烟消云散，而有一些能够陪伴你久远，你觉得记忆深刻的，其实是仅剩的几幅被你无意识强化的失真画面而已。

这个对信息进行选择性记忆和标签式存储的过程其实是一种模式辨认的简化。这样带来的最大好处是便于传播。

这看起来似乎是一个良好的平衡。一方面，人类的进步需要不断扩大知识的边界和领域，新的知识会不断涌现，知识的体量在迅速增长；另一方面，人们会不断将已掌握的信息经由简化和模式化而转化为可重复的经验和规律，以更好地利于学习和传播。某种程度上，这是一个不断放大和不断简化相对抗的过程。

但在事实上，这种想象中的平衡并不存在。长久以来，人们对知识的高度依赖会演变出一种倾向，那就是过于强调了对知识敬畏的一面，而忽略了知识可能会束缚和局限人们去怀疑、探索和挑战未知的不确定性的一面。

有时候，人们会把来自生活的经验和追求科学真理的智慧搞混，比如"二八原则"就是其中极有代表性的一条。"二八原则"会告诉你，事物发生的真相往往就在大概率的 80% 里面，我们的注意力应当主要投注在这里。如果分散注意力到另外的20%里面，你会有五倍以上的概率一无所获。这样的教诲来自书本、媒体、专家、职场前辈等所有看起来很权威的地方。如果你的目的是应付生活、节约自己已经被生活搞得疲惫不堪的时间与精力，那么这样做是没有问题的。但如果你的目的是探究真相、突破现有边界以建立新的认知，那么"二八原则"会成为你最大的束缚。

正如大量地被我们广泛使用的各类管理原则一样，它们往往是基于经验的，适用于大多数的组织场景。而基于简化使用的考虑，大大提高了我们行事的效率，却难以帮助我们突破现有的局限。

但我们往往并不能熟练地区分这二者之间的界限。我们熟练使用这些工具，它们给了我们一个无比强大的感觉，因为这能解释和适用于大多数情况下的问题（远远超过80%）。这种感觉甚至有可能让人们产生迷恋。

所有人都会同意这样的一个观察：所有的管理者自从进入组织的高潜力名单之后，就会被安排大量的管理类培训。这类培训最主要的目标，就是为了让他们在熟悉的管理场景中能够不假思索地运用那些熟知的管理工具，比如如何为下属制定和分解目标、如何和下属进行绩效面谈、如何有效主持一场头脑风暴会议、如何有效授权，等等。在这个世界上同时发生在各地的一万场头脑风暴会议，无论地域、文化和语言如何不同，大家使用的会议主持技巧一定高度雷同。这些训练有素的管理者自信且熟练，看起来能够掌控自如，他们此刻内心的感觉是如此的强大。

客观来讲，这些成熟的管理工具当然是有效的，但前提是在成熟的管理场景下，或者说是在经验主义主导的场景下。但在今天已进入高度不确定性时代的背景下，组织和环境的变化，理论上会导致原有成熟管理工具不再那么地有效和可靠。

但问题就在于，我们的管理者都是这样被培养和训练出来的。他们感觉自己被充分武装后无比强大，也能够在过往的场景中解决大量问题。这样当他们进入一个全新的不确定性环境中，他们更容易表现出来的，不是适应和重新学习，而是像勇敢的斗士一样展示原来固有的技能，哪怕在新环境中碰得头破血流。

在不同程度上，你我都会表现出来这种特征。简而言之，就是在大多数情形下你能成功解决问题的技能，会自然而然地被我们带到下一个新的场景，而不太愿意思考它是否合适。即便在失败的情形下，我们也往往拒绝改变。这就是我们所说的你过往最强大的地方，在于让你拒绝改变。

而我们所讨论的接纳不确定性，事实上是去接纳那些我们的常规经验所不能解释的部分，接纳我们的模式辨认能力无法识别的部分，接纳我们的习惯不愿触及的部分，尤其是让我们去用远不够强大的部分去处理复杂和未知的部分，困难可想而知。

在面对不确定走出接纳的第一步之后，你会发现后面的步伐也并不轻松，还会有一系列的困难在等着你。这些困难并不一定比你亲手打破自己最强大的地方来得更大，但也绝不容易。

确定性条件下的领导力特质

我们在前面已经了解到，跟不确定性相对应的，是秩序与规则。在已有秩序和规则解释之外的异常情形发生，或者说用人们已知的知识和经验无法预测的情形，就是不确定性。如果说要讨论在不确定性时代需要具备什么样的领导力，不如说我们先看一看在确定性的传统条件下，我们的思维特征及领导力特征是什么。按照这种对比的思路，也许能帮助我们更好地理解在不确定性条件下所需的领导力。

在过去的数十年中，企业的竞争环境相当残酷。这一点从过去20年来的世界财富500强名单的快速更迭中可以看出来。2000年至2020年，一直能够保留在世界前100名的公司数量仅有30%。如果在中国，考虑到中国远高于世界及发达国家的平均发展速度，国内的市场竞争更为激烈，国内头部企业名单的更迭速度要来得更快。但是我们应该注意到一个逻辑，那就是充分竞争的市场，反映的其实是一个高度秩序化条件下的竞争。这就好比是在一个超级奥林匹克竞技场上,各国,或者各家企业,是在各自领域内(如同一个个不同的奥运会比赛项目)依据细致、严格的比赛规则,且被严密监督下进行同场竞技。其间或有因天才型选手(颠覆性明星企业)的出现而改变竞技规则的情况出现,但在大致上来看,秩序性依然是主流。也就是说,确定性条件下的企业经营环境,在过去数十年中依然是主要特征。

自进入新世纪以来,因为互联网浪潮的加速兴起,以及新技术的加速涌现导致了商业环境的快速变化和各类敏捷组织的兴起。但客观来讲,当今企业在商业策略及组织策略上对不确定性的适应性,远远超过了在管理及领导力应用方面的迭代速度。

因为多年从事咨询顾问的原因,笔者有机会接触到大量的不同行业及不同性质的企业管理者,对国内外企业培养和训练各级管理者的领导力发展方案也非常熟悉。在笔者看来,在过去的 20 年中,主流的管理者培养方案并没有发生根本性的变化。如果从前述的确定性条件下的角度来观察,这些管理者在领导力特征上表现出了一些重要的共同特征。执行力与标准化思维、解构与归因思维及结果导向与效率思维这三项,是我们接下来重点讨论的内容。

执行力与标准化思维

在写作本章时,笔者在当当网上顺手搜索了一下"执行力"这个关键词,一共出现了 23 389 个商品,这其实也在意料之中。在笔者走访过的无数个国内企业中,关于执行力的文化口号会挂满走廊和会议室。被笔者访谈过的大量企业高管,在谈及对管理者的领导力要求中也会言必称执行力。在过去的十几年中,执行力绝对是国内企业管理者信奉的至高领导力准则之一。

彼得·德鲁克曾经说过,管理是把事情做对(Do thing right),领导则是做正确的事情(Do right thing)。这句话中的前半句,说的就是执行力。

执行力是命令与控制思维下的产物。在过往的传统企业中,采取制定中长期战略目标及年度经营计划这样的经营节奏是非常有效的。因为经营环境相对稳定,企业的经营策略并不需要随时调整,一个有远见的、清晰而极富预见性的愿景与战略目标就显得非常重要。具备这样眼光的人，通常需要同时具备极其丰富的企业运营经验与极其深刻的行业洞见，他们往往身居企业的最高层。对于其他普通管理者和员工而言，所需要做的就是坚决执行。并且由于中基层管理者经验与阅历的不足，往往会导致他们并不能充分理解最高层所制定的战略，在这种情况下，执行力就成了必需的选择。

在执行力的要求下，管理者并不会被要求凡事做思考和判断。至于怀疑主义和批判主义，则通常是不受欢迎的。一旦战略已经确定，则必须坚决执行，不打折扣。在这种情况下，标准化思维和流程化思维会成为主导，这也是为什么在传统的企业管理环境中，标准化操作程序（Standard Operation Procedure, SOP）、全面质量管理（Total Quality Management, TQM）这样的管理思想会如此流行。

在敏捷概念开始盛行的今天，执行力这一要素可能需要做一个重新考量。敏捷要素最为核心的特征是以客户为中心的快速和灵活反应。需要注意的是，执行力是一个向内的闭环思维方式，它考虑的是已经清晰制定的战略、分解明确的阶段目标和战术计划、标准化的工作流程、各节点关键绩效指标 KPI 的明确要求，所有这些对管理者而言，都是组织内部已经严格制定完备的，就像面对着一个超级复杂而精密的机器，管理者严格按照操作手册在操作这个机械系统，你很难要求他们在复杂操作不出错的情况下，还能分神他顾以考虑客户在一旁提出的古怪而不合常规的需求。

敏捷则应当是一个向外的开放型思维方式，它不是以既有的固化的经验和标准为中心，而是时刻以客户和市场为主导，以灵活、打破常规的方式来满足客户，体现在产品和服务上，就是我们总是谈到的迭代能力。在这里，执行力强调的标准化，与敏捷所强调的打破常规和迭代，形成了一种强烈冲突。如果我们要追求更多的敏捷，那么管理者需要对他们已经习惯的执行力至上的思维模式进行调整。

解构与归因思维

解构与归因思维，是管理者在确定性环境下表现出来的第二项重要的领导力特质。

在科学管理思想的影响下，人们已经为所有的事物建立起秩序和规则，依据这些秩序和规则，我们可以方便地将事物秩序化和结构化。这是一种很强大的解决问题的能力，因为根据该规则，我们可以将一个复杂无比的事物一层层地分解到最细微的单元，搞清楚每个单元之间的连接方式与运作机制，从而弄懂整个系统是如何开展运作的。这本质上是一个结构化构建的逆向分解过程，我们广泛运用这一能力在各个工作、社会和生活的场景中，我们将其称为解构能力。

从模式辨认能力出发，人们为各类管理行为贴上容易识别的标签。训练有素的管理人员能够在观察到的行为和标签之间迅速建立关联，从而采取对应且有效的管理动作。这是一个很简明的"如果……，就……"的逻辑，管理人员看到了熟悉的标签，就知道了问题在哪里。这种问题归因的办法，在现代管理场景中十分有效。

将问题可能发生的驱动性因素进行解构，找到我们熟悉的管理标签，从而调用我们被装备的强大的管理工具库。每一个当今的管理者都在采用这一逻辑。

举个例子吧。有一个在管理咨询领域被奉为圭臬的思维方式，叫相互独立而又完全穷尽（Mutually Exclusive and Completely Exhausted，MECE）原则。在做复杂问题分析时，我们会依赖MECE原则，将问题树逐层分解到最低一个层级，尝试去锚定最核心最本质的问题。

MECE，是一个把逻辑界限和秩序发挥到极致的管理思想，也是一个在解构与归因思维的指导下的典型管理工具。在特定领域内，它是极其强大的。可是，在很多领域，MECE原则却会受到挑战。

比如，让我们来观察一个优秀的球队。球队当然是一个组织。那么，一个球队可以按照MECE原则来运作吗？

（1）所有球员的职责范围必须是有所重叠的，并可能随时调整；

（2）教练是无法预测整场比赛走向的，那么他也就不可能事先向所有人传达一套预设的战术指令；

（3）所有人都应当具备临场进行自行判断的能力，然后去做正确的事情。

显然，一个成功的球队，它所具备的核心能力要素，似乎都是与MECE原则相违背的。它需要灵活，而不是确定；它需要队员们自行判断，而不是等待指令；它的战术可能是自我迭代的，而不是事先制定一个超级详细的战术指令集。

在今天高度多变的商业环境中，类似于球队这样能够根据每个对手、每个场次、球员状态、比赛走势，以及瞬息万变的赛场情况来灵活决定打法的经营策略，无疑是可以被称为敏捷的。采取这种打法的管理者，才不会去用教科书式的MECE原则来分析影响比赛的相关因素，不会去用标签化的方式来归因每个即将采取的战术符合赛前战术手册的哪一条。与之相对应，他们更会信赖直觉、对赛场敏锐的判断能力和关键时机的抓取能力。

在复杂的管理场景下，优秀的管理人员被要求能迅速看清问题的本质，找到问题真正的根源，并据此给出有效的解决方案。可能很多人没能意识到，解构的前提是万事皆可归因。当我们运用已有的知识和经验来归因溯源时，自然会从已知的角度来解释，这不是一种开放的思维模式。当前的商业环境中更重要的应该是如何鼓励管理者去积极探索未知的领域，那么我们就需要打破这种我们高度依赖的解构与归因思维，转向开放的、不设限的灵活而自由的思维方式。

结果导向与效率思维

作为商业机构的管理者，存在价值的第一要务是能够达成组织设定的目标。除此以外，不会有第二件事情比这个更加重要。

在层级主导的组织架构中，管理者通常是对上一层的管理者负责。所有人都能意识到，只有当所有的下一层目标均能达成时，才能确保上一层目标的达成。因而，所有的组织都会将确保每个管理者都能完成自己的目标作为首要的管理任务。在这样的背景下，就能理解为什么结果导向是一个对管理者而言极其重要的能力要素了。

就整个组织而言，所追求的最核心目标，"效率"一词应该是当仁不让的。从定义上来讲，效率指的是通过合理化的最优投入（低成本）；获得最大化的高回报（利润）。从资本驱动的角度来看，对商业组织而言没有比追求效率来得更加合理的指标。

不过，我们今天在这里重点看一下，在追求效率这个基本逻辑下会对组织带来什么样的影响。

（1）它会驱动企业去追求利润和回报。追求利润看起来是天经地义的，任何以营利为目的的组织都会这样去做，不会有任何人对此责备。不过，如果你尝试从一个高层管理者的角度来观察，情况会略有不同。

高层管理者来看利润这个指标时，他们会更愿意把它看作一个数学公式，利润是由收入和成本这两个数学自变量决定的，而成本对利润产生的影响要远高于收入。在这种情形下，高层管理者一定是高度成本敏感的。

这样一来，企业内天然就会有一个力量，来抑制你去做投入、做改变、做有风险的事情、做中长期才有可能看到成效的事情。所有人都知道，创新和变革，首先意味着高额的成本，因为需要大量的试验和投入；其次也意味着风险，因为创新和变革常常失败。管理者对效率的追求，自然会抑制创新和变革。

（2）在效率思维下，组织会追求规模。因为企业规模越大，就越能以规模摊薄固定成本，从而获得更大的边际收益。在这种思路主导下，绝大多数企业都是在追求做大。所以在过去的半个世纪，进入财富五百强名单始终都是全世界企业追逐的宏大目标，众多国内企业尤甚。

规模越大的企业，做到敏捷是越难的。从纯物理学的角度来讲，体量越大的物体要做转向，要做的功就越多。所谓的"大象也能跳舞"，讲的其实是郭士纳在IBM打造的一个传奇故事，其过程是无比艰难而惊心动魄的。因其传奇，故而难以模仿。超大型企业的转型，真正成功的寥寥无几。

（3）企业在追求规模后还会带来另外一个问题。大家都能看到，几乎所有的大公司，都在谈矩阵式管理和矩阵式思维的重要性。矩阵式管理其实是企业为了解决规模变大后，提升组织内沟通和协作效率的一个解决方案。矩阵式思维的一个最大特征，就是会在无数个横向和纵向的组织层级和单元之间，画上无数条实线和虚线的连接线。

我们需要注意到一个事实，那就是越复杂的连接线，就如同一个越精密的仪器，它能高效运转的前提是精密度。越精密的东西，它的容错度是越低的。所以，企业从追求效率到追求规模，到不断倒逼提升组织的精密度，得到的结果就是它有很低很低的容错度。

在笔者接触到的所有公司里面，越大的公司越会强调合规，跨国公司尤甚，它正是延续了这个逻辑。在国内的大型企业里面，我们强调的不一定叫作合规，但也会极为重视审计与监察，它们所发挥的作用其实是一样的，都反映的是企业极低的容错度。

对于敏捷和创新，合规部门和监察部门从名义上都不会反对。但所有的敏捷和创新都一定意味着要打破常规，会存在一些无法准确定义的风险，而这些部分，会成为合规与监察类部门存在的一个悖论。在本质上，这其实就是一个低容错度和高风险度的对立，是效率思维和敏捷思维的对立。

由以上可以看到，在确定性的条件下，执行力与标准化思维、解构与归因思维及结果导向与效率思维，成了传统管理者领导力特质中最重要的三个特质。我们也由此注意到，这三个特质，都分别与当今的敏捷思维与变革思维形成了强烈的冲突和对立。如果要完成向敏捷的转变，管理者需要重新审视这三个特质，学习和掌握不确定性时代所需的新领导力思维模式，以获得新的平衡。

敏捷思维与弹性思维

为了更好地适应充满不确定性的未来，领导者首先需要具备的是敏捷思维与弹性思维。这是一个具备开放性的前提，也是一个接纳不确定性必备的思维方式。

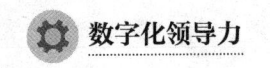

敏捷的起源

今天有太多的地方在谈敏捷。敏捷几乎可以放在任何组织概念的前面，除了敏捷组织外，还有敏捷销售、敏捷研发、敏捷服务、敏捷供应链等，似乎万物皆可敏捷。在笔者看来，敏捷反映的是一种思维方式，以这种思维方式去指导行为，就构成了万物敏捷的结果。

我们首先尝试定义一下敏捷的基本含义。在今天，围绕着敏捷几乎已经形成了一整套完整的理论。但综观各家观点，敏捷的核心观点始终都离不开以下几点。

（1）能够快速反应。

（2）灵活，不拘于形式。

（3）迅速适应外部变化。

（4）自我迭代、主动变革。

其次，如果认真研究，可以发现敏捷理论的起源，可追溯到20世纪90年代。当时有三个浪潮的兴起，推动了企业界对敏捷问题的关注，一部分企业逐渐开始了在敏捷这个方向上的尝试。

第一个浪潮，是对客户导向的关注。

在20世纪90年代，流程管理是管理界最重要的管理思想之一，它与精益化管理、全面质量管理、流程优化与流程再造、持续改进等管理理论一起，被大量的中西方企业所采用。在经济体量上占主导优势地位的企业通常会主导当时的主要管理思想，这是一个永恒的真理。如果我们去看2000年世界五百强企业名单中排名前十位的企业，你会发现它们主要被汽车制造、传统大型商社、石油能源与传统零售这些企业占据。如果再仔细看看，在2000年的全球排名前一百名最大企业名单中，微软和苹果这些在后一个十年中大放异彩的企业还完全不见踪影。

即便在传统行业之中，因为竞争的异常激烈，导致传统企业也不得不开始关注客户。这些企业的管理层开始缓慢地将目光从产品开发、优化内部流程、控制成本等方面，转移到思考如何取悦客户，以争取更高的市场份额。

在2006年，笔者工作于美世咨询（Mercer Consulting）期间，曾经为一家世界排名前三的汽车企业在华合资公司提供咨询。这是一家德系的车企，作为最早进入中国的外资汽车品牌，该企业生产的乘用车一直在国内占据最高份额。不过当时，该品牌在国内的 J.D.Power（全球最专业和权威的市场调研公司之一，在汽车行业提供最具影响力的市场调研排名）客户满意度排名成绩一直不理想，尤其感受到了来自日本车企丰田的压力。在这样的背景下，笔者作为顾问受雇于为其进行诊断并优化部分流程。

项目开始不久，我们就有了惊奇的发现。其中在一个市场部的重大项目审批流程上，该企业内部的审批环节节点一共高达 13 个。通过对其市场部负责人的访谈，我们了解到：从组织层级上来看，从提交提案的项目主管算起，其上有四个审批层级，包括了所在处的处长，然后是部长、分管公司副总，最后是总经理。从横向上看，还需要得到财务部、法务部、采购部的同意。然后，基于这是一家合资公司，因而在每一个部门负责人的位置上都设置了一名中国人和一名德国人的双重领导制。这样一来，公司内部几乎所有的重要决策都需要 13 个人的签字。考虑到该企业传统以来的森严等级、权威导向的文化（意味着通常不会很快就签字），走完全部的签字环节最快也需要三周以上。笔者至今还记得市场部负责人的无奈表情，他提到，为了能够满足市场部所需要的快速反应，他总是不得不选择违规操作，即先斩后奏（提交审批后即立即执行所制订的市场计划，审批流程在后），或者就干脆放弃。了解到这一点，你对这家企业的缓慢决策速度、更关心内部流程的正确而非外部客户的反应，就会有更加直观且深刻的了解。

在项目启动的初期，该企业的高管们还在大谈他们在如何打造一个以客户为导向的企业文化。随着顾问展示了在该企业内部冗长流程上的发现，高管们也沉默了，他们接受了我们的观点。顾问在阶段报告中陈词，认为他们并不是一家以客户为导向的企业。事实上，笔者有幸为这家企业前后连续服务了八年之久，也看到了这家企业在随后的数年中如何一步步艰难地转身，开始大胆进行组织革新、简化服务流程、新推出一些能够直通客户的敏捷流程，并取得良好成效。

客户导向理念的流行，开始将很多企业从过于关注自身引导向关注外部，开始关注如何进行快速反应，关注销售渠道的下沉和向一线的授权，关

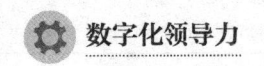

注如何将客户需求端和产品端打通。这些举措，都是有效推动敏捷理论的积极因素。

第二个浪潮，是由软件开发行业发起的一些关于敏捷的思考。

从20世纪90年代开始，软件行业开始慢慢占据越来越重要的地位。不同于传统行业，软件行业最开始意识到项目制工作方式的重要性。随着软件行业影响力的扩大，以及越来越多的企业开始引入大型IT系统，项目管理制也开始逐渐为其他企业所熟悉。在软件企业中，相对灵活的组织形式、相对精减的部门数量，以及扁平得多的内部层级，代表了后期敏捷组织理论的发展方向。在此之后演化出的Scrum组织管理模式，更是将敏捷组织理论推向了一个高峰。

第三个浪潮，则是来自创新引发的颠覆和转型对敏捷思想的推进。

颠覆式创新成为一种主流，是从20世纪末期开始被企业逐渐意识到的。在此之前，人们关注更多的是持续式创新。20世纪90年代的柯达与诺基亚，都是持续式创新的很好代表，但却输在了颠覆式创新的新来者的面前。应该说，柯达与诺基亚为人们起到了极好的警醒作用，告诉大家颠覆式创新正在以前所未有的速度加速到来。

因为颠覆式创新带来的危机，当今所有的企业无论所处的行业如何不同，都在讨论如何演变为创新驱动的企业。在尝试创新的过程中，企业会思考组织应当做出怎样的变革，在这一波浪潮的影响下，"变革管理"成了一个最为热门的关键词。在创新驱动的推动下，所有企业对变革管理的热情空前高涨，关于变革管理的各种管理理论开始大行其道。在管理人员的各类培训与发展课程上，变革管理也成了一个焦点话题。无疑，企业对变革的开放与勇于尝试的态度，是符合敏捷管理理念的，它在很大程度上推动了敏捷理论的丰富与发展。

敏捷组织的特征及敏捷思维

在浩瀚大海中，鱼群风暴始终都是让人震撼的海洋奇景。无论是在家中电视上欣赏BBC著名纪录片《蓝色星球》的海洋系列，还是亲自潜水东南亚的某处湛蓝海域，看到那无数鱼儿环绕着，时而快如闪电，时而静谧漫游，灵活移动的同时宛如有一只神奇的手在统一指挥画出无比和谐一致的画面，都会令人赞叹不已。很显然，鱼群是没有头领的，不会有领头人之类的角色来发出指令；鱼也缺乏最基本的沟通能力，无法交换彼此的想法，基本上，它们只能靠本能行事；然后，鱼显然是一种低智商生物，它们不会有足够的智慧来做出高度一致的判断。那么，鱼群风暴的那种进退一致、默契无比的神奇行为，究竟是如何做到的？

生物学家们把鱼群，事实上还有其他一些生物类群，比如某些鸟类和昆虫类，表现出来的这种协调机制称为神经网络反应系统。鱼群在移动时，每条鱼的鱼鳍的上下左右都会感应到它身边最邻近的鱼的移动轨迹信号，鱼会根据收集到的信号做出本能反应，以调整自己的姿态进行跟随。这一切都是依据亿万年进化得来的本能发生，所以能够做到完全同步，这样就呈现出来了自然界的一个了不起的奇观。

我们常常拿鱼群风暴的这种组织形态来比喻当今的敏捷组织，是因为二者之间有如下很多的相似之处。

（1）去中心化，没有传统意义上的中心位。

（2）无固定组织形态，灵活变化。

（3）快速反应。

（4）协调一致，基于共同目标。

最重要的一点，是当今许多优秀敏捷组织的运作机制，和鱼群基于本能采用的神经网络反应系统高度类似。我们可以用一个成功的敏捷组织案例来说明这一点。

美国联合特种作战司令部指挥官斯坦利·麦克里斯特尔上将在担任美军驻阿富汗指挥官时，由于阿富汗极度复杂的反恐战场形势，以及恐怖主义者所采取的远离现代化技术的指挥系统与协调机制，导致麦克里斯特尔将军指挥的现代化美军在初期遭受了沉重打击。

麦克里斯特尔将军和他的同僚们迅速意识到了阿富汗战场的高度不确定性，不适合传统美军的基于命令与控制，并高度依赖现代化通信技术的作战方式。他们迅速进行了变革。麦克里斯特尔将军采取的核心做法包括下面几点。

（1）打破军队传统的层级架构，打造了一个网状组织结构，它可以自我压缩、自我伸展，并且能够演变成任何必要的形态（类似于鱼群高度自由、灵活而多变的组织形态，能够自适应于战场）。

（2）建立大团队下的小团队。每个小团队不以传统功能划分，而是组成一个个完整功能的小团队。每个小团队致力于具备高效、敏捷和单独的调整适应能力（每条单独的鱼能够准确接收环境信息，能够迅速做出反应）。

（3）横向建立关联，互信和目标共享是基础（与整个鱼群保持高度的协调一致）。

（4）不致力于打造超级士兵，但致力于打造互信和有明确目标的超级团队（鱼群的整体生存更加重要）。

（5）每个团队都会具备独立触角和情报分析能力，能灵活而快速地根据战场形势做出反应，无须每一步行动都要事先取得指挥部同意之后方能进行（每条鱼的独立判断和反应能力至关重要）。

从麦克里斯特尔将军在驻阿富汗美军所做的一系列变革中可以清晰看到"鱼群风暴"的影子。大型部队建制被打散成具备独立作战能力的"小鱼"，每条"鱼"可以根据自己对形势的判断而快速采取行动，同时基于互信和共享，也保持了高度的行动一致性。麦克里斯特尔将军把他从战场中观察到的智慧写成了一本管理畅销书，书名叫《赋能：打造应对不确定性的敏捷团队》[1]，其中详述了他对敏捷组织的理解，穿插了大量生动有趣的战斗案例，非常值得一读。

弹性思维

弹性思维与敏捷思维一样，是管理者在接纳不确定性后所需要具备的一项基本的领导力要素。

从词义上来理解弹性，指的是从受到压力的状况能恢复原状的能力。之后心理学家将弹性的概念广泛引入，特指人的"精神恢复能力"。美国心理

---

[1] [美]斯坦利·麦克里斯特尔，坦吐姆·科林斯，戴维·西尔弗曼，克里斯·富塞尔. 赋能：打造应对不确定性的敏捷团队[M]. 林爽喆，译. 北京：中信出版社出版，2017年。

学会将弹性定义为：能够直面逆境、麻烦、强压的应变能力和心理过程。在管理学家介入之后，他们发现弹性的概念能够很好地应用于管理者如何应对越来越严重的压力和挑战。无疑，在充满高度不确定性的今天，弹性这一能力被管理学家推到了一个越发重要的位置。

在管理场景中，我们认为弹性思维将包含以下几层基本含义。

（1）认识和接纳事物时的状态，我们更具有弹性。比如，不做预判，具有更好的接纳度和灵活度，做更加开放的思考。

（2）在碰到困难和挫折时，能够以良好的心理素质从压力中恢复到正常状态，并有可能变得更为强大。

（3）具有更高的容错度和包容性，可以开放地接纳各种不同观点，甚至包括可以接受对方的错误。

上述几点都是非常有意义的。我们接下来先讨论第一点，在实际的管理场景中，它常可能被忽视。

有一个很好的案例，可以用来说明弹性思维的价值。在荷兰的西南沿海，有一个叫泽兰的省。泽兰省实际上是一个大三角洲，地处多条河流的入海口，大部分地域都低于海平面，当地人民多年来改造地貌，拥有丰富的抵抗洪水的经验。泽兰省境内河道密布，历史上，它饱受洪水灾害的影响。因而人们修建起了世界上最为强大的防洪堤和防洪墙。在1953年，因为一场史无前例的大洪水，泽兰省修建了世界上最大的防洪工程——三角洲工程，荷兰因此拥有了最坚固和最完善的抵抗洪水的大坝体系。

可是，1995年，由于阿尔卑斯山上的积雪融化，同时下游暴雨如注，导致洪水泛滥，堤坝失效，泽兰省再次被淹。

在这次洪水过后，荷兰人经过思考，采取了一个跟以前截然不同的策略，叫作改善"河流空间"的措施，包括降低河流的堤坝高度，增加河流之间旁通的通道数量，让洪水到来时可以适度地泄洪，从而大大提高了内地河网抵御洪水的能力。这个方案，打破了人们以往思维的常规，不再是一味地增高、加固河流堤坝，而是通过增加河网弹性解决了问题。当洪水来临时，通过让河流在可控程度内泄洪，反而可以更好地控制住洪水。

这样的弹性思维可以给我们很多启发。我们在很多情况下，很容易受固有思维的局限和先入为主观点的束缚。如我们已讨论过的，现有的管理思想大多受规则思维、经验主义和归因思维的影响，我们很容易去熟练使用既有的知识结构来解释所面临的问题。在这个过程中，我们最容易被束缚的，就是固有思维。有意识地训练我们具备良好的弹性思维，可以帮助我们更灵活，提供更多的可能性，更好地打破传统，找到更加有效的路径。

在弹性思维的第二层含义上，我们实际上讨论的是一种韧性。在一个足够复杂的环境中，管理者会不可避免地遭遇到未曾预料到的困难或者危机。如果要对抗这些危机和挑战，我们不可能全部都有预案，也不可能全部都采用坚决防御和抵抗的策略。我们可能会适度地与挑战共处，更关注于恢复原状的能力，而非坚决地与之对抗。

缺少弹性的敏捷，是一种脆弱的敏捷。敏捷是一种非常复杂和高级的能力，它在要求你快速灵活与创新颠覆的同时，会让你面对迷雾重重的环境、高难度的挑战、误入歧途的困境、孤独前行的英勇、不断失败的重压等。为了支撑你能够在敏捷之路上走得更远，弹性和坚韧是必不可缺的一项特质。

关于容错与包容，在弹性思维中更是一种富有智慧的表现。虽然在我们的成长过程中一直会被灌输要学会包容，但实际的成长环境及我们所处职场环境所给予的训练，事实上是与此相悖的。我们一直在学习各类秩序和规则，学习各类管理行为模式，学习帮助我们进行快速鉴别的标签。等熟练掌握以上技能之后，我们最擅长的事情，就是判断和分类。在这种行为习惯下，你很难做到容错和包容。

创新是来自不断试错的。因为我们自己难以意识到的低容错度和低弹性，事实上就遏制了创新。弹性思维对于创新而言，至关重要。

与弹性对应的傲慢思维

对于他人观点和行为的忽视与轻视，是一种主观上的傲慢。这种傲慢，是相对容易避免的。对于所有具有良好自我认知并具有正常心智认知能力的人来讲，都不太会犯这样的错误。我们已经很擅长于以彬彬有礼、恭敬有加的方式进行社会和工作交往。

但有一种傲慢,却是绝大多数人难以意识到的一种潜意识,它在另外一个层面越来越严重地妨碍你我,妨碍我们变得敏捷。比如说,当你倾听一个朋友讲述时,有没有发现你常常会听到一半时就已经有了自己的判断,你已经开始预设你的回答而不是去搞清楚对方真正想要表达的东西?这种预判有没有频繁地发生在你的日常交流中?这些已经成为我们日常的傲慢,但可能往往不自知。这种傲慢,正在阻碍我们的沟通,让沟通失去了真正的意义。

作为一名多年的咨询顾问,笔者一直认为咨询是向敏捷转型最为缓慢的行业之一。无论是国际著名的人力资源咨询还是战略咨询公司,最近数年来都在纷纷宣布自己的数字化咨询战略(很多传统行业的数字化尝试比这要早得多,比如快速消费品行业、传统零售行业、金融行业)。不过坦率来讲,从笔者的角度看来,这只是在用一个新的概念包装传统多年的咨询方法而已,其传统咨询的内核并无改变。究其原因,咨询行业固有的傲慢思维可能是最主要的一个原因。

在笔者刚刚成为一名咨询顾问时,咨询公司训练新人的第一件事情,就是教会他各种规则,无数的规则。这里面包括了如何记录会议纪要的规则、如何拜访和会见客户的规则、如何做一次成功访谈的规则、如何主持一次会议的规则、项目文件如何进行编号和归档的规则等,几乎跟工作相关的任何一个方面,都会有一本无比详尽的手册来告诉你应如何行事。如果你要制作一份PPT报告,那么你所使用的文件模板、字体字号、表格样式、配色及其使用的顺序,都会有极其严格的要求与说明,以至于在很多情况下你根本分辨不出不同顾问在不同项目上所提交报告的不同,除了客户名称和里面可能会使用到的客户数据。

咨询公司有一个非常强大的方法论思维模式,这是那些老牌的国际咨询公司引以为傲的地方。它们会非常自豪地在各种场合,比如谈战略的制定与分解、谈组织竞争力分析、谈人力资源规划的制订、谈组织设计与组织重组时,言必称各种权威的咨询方法论和看似神奇而强大的咨询工具包。客户也会非常严肃地和咨询顾问探讨这些方法论和工具,俨然咨询公司的方法论比顾问本身还重要,以至于双方都没有注意到大家都忽略了咨询最本质的一个问题——我们应解决的问题是什么?

在与女儿的日常对话中，笔者时常会感受到来自最新一代的敏锐观察给予一个被咨询顾问的身份训练多年的传统大脑的犀利一击。笔者时常鼓励自己和女儿之间能有尽可能坦诚的沟通，于是在一次晚餐饭桌上的交谈中，笔者跟她提到，她在有些时候过于自信和固执，她应该知道尽可能向身边有经验的人保持开放会更有利于成长。她看了我一眼，说：“老爸，我觉得你才是那个喜欢给人贴标签的人。”这句话当时让笔者觉得，应该在她面前摘下"人生导师"这顶帽子了。

21世纪的第一个十年，差不多是国内咨询行业最为荣光的十年。高速发展且虚心向西方管理思想求教的国内企业纷纷聘请国际咨询公司来帮助企业设计从战略到组织和人力资源的各类解决方案，其中华为、联想都是极有代表性的企业。从某种程度上来看，与其说华为等企业购买的是咨询公司提供的解决方案，不如说其实看中的是当时西方优秀企业的标杆性做法和成熟的方法论本身。

在进入21世纪的第二个十年开始，咨询行业开始陷入增长停滞甚至下滑的危机，优秀的大企业开始远离咨询，优秀的咨询顾问也开始逃离咨询行业。这一下滑的趋势，与数字时代的加速来临、新时代的不确定性迅速增加的趋势高度吻合。在笔者看来，咨询行业高举方法论的傲慢思维与数字时代的敏捷思维相背离，是最核心的原因。

比如笔者曾就职的一个咨询公司早期曾规定，新任顾问的头两年，不允许单独会见客户，必须在资深顾问的陪同下方可。但如果是在互联网、IT、设计创意等行业，年轻人反而是最宝贵的财富。在两个截然不同的领域，一方面认为经验、身经百战更有价值，另一方面则是创意、新奇的想法和不受束缚的灵魂更受尊重。在不确定性和敏捷的理念向越来越多的传统行业领域蔓延的时候，咨询公司缺乏弹性的傲慢思维就开始与这个世界慢慢脱节。

不止于咨询顾问，在大量的传统行业中成长起来的管理人员，成长经历类似，思维模式也类似。这种傲慢思维其实并非主观意义上形成的，而是与我们多年的传统与习惯、环境条件、人们的期望、我们曾经能创造的价值这些因素密不可分的。这些因素一方面在慢慢塑造我们，另一方面也在缓慢加固我们的傲慢思维。这种傲慢思维，会阻止我们走向敏捷。

本章小结

- 接纳不确定性，是管理者进入数字时代后所需掌握的领导力新技能的第一要素，它既是决定性前提，也是最难完成转变的一环。

- 模式辨认能力会强化我们依照固化行为范式行事的行为。大脑经过自然进化出来的工作模式，会阻碍人们改变这种熟悉的路径依赖，从而影响人们做出改变。

- 人们喜爱思维捷径和简单高效，这使我们能迅速依照经验进行判断。但需要理解的是，知识的真相往往来自第 101 万次的观察，以及来自负面例子的不断证伪的过程。由于对知识真相的忽视，会导致人们厌恶不确定性。

- 人们依赖各类管理工具和原则，是因为它们在大多数情况下有效，故而使我们感觉强大。在探索未知领域时，原有的方法和工具常常是无效的，但要亲手打破我们最强大的地方，非常困难。

- 为了更好地理解不确定性条件下的领导力特质，我们也需要去了解确定性条件下所习惯的领导力特质和思维方式。这里面，有三个领导力特质主导了传统的管理思想，值得关注，包括执行力与标准化思维、解构与归因思维及结果导向与效率思维。

- 传统思维模式和新时代所需的不确定性条件下的领导力思维模式存在着明显的对立和冲突。只有更好地认识到这些冲突背后的思维模式差异性，才能帮助我们完成向敏捷的转型。

- 为了更好地适应未来的不确定性，敏捷思维和弹性思维是最关键的前提条件。

- 敏捷思维起源于 20 世纪 90 年代，因为对客户导向的关注、软件及 IT

行业的兴起、颠覆式创新所带来的冲击，推动了越来越多的企业转向敏捷。

敏捷组织的特征有以下几点。

（1）去中心化，没有传统意义上的中心位。

（2）无固定组织形态，灵活变化。

（3）快速反应。

（4）协调一致，基于共同目标。

● 弹性思维所提供的容错、坚韧，能够为敏捷思维提供强大的保障。缺少弹性的敏捷，是一种脆弱的敏捷。

● 傲慢思维已经成为当今管理者不自知的一种潜意识行为。我们习惯于用方法论和标签化来解释一切，但这种思维模式会蒙蔽我们的双眼，使我们看不到事情的真相，也会为未来所淘汰。

● 在慢慢塑造你和让你变得强大的东西，也会逐渐变为妨碍你和阻止你的东西。如果要学会变得敏捷，我们需要亲手去打破固有的强大和傲慢。

第四章
抽象与关联思维

在不确定性不断加深的当今世界,错综复杂的外部和内部因素交织在一起,使得人们越来越难以观察到事物的真相。管理者的首要职责是要带领组织解决问题,做到这一点的前提是你需要具备穿透本质的能力,而这正在变得越来越难。抽象思维和关联思维,将是管理者在数字化时代所需要具备的第二项重要能力。

数字化领导力

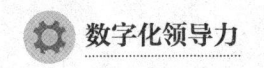

抽象与概念思维的关键是穿透本质

当今社会在过去数十年的发展中,一直是在以看似不断加速但实则相当稳定的速度进行。科技在高速发展,全球经济秩序迅速建立且不断完善,社会财富快速增长,民众的平均受教育水平在迅速提升,一切看起来本应是美好生活未来可期的模样。但自从进入21世纪以来,社会发展的轨迹似乎跟之前有所不同。各大政治经济主体之间一改过往主流框架主导其间的和谐与友好,分歧与纠纷不断加大且呈加剧之势;基础科技的突破虽然遇到"瓶颈",但在人工智能、大数据与云计算等新技术的加持下,以及互联网线上模式的加速迭代,已经稳定运行数十年的经济基础、行业基础、传统商业模式都在面临着颠覆。对于未来的十年,则更难以按照过往经验模式来进行预测。尤其是在因为科技的发展导致的大数据的爆炸式增长、个体力量的觉醒以及互联网技术而放大的个体效应,社会的复杂性在进一步加大,深刻认识社会的难度也在加大。

认知心理学家们一直对揭示人们认识复杂事物的背后机理进行着不懈努力,这对于帮助人们更好地掌控和改变世界非常有价值。虽然关于认知机制的探索已经进行得非常深入,但在人们的日常生活之中,依然会看到大量的认知偏差的例子,其中最主要的一个表现,就是对抽象思维和关联思维的重要性的认识不足。

我们可以从一个发生在20世纪30年代初的研究故事开始。

来自心理学家的研究

1931年,后来被评为世界50大最有影响力的心理学家,但当时还年轻的亚历山大·鲁利亚（Alexander Luria）来到苏联的边陲地区，也就是当今的乌兹别克斯坦地区，进行了一场关于社会突变对人们认知模式的影响的研究。

那里的人们全部都是文盲，从事着最为基础的农业种植和牲畜畜养放牧，遵循着严格的宗教规则，基本延续着几千年来未变的生活方式。

通过一系列深入生活场景的现场研究，鲁利亚和与他同行的心理学家们发现：随着现代化进程越深入，一个人就越有可能掌握对抽象概念的理解。而如果是没有接受过正式教育的人，那么他就很难理解诸如"形状"这样的抽象概念。当地村民对所有"概念"的理解是一定要具体到身边可被观察的物品。比如他们就没有"动物"和"植物"这样概念的建立，即便研究者努力向他们解释了动物和植物的概念区别之后，当他们被要求对狗、鸡、小麦这一组物品进行分类时，仍然坚持将鸡和小麦分在一起。因为村民们认为狗和鸡放在一起毫无意义，而鸡是吃小麦的，理应放在一起。

同样地，当村民被传授"工具"这一概念时，研究人员展示了一组物品：锤子、锯子、斧头和木头。当村民被要求将这些物品归类时，他们坚持认为锤子、锯子和斧头不能单独归在一起，因为这些物品如果离开了木头，就毫无用处。并且，村民们认为，锯子、斧头和木头的关联性更大一些，因为这两者可以用来直接对木头进行加工，而锤子就显得没什么太大作用。

你可以很清晰地看到，村民们接受概念化思维最大的障碍，是来自人们无法脱离具象化的物品来理解更高一层的抽象化的概念。心理学家们进一步发现，这样的现象同样适用于现代社会中人们对更为复杂事物的理解。这是因为，人们被具象化物品的束缚是来自漫长年月以来经验积累和经验学习的传承，而打破这个经验学习的壁垒，建立起事物背后更高层级的本质层面的关联天然就很难。

著名心理学家詹姆斯·弗林（James Flynn）于1987年定义了一个很著名的社会现象，叫弗林效应：每一代新出生的人在智商测试中的分数都有所增加，每十年会增加3分。这一发现与当时心理学家们的主流看法是不一致的，之前人们认为人的智商是相对稳定的，之所以现代人看起来比以前聪明，是因为教育程度更高、生活条件的改善，等等。而弗林的研究表明，人类的基础智商在随着时代而进步。对于人类的进步而言，这肯定要算作一个好消息。

弗林研究的基础是建立在瑞文标准推理测试（Raven's Progressive Matrices）之上的，该测试旨在测量受试者理解复杂事物的能力。测试中，每个问题都会展示一套抽象的图案，其中有一个图案缺失，受试者必须填补缺失的图案来完成这一题目。"瑞文测试"被认为是一个权威的"去教育"测试，设计这一测试的出发点是确保学校教育和生活经验类知识不应影响到测试结果。

事实上，在今天国内有很多大型企业在人才招聘，尤其是在校园招聘中也会采用"瑞文测试"，这应该是为了满足企业希望为自己挑选到"天才型"员工的愿望。姑且不论高智商的毕业生是否就一定会成为为企业创造高价值的优秀人才，但"瑞文测试"确实是公认的智商测试的最佳手段之一。

弗林的研究进一步表明，在"瑞文测试"中表现良好的人，在面临没有被教授过的更抽象的任务时，成绩更加优秀。这在某种程度上证明，人们的抽象思维和概括思维能力，是可以被清晰衡量的。按照弗林研究的成果做进一步推理，下一代年轻人在面临未知复杂事物时，临场解决问题的能力将更强，他们在没有任何经验和提示的情况下，发现潜在规律和模式的能力变得更强，同时也会越少地受缚于传统的框架。这无疑也是一个相当乐观的结果。

弗林的研究能够证明现代人的抽象思维和概念思维的能力在变得越来越强，也能够表明抽象思维和概念思维对于未来社会越来越重要。但却不能改变的一个现实是，我们身边依然有很多人因为种种原因，他们的抽象思维和概念思维的能力停滞，也看不到进步的希望。社会的进步推动了人类整体认知能力的进步（这是弗林的观点），但在某种程度上的两极分化却更严重了。这就意味着优秀的人表现得越加优秀，但跟不上时代步伐的人却表现得严重滞后，这一部分人群的抽象思维和概念思维能力永远停留在当下，无法进入下一个时代。

几乎所有人都会有这样的一个观察，我们身边总会有一部分老人，在你无论花费了多少精力和多少遍来尝试教会他们学习使用智能手机之后，结果似乎都是徒劳无果。于是乎，我们就会常常在一个完全无法预料的场景中接到这样的求助，老人们的手机屏幕进入了他们完全无法理解的页面，而我们要远程帮助他们脱困。而这通常也很难，因为老人们往往也无法清楚地描述手机当时所处的状况。

为什么老人们在学习操作智能手机方面如此之难呢？原因在于智能手机屏幕的操作手势事实上反映的是一个高度抽象化之后的操作语言系统。比如说在屏幕上手指向右滑动通常是表示"打开"、"进入"或"确认"，手指向左滑动则通常表示"关闭页面"、"否认"或者"返回"，手指的长按往往表示一个深度的确认，意味着打开它的下一层菜单。而菜单的层层展开与返回、关闭，以及各类功能菜单之间进行切换的逻辑关系，又都是靠这些简单无比的手势来完成的。对于有着基本的概念思维与抽象思维能力的年轻人来讲，几乎不需要学习就能在初次接触这套系统之后建立起正确的关联。而对于严重缺乏概念思维与抽象思维的一些老人来讲，就很难理解每一个手势背后的含义：为什么在接听电话时，在有的手机上需要做的是向右滑动，而在有的手机上是点击那个绿色按钮？

我们可能会忽视的一点是，受限于人们所生活的时代，在每一个认知层面上，生活在现代生活中的人们，依然可能会受到具体世界的制约，就如同上一代的老人们会受制于他们那个时代一样。世界的高速发展始终在把一些前所未有的新鲜事物，以出人意料的方式突然展现在人们面前。在这种情形下，对新事物的认知将需要更加高超的抽象思维与概念思维能力，而人们并不是总能做到。

探讨"数字化"的本质

本书是探讨数字化领导力的，"数字化领导力"这个概念则无疑是服务于数字化转型这个席卷当下的最热门浪潮的。正是因为数字化转型的热度，也带来了对数字领导力的各种纷繁讨论，大家共同关注的视角是：具备何等特质的管理者，才能带领企业成功完成数字化转型？

每当一个新的浪潮兴起的时候，毫无意外，无论是在网络上，还是在实体的书籍或专业类杂志上，都会有大量的关于新概念的讨论及观点的阐述。这些观点，有的来自权威性很高的专业学者，有的来自身处数字化转型风口浪尖的企业家，也有些来自专注于这一领域的专业人士比如顾问、专栏作家，等等。笔者在开始着手这个领域的研究时，阅读了大量的各种类型的专著或文章，在其中发现了一个饶有趣味的问题，那就是，不同人士对于"数字化"这个概念的理解存在的差异极大。这种差异不仅仅体现在数字化不同技术方向和技术手段的判断上，更大的差异，竟然体现在大家对"数字化"这个词的概念化程度理解的不同。也就是说，不同的人对"数字化"的应有本质的穿透深度不同，导致有了深浅不一的理解。

我们选择对"数字化"这一概念来进行解读，既可以很好地作为解读抽象思维和概念思维的例子，也可以借此更好地帮助大家理解在数字化背景下的领导力所具有的一些特定含义。这真是一个不错的切入点。

偏离真相的"数字敏感"

在众多关于数字化领导力的专家论述和企业家采访中，大家应该都会注意到一个高频的词语"数字敏感"。尤其是对那些从传统型企业希望转型为数字化的企业来讲，它们更加喜欢这个提法。看起来，重视"数字敏感"是因为它们认为如果要完成这样的转型，那么首先应该建立起来一个对数字的正确认知，其次是具备相应的数字化技能。这个逻辑从出发点来看无疑是对的。只不过，在随后对"数字敏感"的定义和解读上出现了一些偏差。

先举一个例子。国内正积极推进数字化转型的某知名企业的董事长在为一本数字化专著所作的引言里谈道："我认为，在数字化时代，领导者一定要用数据说话，利用数据做决策，建立起数据收集—数据分析—数据应用的系统工程，以此来指导战略、组织、管理和运营。"

因为身为顾问，笔者有机会深入了解国内大量企业所应用的领导力模型。其中的一家著名企业近期上线了最新版数字化领导力模型，其中有这样一段描述："对数字敏感，能熟练掌握和运用最新的数字化工具和数字化技术，准确分析、挖掘和抓取数据背后的关联关系和含义，并进而进行科学决策。"

　　上面两个例子，具有一定的代表性。它们对数字化的理解比较趋同，都是在强调企业运营的大量数据需要借助数字化技术进行深入解读，以揭示不同数据之间可能存在的关联，并帮助企业进行科学决策。相信有相当一部分读者可能也会有类似的考虑，大家会觉得，在数字化时代各类数据海量产生，如果缺少先进的手段来帮助企业进行数字化解读，那么企业有可能会迷失在数字的海洋里。

　　这样的理解虽说有一定的道理，但它在事实上距离我们今天所广泛讨论的"数字化"有着很大的偏差。上面的理解，是一个偏离真相的定义。

　　先来看几个众所周知的例子吧，它们是在过去 20 年整个数字化进程中能够称得上具有划时代产品的例子。我们要重点关注一下驱动这些重要的产品得以诞生的关键洞见是什么。换言之，这些革命性数字化产品背后的主要设计者，在提出这些产品设计背后的驱动性思维是什么。

　　相信所有人都同意智能手机的出现是推动数字化进程的划时代产品。在智能手机出现之前，以诺基亚、摩托罗拉为代表的功能性手机定位还是以通话和通信为主。史蒂夫·乔布斯是定义人类历史上第一台智能手机 iPhone 的关键人物，也推动整个社会向移动互联时代迈出了关键性一步。无疑，乔布斯对数字化的理解，是超出绝大部分人的。

　　按照我们前面提出的问题，驱动第一代 iPhone 诞生的关键洞见是什么呢？我们知道，在最开始出现的智能手机上第一次将相机、掌上上网浏览器、MP3 音乐播放器等这些重要的功能通通整合到了一个设备里面，使用者可以使用一台设备依据使用场景的不同而无缝切换。有人可能会说，之前的功能性手机差不多也可以做到这些啊，虽说在通话之外的其他功能跟 iPhone 比较起来更难用一些，但该有的功能基本都有啊。这里面最根本的差异其实在于，传统功能性手机的设计思路是围绕着一部核心功能是打电话的设备展开的，其他的诸如拍照、上网、音乐等功能是作为附属功能添加上去的。这样一来，设计的出发点决定了它在本质上还是一部手机。这样的手机在设计出来后，也根本无意去替代一部数码照相卡片机、一部 MP3 音乐播放器、一部 Palm 手机上网设备。事实上，这些设备都是当时十分流行且普及度相当高的数码产品。

而第一代 iPhone 的设计语言是以一套全新的操作系统 iOS 为平台，以众多移动应用 App 为转换按钮，使得手机能够方便地化身为所需的数码产品。人们依据使用场景的不同在 iPhone 上自由切换，它在事实上成了一个无所不能的超级混合体，并且所提供的功能及性能与独立的数码产品相比，并无多少妥协。

所以，智能手机战胜功能性手机，在本质上是一套极富前瞻性的智能操作系统打败了一个继续使用传统眼光来开发的功能性产品。首先，乔布斯之所以能够拥有这一洞见，是因为他能够以抽象思维的方式构建出一个他想象中的系统操作平台。请注意，因为在此之前并没有类似产品逻辑的系统存在，乔布斯就只能在他天才的大脑中构建一个概念化的东西。其次，乔布斯迈出了更重要的第二步，那就是把那些看似完全不相关的产品整合在了一起。事实上，如果你想把任何两个之前不相关的东西紧密地关联在一起，就必须看到这两个东西更深层次的东西。越是深入本源，你才越有可能找到它们之间的关联。所以，跨越事物的本质建立深层次的关联，是乔布斯开发出第一部智能手机的第二个关键，他把各种功能以 App 的形式放在了苹果手机的屏幕上。因而我们说，第一代 iPhone 的诞生，是一个极好的同时使用抽象思维和关联思维的案例，可以帮助我们更好地理解这一面向未来的思维能力的特质和作用。

我们还可以用类似的视角再分析一个案例。当然，如果你认为已经充分了解了这一思维模式，你也可以跳过这一段，并不影响你往后继续阅读。

在汽车行业，特斯拉在诞生之初也是一个离经叛道的产品，它的出现有一点像我们在上面提到的初代智能手机给传统功能性手机所带来的挑战。特斯拉作为新能源汽车的代表，其取代传统能源汽车固然还有相当长的一段路要走，但很多人可能已经注意到，那就是资本市场对特斯拉的认可可以用"狂热"来形容。

就在笔者写作这段文字的时候（2021 年），上网顺手查询了几个关键数据。特斯拉的市值是 9037 亿美元，这个数字远远超过了当时世界排名前五大汽车公司的市值之和。具体来看，排名第一的丰田汽车是 2521 亿美元，排名第二的大众集团是 1312 亿美元，然后是戴姆勒股份公司奔驰的 989 亿美元和通用汽车的 784 亿美元。与此相对应，特斯拉在 2020 年全球一共卖出去 49 万辆汽车，而丰田汽车的这一数据几乎是它的 20 倍，一共卖出了 992 万辆。大众汽车则卖出了 930 万辆，奔驰则是 220 万辆。

我们能够理解的部分是，资本市场对特斯拉的估值是基于其代表了汽车的未来，人们看好它的成长性。但部分人仍不免会有一些困惑之处，事实上就这一点也从来不乏争论，那就是特斯拉的市值是否被过高地高估了？我们是否已经看到了全部的事实？

相信有很多人会忽略一个角度：埃隆·马斯克在构想特斯拉这一产品原型的时候，他想创造的是一部"车"吗？

为了回答这个问题，我们不妨登录一下特斯拉的官网。在它的官网上有一段话描述了特斯拉的愿景，它的定义是"加速世界向可持续能源的转变"。而埃隆·马斯克对特斯拉这一产品的定义是"探索采用可持续能源的智能出行平台"。是的，马斯克对特斯拉的看法是它不是一辆车（一个具体的产品），而是有着两个属性的新概念。

一是"一个智能出行平台"。想象一下吧，马斯克为人类规划的是一个面向未来的智能出行场景，它将不再是一部单纯的车，而是能够解决你出行中大量需求的一个强大的应用平台（如同 iPhone 用一套系统整合了各类 App）。马斯克眼中的特斯拉的未来，是一个智能出行平台的生态系统。这样的逻辑才能够回答为什么在特斯拉甫一面世，马斯克就做出了一个惊世骇俗的举动，他无偿公开了特斯拉所有的技术专利，供全世界任何人免费使用。马斯克做这个决定的背后逻辑，是因为在他看来，入场的企业越多，特斯拉所定义的智能出行平台才会有越大的价值。一个平台价值的大小，是由在这个平台上玩家的数量多少来决定的，比如淘宝。

二是"一个探索采用可持续能源的产品应用"。请注意，在这个概念中，它仍然不是一辆车。因为按照马斯克的构想，汽车只是可持续能源应用的一个场景。这样就不排除在未来开发出更多其他产品应用的可能性。

以上两个案例能给我们带来以下启发。

无论是第一代智能手机还是特斯拉，都可以称得上是大大推动了人类数字化进程的重大产品。无论是乔布斯还是马斯克在进行他们的构想时，都跳出了传统的关于产品的具象化思维，采用的都是极具前瞻性的抽象思维和概念化思维。在他们的大脑中，既不是一部具象化的手机，也不是一台传统意义上采用不同推进系统的汽车，而是一个抽象的平台系统。这个系统仅存在于虚拟世界之中，它以功能应用的方式与人们发生关联。

那么，对应到我们在最开始对"数字敏感"的定义，无论是乔布斯还是马斯克，他们在推出自己极富创造性的产品时，有深度分析数据吗？他们运用了什么样的数字化手段呢？他们有借助数字化工具来帮助决策吗？答案都是否定的。从本质上讲，他们的创新都是来自卓越的抽象思维和关联思维的能力，来自对未来概念的超前思考。

基本上，如果你想设计一个颠覆性的产品，你最需要做的事情就是要学会跳出这个具象化的产品来思考。如果没有办法脱离这个具象化的产品，你就无法建立起一个更为高级的关联思维模式。这就好比淘汰一驾马车，并不是设计一辆跑得更快的马车，而是制造出汽车这样一个全新的产品。

这样的例子还有很多。过去十年中，对于能想到的几乎所有关键性的数字突破，都适用于以上逻辑。比如Facebook、Twitter、微信、抖音这些社交媒体的诞生和大规模应用，比如各类"互联网+"的应用，如互联网金融、互联网医疗等，不一而足。这些新产品或商业模式的诞生，往往都首先来自对某一未来应用的概念性思考，唯有如此，才能抽离出产品的本质，完成对上一代产品的升维设计和颠覆。

同样地，几乎所有这些划时代的数字化革新和数字化产品，它们的产生都跟我们上面定义的数字敏感的内涵无关，而是跟抽象思维与关联思维有关。

穿透"数字"的本质

要理解数字化变革，首先我们得理解，数字究竟是什么。在前文中我们和大家澄清了一些关于数字化及数字敏感的误解，接下来我们应该从正面来回答数字究竟是什么。通过对数字这个概念的深入剖析，我们也可以更进一步地认识到抽象思维和关联思维的强大力量。采用这种方式，可以帮助我们更好地理解复杂事物的本质。

关于对"数字"的准确理解，有三层含义和大家分享。

一、从本质来看，数字其实就是信息

在这一点上，数字跟信息时代的信息没有任何区别。只不过在今天，因为技术的发达，信息的载体被极大丰富化了，信息会以各种不同的形式被记录、传播、交换、处理，并且速度被极大地加快。比如曾经的健康码，它在本质上反映的是你的出行信息和身份信息的叠加，只不过，它依赖人们的数字移动终端——手机——来呈现。抖音很好玩，在抖音上大家浏览、上传、讨论和交流的，也是信息，是数字化后的信息。

其实，信息从来就很重要。只不过在数字时代，信息产生的速度、信息来源的方式、信息的传播、信息的加工和处理、信息的应用，在所有方面都发生了翻天覆地的变化。信息本身并没有变，但是承载与交换信息的一切，都变了。

大卫·克里斯蒂安在他的大历史论中有一个著名观点，他认为，整个人类文明的发展史，都是在围绕两个核心元素——能量和信息。人类的进步，就是在不断追求和探索对能源和信息的更高效利用。其中的信息，是指限定性的规则（对简单事物而言可以理解为属性标签，对复杂事物而言就是指运行的系统规则），所有的生物都需要消费信息。越是高等级的文明，本质上就越是由更复杂信息组成的复杂系统，反映了事物运转的规则。

我们在今天所称的数字化时代的数字，本质上，也是克里斯蒂安所指的信息。搞清楚这个概念很重要，是因为当我们说数字敏感时得知道，我们究竟是在对什么敏感？

二、数字本身不会产生价值

产生价值的是围绕数字的技术。所谓的数字化，其实是一种创新技术驱动的信息加工和利用方式的一次大进化。

我们以健康码为案例。在新冠病毒疫情期间，大家会意识到健康码是一个非常强大的工具。依托健康码，这个程序承载了中国庞大的人口基数及其产生的海量出行信息，解决了出行轨迹追踪及人员属性信息比对的大问题。

在这个系统中，神奇的并不是信息本身，而是信息被采集、归集属性、云存储，以及对海量数据的实时线上比对，实质上是这一系列功能在瞬间的完成让人印象深刻。这个背后，是数字技术的支撑。可以想象一下，如果是在过去的传统时代，这样的信息其实依然会存在，只不过绝大部分的信息都是以物理的形式散乱地、无关联地分布在无数个割裂的物理空间，无法被有效归集、分析和利用而已。

复杂一点的，比如汽车自动驾驶。L5级是自动驾驶技术的最高级别，一句话就可以定义清楚，就是可以实现完全的自动驾驶了，由机器进行全盘掌控，驾驶人员无须保持注意力。

汽车要实现完全自动驾驶，它需要实时采集和处理大量的数据信息。但L5级自动驾驶能够实现的关键，却是它的五大核心技术：识别技术、决策技术、定位技术、通信安全技术、人机交互技术。数字，是作为汽车识别、定位、交互和决策的基础元素对象而存在的。

所以，在数字化时代，你应关注的其实不是数字，而应是驱动数字更有效应用的技术。

有一位颇有影响力的数字化转型顾问在网上发表了一篇专栏文章，他在文中大声疾呼：为了能更好地推进数字化转型，企业家应学会看财务报表，学会做成本分析，学会读懂数字背后的含义，学会掌握和使用新的数字化工具，学会利用数据来做客户需求分析，学会用数据来做产品调研和市场预测，等等。这些，是他认为能够帮助企业推动向数字化转型的关键。不只是他这样一位富有经验的数字化转型顾问这么讲，其实在很多场合，也会听到类似的教导和呼声。

很明显，这是对数字化转型的误解，这也是对数字化领导力的误解。并不是说看懂财务报表不重要，也不是说读懂数字背后的含义不重要。而是说，这些特质远远不是数字化的核心要义。难道说，在进入数字化时代之前，这些事情就不重要了吗？

三、数字只是一种生产要素，数字化技术才是生产力

有很多的专家都会撰文说，数字是新时代的生产力，包括一些官方机构和媒体，也会如此宣传和报道。事实上，这也是对数字作用的一种典型误

解。我们在前文已经论述过，数字的本质是信息，而从未有任何一位有影响力的经济学家说过，信息是生产力。换言之，如果只依靠数据本身，它是没有任何价值的。如果要让数据发挥价值，有几个条件需要被满足，具体如下。

（1）应用场景。如果没有应用场景，所有的数据都是无效信息，你可以将其看作垃圾。

（2）技术的加成。技术在这里会起到一个放大器的作用，或者叫赋能器。因为技术的运用，让数据看起来有了价值。但数据在这里，它是一个必要条件，而非充要条件。也就是说，基于全新应用场景的技术创新和技术驱动，才是数字化时代最根本的特质。因为技术的进步，我们面对以前传统的信息这个生产要素，突然发掘出了前所未有的可利用场景，从而创造出了各种数字化的应用。

我们以条形码技术的演变作为例子来说明。条形码技术早在20世纪70年代就已产生，最开始在美国零售业中得到应用。研究显示，虽然在早期由于安装成本较高，且各企业的条形码标准也未得到统一，但还是有些企业看好并率先采用了这一技术，并使得美国零售业在头几年获得了4.5%的劳动生产率的提升。应当说条形码技术是一个极富创意的发明，它使得零售商得以以相当快捷的速度和低廉的成本迅速掌握商品的相关信息，并应用在采购订货、仓储物流、商品结构、成本分析等各领域，在理论上大幅提高效率和削减成本。然而事实的情况是在条形码发明后的数十年间，这项技术的普及速度十分缓慢。在那个年代，小型化的个人电脑（PC）远未得到普及，网络通信技术十分落后，使用条形码技术扫描后的信息无论是存储还是传输都很困难。直到进入了20世纪90年代之后，因为互联网技术的迅猛发展，条形码才开始得以快速打开它的应用市场。再后来，随着物联网技术的出现和逐渐成熟，移动通信技术、遥感扫描和无感芯片技术的发展和进步，使得条形码和众多相关的数字化技术共同将商品的数字化管理向前推进了一大步。

条形码技术的案例能够很好地说明，因为技术的进步使得人们对商品属性信息的掌握和应用出现了飞跃。技术的进步，赋予了数据与信息更多的意义和用途。

讲到这里，应当说我们对数字化内涵的理解有了一个很大的飞跃。我们在穿透数字化的表象时，所运用到的最核心的思维方式就是抽象思维。数字化的表象是什么？是信息爆炸产生的海量数据、吸引眼球的数据内容、各种令人眼花缭乱的数字化技术、更为先进的数据系统，等等。这些东西是数字化的一部分，但绝不是数字化变革的真正内核。当我们谈数字敏感时，实际上敏感的不是数字本身，而是对以数字为基础的应用场景、数字技术及数字创新所带来的场景变化而敏感。数字化变革并不是强调我们对数字本身的重视，而是应强调我们如何运用数字化手段来改变和升级事物的本质。

抽象与关联思维服务于创新

抽象思维，是人类区别于人工智能的最大优势之所在。人类之所以能够创新，本质上是因为人们能够在已有事物的基础上，不断抽取事物最本质的特征，把握事物发展的趋势，在事物从旧有形态向未知的新形态的上升过程中不断形成新的概念，并以此反过来引领事物发展，最终创造出来新的事物。

数字时代最重要的一个特征就是创新。关于创新，这个世界上有着无数的论述，在这里我们重点谈其中的一点，那就是抽象思维和关联思维是创新最重要的一个基础，它们主要服务于创新。

为什么这么说呢？先让我们回到 iPhone 的例子上来。iPhone 的诞生，本质上是一个"关联+重混"思维的产物。在关联思维下，乔布斯能够在那个时间点，以超出所有人的眼光，看到了一个将音乐播放器（MP3）、可上网的掌上设备（Palm）、照相机、手机、掌上游戏机，再加上一个封闭的操作系统关联在一起，创造出一个前所未有的产品的机会。而这些看似不相关的数字产品之所以能够被关联起来，核心在于乔布斯能够以抽象思维的方式来跳出原有的具象化产品，不受原有产品固有属性的束缚，如此才能够把一个个产品的功能对应到完全"虚拟化"的 App 上面去。如果没有这样的一个先抽象，再概念化重构，最后关联到一个整合的平台上的过程，就没有 iPhone 这个产品的诞生。

通常，两个看起来完全不相关的东西，你是很难生硬地关联在一起的。如果要产生关联，它需要具备两个条件。第一，是一个能让二者产生关联的应用场景；第二，它需要一个能看到事物本质的概念思维和抽象思维，并由此找到共性，由共性产生关联。

创新最为重要的且最困难的一个环节，是需要能够构思出来一个关联的应用场景。请注意，这个构思的场景，理应是全新的、前所未见的一个场景。在进行这样的一个构思时，首先进入你脑海的，一般应该是一些关键概念。衡量这些关键概念能否提供高质量的启示作用，完全取决于你对于新设计的特性的抽象思维和概念思维的高度。换言之，你对所设想的新产品有着越精妙的抽象化和概念化理解，你靠近成功的设计就越近一点。你如果能超前地看到这些概念，那么你就能如乔布斯一样超前地看到 iPhone 的雏形。

管理者在组织中的一个重要职能，就是不断地推动创新。而如果要做到这一点，同样需要具备上面所述的抽象思维和关联思维的能力。

抽象与关联思维对管理的启发

获取信息和得知真相

在数字化时代，管理面临着很多的挑战。其中最大的一个，可能是由于乌卡（VUCA，互联网时代被广泛用来指称高度不确定性的术语，具体是指 Volatility 易变性、Uncertainty 不确定性、Complexity 复杂性、Ambiguity 模糊性，一般被翻译为乌卡）特性的增加，导致经营环境和组织环境的复杂性都在大幅增加，管理者对事物真相的判断变得更为困难。但从管理者职责的要求上来说，抓住事物的本质，又是对管理者最为核心的要求。

不过，在越来越复杂的环境中，抽象的难度在加大。问题简化、模式误判、经验思维，是妨碍我们获取信息和得知真相的最大障碍。

从笔者自己数年前的一次误判之旅开始吧，把这段经历分享给大家，可以看到笔者犯了上面三个所有的错误。

当时我受邀深度走访一家当时在国内排名前列的游戏公司。在此之前，我有很多互联网及高科技公司的咨询经验，但大型游戏公司尚是第一家。在我拜访的那个年份，游戏行业尚未如今天一样受到严格监管，也就是说，在当时游戏公司是大家公认的高利润的好公司，资本市场火热，企业的管理层也是信心和干劲十足。

公司的核心管理团队同时也是这家企业的创始团队，非常年轻。我跟公司的几位管理层进行了一次十分深入的交谈。

在沟通开始之前，我初步了解到这家游戏公司的主要人员是由开发和运营两大核心人群构成的。这似乎和软件开发公司的人员结构很像，毕竟开发一款游戏的逻辑看起来和开发一款软件似乎也差不多，所以我假设游戏公司所碰到的人才挑战应当与软件开发公司有相似之处（我的第一个失误，经验误判）。

基于这样的一个假设，我的问题是这样开始的："在你们公司，游戏开发人员和运营人员这两类，谁对你们来讲更重要一些？"随后我得到的回答，证明了这是一个多么糟糕的问题。

对面的那位年轻的创始人高管（年龄还不到30岁，主管游戏开发，开着一辆法拉利上班，车库里还停着一辆兰博基尼，位于郊区的别墅价值一亿元。他在与我的沟通中显得十分自信、随意且放松）是这样回答我的："在我们公司，开发人员和运营人员的重要性其实都没那么重要！我的意思是说，通常我们并不需要招聘那些技术最好的开发人员，也不怎么需要那些一流或顶级的运营人员。因为对于一家游戏公司而言，这些其实并不是最重要的。"

这个回答对我而言是一个重击！游戏的开发不重要吗？游戏的运营不重要吗？这位高管的回答是认真的吗？

不过，他接下来很认真地跟我阐述了他的观点。有一点点奇怪的角度，可能也会有一点点偏颇,但却很能说明问题。

他说,在游戏行业有一个非常明显的爆款头部效应,在游戏公司推出的100款游戏中,可能只有一个能够成为爆款,而其他的游戏在推出之后很快就会在市场上被淹没掉,完全看不到踪影。他们公司很幸运有几个爆款,在最近的几年都取得了很好的成绩,在国内都能稳定排进游戏大作的前十名。可是,如果你认真去看这几款成功的游戏作品,是因为它的画面更精美吗?游戏人物的设计更真实吗?游戏故事的情节编排更曲折和引人入胜吗?游戏引擎更先进吗?场景与UI更酷炫吗?如果跟那些同步推出的"阵亡"的游戏相比,其实这些都不是成功的游戏所胜出的地方。简单讲,更精美的画面乃至关卡设计等因素,并不是一个爆款游戏所需的最关键的成功要素。甚至,在市场上有一些极受欢迎的爆款游戏产品,其本身的设计反而相当地简单粗暴,但就是广受欢迎,大卖特卖!

这些信息确实很有意思,也都是事实。那么成功游戏产品的优胜之处究竟在哪里呢?这位年轻高管认为,其实一部好的游戏卖的不是产品本身,而是对人性的深刻把握,"做游戏,其实是在做人性"。当然,很重要的一个前提是中国的游戏行业的商业逻辑与西方主流的游戏公司相比有着很大的不同。国内游戏主要依靠的是游戏玩家不断地为道具装备和人物属性充钱升级,而西方游戏的主流依然是靠产品发行售卖。

坦率讲,普遍意义上的游戏开发人员和运营人员,都不能对游戏产品设计中"人性"的部分负责。真正负责把握"人性"部分的,通常是在最顶层负责整个游戏的核心架构师(一般由高管直接担任),最多再加上1~2名资深的策划人。从这个意义上讲,就能理解为什么在游戏公司无论是开发人员还是运营人员都并不能构成核心人才要素。所以,游戏公司的人才结构与传统软件公司是迥异的。传统软件公司的人才结构一般而言,依然是我们熟悉的金字塔形或梯形,依然会重视中基层核心人员的培养,看重人才梯队。但是在游戏公司中,奉行的是更为直接的顶层精英文化。可以想象一下,在一个数千人规模的游戏公司里面,你会发现真正养活全公司的可能就只是一个数十人的项目团队,而真正决定这款游戏的设计灵魂的,则更只是金字塔顶尖上极少数的几位顶层设计师。这家游戏公司实行的有点像"人海战术",

无数个项目团队冲上去，但最终只有极少几个登顶的团队可以分享胜利成果。这无疑是个十分残酷的游戏规则，但在这家公司看起来很有效。

这位年轻高管在气质上有些嬉皮的风格，看起来喜欢玩闹，有些愤世嫉俗的地方，但工作中又极其拼命，几乎在游戏开发的所有关键节点都会不眠不休地疯狂工作。他在以一种极其轻松的方式与我交流的同时，也在以一种极其自然的方式暗示，他才是那个在游戏产品中把握"人性"那个部分的重要人物。虽然他的观点有些偏激的地方，但也确实道出了国内游戏行业很大程度的真相。

接下来，我们聊到了在游戏公司的人员激励问题。不出意外，在这个部分，我提前预料到了会犯下的另外两个错误——问题简化和模式误判。

游戏公司与软件公司在组织形式上的类似，以及人员的高度互通，导致在考核激励模式上我也认为与软件公司基本类似。我本以为游戏公司人员的底薪、考核和激励机制与软件公司的项目制考核应有类似之处，项目组内高度重视项目计划与项目进度的KPI考核，严格按项目关键节点对成员进行考核，项目结束后按成员贡献大小发放奖金，或者分配项目收益。但结果证明这是另一个很明显的模式误判。

在与那位年轻高管的交流中我了解到，首先，通常一个游戏产品的开发具有很大的不确定性，在开发过程中经常会出现产品思路的大幅调整，这样一来，在软件开发行业中常用的项目管理模式就不太适用了，因为你没有办法做一个预见性较强的项目计划出来并按此执行，这会完全无效。其次，如前所述，开发人员的个人价值往往也不太会对一个游戏产品产生特别大的贡献。就是说，游戏开发并不如软件开发那样会依赖一些天才开发人员，成员之间贡献的差异度并不是很大，这就会导致过程考核其实也没那么重要。最后，非常重要的一个部分是，一个软件如果成功上市，一般都是会卖很久很久的，短期收入不高，但长期回报很高。而一部游戏产品通常其生命周期只有短短几年，相当短命，但当期收入可能会非常高，会产生非常高的利润率。这种情况导致了这家公司采取的激励模式就非常直接了：为员工支付相对较低的底薪（考虑到员工个人贡献价值并不大）；不需要复杂和精细的项目节点控制和严格的KPI考核；在项目结束后由项目负责人统一直接评价

（适应灵活的项目进度，且项目负责人拥有绝对的评价权和分配权）；在项目结束后根据项目收益直接分成，分成比例要远高于传统软件行业。

最后，经营一家游戏公司的人才管理挑战大吗？请注意，我们也不要把问题简化。事实上，这些高管在内部管理上投入的精力极大。最大的挑战来自哪里？首先，游戏产品在开发期间的高度不确定性，往往让中基层员工十分焦虑，也很难得到个人价值的认可。虽然游戏成功上市后的利益分配鼓舞人心，但高失败率却让员工很难长时间保持专注。其次，游戏公司通常是高度扁平化管理，这能提高管理效率，但同时并行的数十个大大小小的项目，各自进度不一、碰到的挑战各不相同，为高管层的管理提出了极大的挑战。最后，员工长期在项目组中工作，对组织及公司的归属感降低，如何保持员工的忠诚度，并打造一个员工认可的健康和长期的企业文化，也是一个很大的挑战。

对这家游戏公司的深入观察给笔者提供了一个非常宝贵的视角。这家公司所采取的人才管理理念和激励模式，与我们常规理解的行业模式比较，有其独特之处。这家公司的做法也完全无法代表行业的主流，但客观地评价，这个核心管理团队采取的又确实是一个非常聪明，且十分契合该公司业务模式本质的管理模式。

这个管理团队能够看到关于游戏开发的诸多本质和内核的东西。在大多数员工来自软件开发背景的情况下，看到游戏行业的本质与软件开发行业的不同，看到究竟是什么关键因素在决定一款游戏能够带来好的收入，并把它成功转化为该公司的核心商业逻辑——对人性的抓取，而不是停留在对产品的关注上。这些部分，是一种对游戏行业本质的穿透，是跳出行业之上的抽象思维和概念化思维能力的充分展现。与传统的产品相比，人性是一个相当抽象的概念，紧紧围绕人性而发展出来的商业模式，又是一种极其出色的关联思维。

游戏行业于近十年来在国内得到了十分迅猛的发展，而在此之前，国内并不存在类似的商业模式。也就是说，在笔者面前的这些年轻人，以他们敏锐的视角和高明的思维模式，开创出了一条不同于国外的迥异之路。这也算是一种管理上的创新吧。这些人年轻，所以没有陈旧观念的束缚和羁绊，因

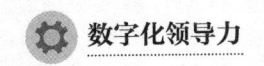

而可以尽情设计，打开他们的管理创新之门。

精确思维与经验思维所带来的障碍

弗林提出，人类智力水平的发展，体现在高智力人群具备更强的抽象与概念思维能力上，而每一代孩子都会比上一代人的智力更加优秀。弗林的发现意义重大，是因为他的理论正好支持了未来的社会需要人们具备更加优秀的发现规律和模式的能力。弗林更进一步提出，未来的教育应当更加重视孩子的抽象与概念思维能力的培养，但他也指出，当今教育的指导思想似乎是在与此背道而驰（全世界均是如此）。比如，我们国内的学校教育，一直延伸到大学均是如此，都是在孜孜追求培养孩子提供精准答案的能力。

我们已经意识到抽象、概念和关联思维很重要，但这个社会的运作方式却在全力阻止它。为了帮助大家更好地理解这种障碍，我们需要更明确地回答一个问题，与概念思维和抽象思维相对立的思维模式是什么？

答案是精确思维和经验思维。

概念思维看到的是事物的本质，是跳出事物的具体形态来看它为什么存在，能解决什么问题，以及它发展的方向。本质上，它是用一种动态的、发展的眼光看问题的方式。而精确思维，是以一种解构的方式看事物的每一个精细的局部，看它的功能、看它运作的机制，以及评价它的优劣势，并进行取舍。本质上，它是一种静态的、批判地看问题的方式。

经验思维呢，它是一个基于验证、总结、提升、再循环的优化流程思维模式。它会高度强调在工作中的实证、数据的支持、成功经验的验证。它会构成一个高效、严谨、论证型的管理者形象，也是一个通常意义上我们认为的优秀管理者的形象。在日常管理中，我们的管理者更偏好于使用的，就是这种精确思维和经验思维。

在十多年前，笔者曾经为日本企业松下电器做过一些咨询项目。在当时，松下这样的日本企业在全世界和中国都有着极大的影响力，日系企业的很多管理理念与管理思想，比如全面质量管理、5S管理等，在很多中国企业家那里都备受尊崇。在初次接触这家企业的时候，有一个发现让笔者大受震动。

在笔者收集的大量现场资料中，有一类文件叫"工作说明书"，它的作用和西方企业所惯称的岗位说明书是一类东西，日本人对其有一个有别于西方的称谓，这并不稀奇。稀奇的地方在于，这些工作说明书的厚度，几乎对于所有岗位而言，从基层的操作岗，到高级的技术和管理类岗位，每一份都有十几、二十多页厚。要知道，在西方的管理惯例中，一份典型的岗位说明书，都会要求被控制在1~2页的篇幅。它的要义在于，描述的应当是职责，而非详尽的工作内容。

笔者好奇地打开它们。很显然，如果一份工作说明书达到十多页的厚度，那它上面密密麻麻所记录的，一定是十分详尽的工作内容，会详细到在不同场景下，任职者应当做出的反应、应当遵循的工作规则、应当注意的各类事项等，事无巨细，令人叹为观止。

很显然，这是十分典型的日本企业的精细化管理思想的代表。松下在今天是否进行了变革，笔者不得而知，但日本企业所带来的精细化管理思潮，在今天依然有着极其庞大的市场和影响力。

不仅仅是日本企业的管理思想，事实上，在当前主流的管理思想中，精确思维仍然处于主导地位。

比如，在过去的20年中，在企业里面一直都占据着重要地位的流程管理和流程优化。流程管理是一种非常典型的精确思维，它以还原论的核心要义为主旨，将复杂的工作内容拆解为一系列可以用标准方式进行定义的细化步骤，对于每个步骤节点都会进行详细描述，包括责任人、工作相关方、节点的输入与产出、节点与其他环节的关联关系、节点成果的衡量与评价，等等。一份内容详尽的流程说明书，其详尽程度并不弱于松下的工作说明书。事实上，在笔者漫长的顾问生涯早期，曾经为多家企业提供过流程优化的咨询项目。而在这一类项目的第一步工作，往往就是去做现行流程的工笔白描，忠实记录下客户的详细流程，并制作成规范的流程说明文件。我们收费不菲（这样的咨询项目规模通常很大），而客户在看到厚厚的制作精美的流程文件时，也会倍感满意。

在流程管理主导的工作内容中是完全不需要抽象思维和概念思维的。抽象思维甚至会成为流程管理的"敌人"。因为流程管理的目的是标准化，包括工作内容的标准化、工作方式和工作产出的标准化。在这种标准化管理目标之下，是不能接受含混不清的工作内容的，也不能接受一个不确定的工作产出成果。在流程思维下，组织就如同一个由高度精密和复杂部件构成的传动系统。如果在这里出现了不确定性情况，就如同部件的精度失灵，齿轮将无法咬合，整个系统就将陷入瘫痪。整个系统可以被优化，这是流程优化的价值，但系统不能够丢失精度、陷入模糊状态。事实上，在流程管理和标准化管理主导的管理场景中，人们厌恶和回避抽象化。

再来，我们看一下企业运行所高度依赖的权责和控制系统。在这个维持企业运转的核心系统中，也是精确思维占主导的。比如，企业首先一般都会需要详细定义权责归属，这是通过详细定义每一个层级、每个职能和每个岗位的分工、职责、权利和义务来实现的。在如此运作的企业系统中，每个人都清楚地知道自己的角色，不会僭越，也不能失职。高层负责思考、判断和指明方向，中层负责制订计划、分解目标、着力于优化和提升现有系统的效率，而基层则负责执行。每个岗位都有自己清晰的目标，每个人都清楚地知道自己向谁负责。如果一个企业能够如此运转，当然就可以称得上高效，而这也是众多管理者和企业家终极追求的目标。

如果是在一个稳定的市场和竞争环境中，这样的定位是没有任何问题的。越是趋于稳定的环境，大家比拼的越是效率和精准度。在这种情况下，这一类管理者有显著优势。但如果是在一个越来越充满不确定性的环境中，那么精确思维和经验思维就会成为障碍。管理者就需要转变了，他需要更多的概念思维和抽象思维，还有更多的洞察力。

无处不在的束缚——具象化思维

对于身处现代社会的人们而言，我们已经习惯了最主流的学习方式，就是从身边的经验中进行学习。我们积累和重复之前的知识，理解和思考被传授的各类规则，逐渐形成自己的行为范式，并会不停地将自己总结到的行为范式和社会总体规则进行比较和检测，以此不断对自己的行为范式进行调整，以让它与社会的整体性相一致。在这个过程中，人们会辨别身边环境的详细特征、辨别组织环境中的详细特征，判断自己所掌握的行为范式与环境特征之间是否能够良好对应。

如果认真观察和比较，你会发现这一过程与偏远地区未受过教育的质朴村民们完全依赖身边物品的具体特征来建立自己的知识体系的逻辑是完全一致的。村民们缺乏对"工具"这一概念的理解，他们对锤子的理解就一定是与钉子紧密结合在一起的，因为锤子能够完成钉钉子的动作。对于现代人来讲，我们在进入社会和职场之后往往会被武装上各种强大的工具，会携带各种各样的"锤子"。不过，"当你携带着一把锤子，那么满世界你看到的都将是钉子"这句话其实还有另外一种理解，那就是你容易把这把锤子具象化，把你所碰到的问题也具象化，并进而把一把锤子所能完成的所有功能也具象化，那就只能是钉钉子。在这个场景中，你与一位远远脱离了现代社会，始终无法理解和掌握如何去操作一部智能手机的老人也没什么区别。这位老人无法脱离的是如何跳出传统手机具象化的功能按键，而你无法脱离的则是如何摆脱对每一个管理工具对应到具体工作场景的限制。

笔者曾经受邀为一家优秀的德国车企做一个咨询项目。这家公司生产非常优质的汽车，销量一直在中国市场领先，也一直保持着良好的增长势头。这家公司有着更大的增长野心，但在当时碰到了一个让他们苦恼不已的问题。他们在国内的销量排行榜上一直有着不错的排名，但是在客户满意度榜单上却表现很差，这让他们的中国区管理层，甚至德国总部都十分不满。在这种背景下，我们被邀请去诊断并重新设计他们的客户服务流程。

作为一家历史悠久且态度严谨的德国企业，流程管理当然是他们非常重视且通常引以为豪的一部分。简单地讲，就是说，这家德国车企在熟练使用流程管理这把"锤子"的时候，十分娴熟且自信。但是现在他们认为这把"锤子"在使用上可能出现了一些偏差，所以希望通过聘请咨询顾问来为他们诊断和优化一下。

进入企业之后我们深入了解了一下。其中，一种典型的客户抱怨的场景可能是如下这样的。

你新买的一辆该品牌最新推出的豪华车最近问题不断，就在前几天在外地的高速上它干脆就抛锚了，你不得不呼叫救援把爱车拖回指定的4S店修理。

最先接待你的服务顾问详细询问了你车辆的问题，开完维修工单后，你就回去耐心等待车辆被修复。根据服务顾问的答复，按正常维修流程，工期在一周左右。

一周后，你接到了服务顾问的电话，告诉你车辆还没有维修好。似乎是因为这辆车是刚刚推出不久的新型号，而4S店在动用了所有的技术力量之后，依然不足以给出一个准确的诊断意见。4S店已经向厂家申请了专家技术支持。好吧，车没有修好，这让人很恼火，但似乎也没有什么办法，你只能选择继续等待。这次被告知维修工期可能还需要两周。

之后的进展就有点离奇了。厂家确实是很快就派人来了。按照标准化流程，对应的是厂家的售后服务部门，他们需要先飞过来安抚一下客户情绪，顺便看一下故障车的问题在哪里。结果发现他们也解决不了，于是返回总部申请另派技术服务部的技术专家过来，但结果是仍然没有解决问题。这个时候你已经失去耐心了。每次都会有不同的人代表厂家出现在你的面前，向你诚恳地道歉，但问题就是解决不了，并且谁也无法说清还需要等待多久。你开始正式向媒体投诉，厂家在压力之下又专门安排了德国专家专程过来会诊，但还是闹不清楚车辆故障的症结在哪里，不同相关方给出的维修方案也不尽相同。一般情况下，这时已经是两个月过去了，你的故障车依然停在4S店的车库里，解决问题遥遥无期。你只能是愤怒了。

后来，笔者了解到在刚刚上市的新车型中，这种情况其实也比较普遍，车辆应用了一些最新的技术，而新冒出的各种问题往往也还没有形成比较成熟的故障解决方案，这一般需要一点时间。

其实，厂家在这个事件中表现得并非如同客户想象的那般拖延和推诿。按照这家车企的客户服务流程，客户的维修诉求在第一时间就快速响应了。之后在这个流程所流经的每一个相关方都是在第一时间响应，并尽职尽责地履行了他们的职责，按要求答复客户。他们尽力了，但客户不满意。

这个客户服务流程遵循的是厂家的全球化标准，在全世界的客户享受到的都是同一个标准的服务，而他们的执行也同样严格。事实上，这家车企在服务终端的管理标准化程度和强执行力一直是他们自认为领先于同行的地方。

　　这个案例之所以在笔者多年的咨询生涯中一直记忆深刻，是因为它的代表性和独特性。想想看，这家车企的每一个跟此事件相关的部门都认为自己没有做错什么，虽然不能否认车辆本身的质量问题让大家不得不背锅，但从一个客户服务流程的角度来看，他们应该怎么做，才能够让客户更加满意？

　　诺贝尔经济学获奖者萨缪尔森曾经就此类事件提出过一个叫作"合成谬误"的逻辑谬误理论，而此事件又发生在一个巨型的现代化运营的企业中，让它格外具有分析和探讨的意义。萨缪尔森提出的合成谬误指的是一种"对局部而言是对的东西，但对总体而言则不一定正确"的现象。在社会与经济生活中，合成谬误现象其实并不少见。比如说，某个地区每一村子的小麦今年都获得了丰收，但随着粮食总供给量的增加，小麦的价格却在下降，导致村民的实际收入并没有得到预期的增长。萨缪尔森指出，造成合成谬误的典型原因，一般是对各个具体因素组合在一起的运作模式的复杂性认识不足。而如果需要避免合成谬误的影响，则往往需要跳出整个运转的系统来看问题。

　　在这个案例中，这家车企有做错什么吗？如果流程的每一个相关方都认为自己并没有做错什么，那么问题究竟出在哪里？是流程设计本身的问题吗？顾问因为这个才被请到了现场。

　　我们直接说说经深入调研后的结论吧。这家德国车企是一家层级分明的传统企业，高度强调专业分工和严密的层级权责划分，这也是一种很典型的精密制造导向型的企业文化。他们当然也十分重视客户满意度，为此他们专门投入巨大的精力和资源精心设计了客户服务流程，以确保每一个跟客户打交道的相关方都清楚地知道自己的职责和义务是什么，对什么结果承担责任，并实行非常严格的现场检查和考核。

　　从一个标准化流程设计的角度而言，这些是没有问题的。在前面所举到的故障车报修的例子中，每一个相关方在作为流程节点介入后，第一反应都是：首先完成自己的职责，并确保不出错；然后看看流程的下一步是什么，迅速地将工作转交出去；最后交代清楚已完成的工作成果，存档交接。

在这种情况下，所有动作的出发点都没有考虑客户当时的感受是什么，从客户的立场出发最应该做的一件事情是什么，最有利于问题解决的建议是什么，没有人去考虑这些问题。每个人考虑的都是"我要去严格地执行这个流程"，而忘记了此时真正应该去关心的是如何尽快完成车辆维修，并让客户满意的问题。

这是一个典型的把流程管理工具具象化到了"一把锤子"的例子。管理者挥舞着这把"锤子"只顾着严格执行流程，因为在被培训的时候所有描述的场景已经严重禁锢了他的思维，他看到的都是一个个自己"选择性"看到的"钉子"，看不到"客户服务流程"这把"锤子"的设计初衷是什么，也缺少必备的抽象化思维的能力，无法跳出流程来看问题。

对于这家企业来讲，要改变的不是流程本身，而应是他们运用流程的方式方法，锻炼他们做深度思考，考虑每一个管理工具和管理动作背后真正的目的与含义的能力。

无论是企业还是管理者们，都已经习惯接受大量的管理工具和方法论的洗礼。企业热衷于安排各类的管理类培训，这些当然都没有问题。当我们说抽象思维和概念思维很重要，并不是说"锤子"就不重要。我们强调的是，当管理者们熟练地掌握一把又一把不同"锤子"的功用时，更需要学会跳出"锤子"看问题，既能看透问题的本质，也能灵活地找到更优、更直接的解决方案。通常在这个时候，人的思维能力就又向上提升了一个层次。

还有一个值得玩味的地方就是"客户服务流程"的提法。作为一个企业管理的标准化流程，流程设计的初衷应当是效率，这一点应是毋庸置疑的。而"客户服务"追求的则应当是客户最大限度的满意。这两个管理理念本应是背道而驰的，十分违和，但却普遍存在于绝大多数企业的经营管理手册之中。追求效率是一个完全向内的力量，考虑的应当是如何以最低成本获得最大化收益，而客户服务则应当是一个完全向外的考量，在追求客户满意最大化的目标下，内部成本应该是一个次要性目标。那么，"客户服务流程"这个提法本身就构成了一个悖论，作为管理者而言，究竟应当遵循哪个优先的原则？如果要为这个问题找到答案，恐怕人们首先需要的也是能够以概念化思考的方式来认识这个问题，其次才能跳出系统的局限找到自己创造性的答案。

"松散耦合"与"情景式管理"

管理者在打破精确思维和经验思维，并能脱离具象化的束缚之后究竟能够为组织带来什么样的价值？笔者之所以愿意使用一个又一个的案例，是因为诸如精确思维、经验思维、具象化约束这些概念对于管理场景而言过于抽象化。为了进一步说明管理者应当如何理解我们将要完成的转变，这里再次使用网飞的一个案例来说明一下。

网飞一向以它不拘一格的管理风格和极其大胆的经营风格著称。它已经成功地推出了多部获得奥斯卡大奖的电影。其中，在2018年获得了奥斯卡最佳纪录片奖项的《伊卡洛斯》，它在网飞内部立项的经历，很好地表现了网飞的管理风格。

2017年1月，网飞纪录片总监亚当看到了《伊卡洛斯》这个纪录片项目，他非常看好，想要竞标拿下。

当时的竞争十分激烈。亚马逊、Hulu视频网也对此项目志在必得，而留给亚当的时间不多，距离最后的报价截止时间只有几天了。亚当在第一轮报价中已经报了一个惊人的高价250万美元（对纪录片而言已经是天文数字），但他并不确定这个报价是否能帮网飞锁定胜利。

正好亚当碰到了网飞的首席内容官特德。特德的职位是比亚当高3级的领导。亚当想利用这个机会征询特德的建议，是否可以报出一个更高的价格，但自己也觉得这个主意太疯狂！他希望得到特德的支持和同意。

亚当问："特德，你觉得呢？"

特德当时的回答是："听着，我是怎么想的不重要。最后要做出竞标决定的人是你而不是我。但做决定之前不妨问问自己，这到底是不是你不惜一切代价想要拿到的？会不会像《超码的我》一样获得奥斯卡提名？如果你认为这真的是值得孤注一掷的好片，不管多少钱，你都把它拿下来！"

最终的结果是，亚当独自拍板，以450万美元的天价拿到了电影《伊卡洛斯》，而这部片子也最终为网飞再次增添了一个奥斯卡奖项纪录。

数字化领导力

我们先简要地解读一下。网飞实际采用的决策机制叫作"情景管理"，而非控制（Context, not Control）。按此策略，管理者的角色是用来负责预设"情景"的。他需要描述可能触发决策的通用型环境，给出指导性而非指令性的条件因素，并与他的团队就此达成"情景"共识。很明显，这是一种明确要求使用抽象化和概念思维能力来定义一个"决策场景"的管理逻辑。这个决策场景不应是传统的，用各种详尽规则来描述什么允许和什么不允许的方式。网飞的要求是管理者必须具备一种能力能够提供一种指导原则来为员工指出一个宽泛的方向，而不应以设限的方式来规定什么可以和什么不可以。

网飞的 CEO 哈斯廷斯认为，你不可能定义出来能够指导所有场景的行为规则。哈斯廷斯在创办网飞之前，曾经有过一段软件系统公司的创业经历。在这段经历中他有一个关键发现。他发现在软件开发的过程中，如果过于重视每个软件功能模块设计的完善性和精度，那么在后期进行软件功能的扩展时所碰到的困难就越大。而反过来，如果在前期软件功能设计时预先留出一定的冗余度，那么在后期进行功能扩展和外挂其他系统时，会变得容易得多。如果采用这一思路来设计大型软件系统，这个作用就会体现得更加明显。

哈斯廷斯把他的这个发现应用到了他自己随后创办的网飞的内部管理中，并把它变成了网飞的核心管理理念的一部分（事实上这也是哈斯廷斯运用抽象和概念思维将一个遥远领域的发现运用到另一个领域的极好例子）。哈斯廷斯把以前软件开发采用的传统办法叫作"精密耦合"，把他自己发现的预留充足冗余空间的做法叫作"松散耦合"。而当下网飞所采用的这种情景式管理模式，就被称为"松散耦合"管理理念下的具体体现。

这种方式带来最大的好处，就是在管理上给了下属极大的自主空间，并能带来灵活、高效、快速的决策。这非常符合我们所讨论的数字时代的领导力特征。

我们逆向分析一下。在上面案例给出的场景中，如果是以传统的精确思维和经验思维，网飞是无法成功推出这样一部电影的。如果网飞是以传统的方式来进行决策，那么它将无法在一个极其受限的时间窗口内（只有短短几天）完成一长串的审批流程。无论是谁，如果在任何一个企业中准备提出的是一个史无前例的报价策略，那么基于精确思维和经验思维，他可能需要大量的市场调研分析、财务收益测算、可借鉴案例分析等，这些往往需要投入多方资源，投入大量时间。即便掌握了这些数据和信息之后，也还需要层层向上汇报，等待每一级的审批决策。每一层的管理者为了正确履行他们的职责，也需要时间研究和做出自己独立的判断。很显然，如果按此思路，这个项目在我们最开始描述的场景中是无法获得支持的，最终的结果，只能是放弃。

  网飞的情景式管理是与传统的以流程为导向的精确型管理相对立的。它为我们思考采用抽象与概念式思维来开创一种更具包容性、启发性和引导性的管理模式提供了一个很好的视角。

  现在的企业都在纷纷呼唤敏捷和创新。显而易见，敏捷和创新是当今企业在适应数字化变革和赢在未来所必须具备的关键能力。但敏捷和创新不是靠简单的口号和强大的决心就可以实现的。如果要做到敏捷和创新，管理者首先需要意识到是什么在妨碍敏捷和创新能力的产生，其次是需要认识到需要为敏捷和创新提供相对适宜的土壤。这个适宜的土壤，就是我们在前文里提到的接纳不确定性、灵活与弹性思维、抽象与概念思维，以及关联性思维。

本章小结

- 社会与科技的快速发展、个体力量的觉醒等因素导致社会的复杂性增加,深刻认识社会的难度也在加大。
- 心理学家一直在致力于揭示人类认知能力提升的奥秘,但不能否认的是,在日常生活中依然有大量的认知偏差的例子,抽象思维和关联思维的缺乏是造成这一现象的主要原因。
- 研究显示,人类社会的进步体现在人们的抽象思维和关联思维能力的提升上。弗林效应指出,人类的平均智商在随着年代而进步,这预示着人们理解抽象概念和复杂事物的能力越来越强。
- 人们可能会忽视的是,现代社会中人们的抽象思维和概念思维能力会出现两极分化的现象。一部分人的能力会越来越强,而另一部分则受限于各种束缚,其思维能力会继续停留在"原始状态"。
- 对数字化本质的探讨,有利于理解一个穿透数字化表象的过程。关于"数字"的深刻理解有以下三层含义。

(1) 从本质来看,数字其实就是信息。

(2) 数字本身不会产生价值,产生价值的是围绕数字的技术。

(3) 数字只是一种生产要素,数字化技术才是生产力。

- 抽象思维与概念思维是人类区别于人工智能的最大优势之所在。创新是人类特有的能力,也是抽象与关联思维的目的。
- 对管理者最核心的要求是能够抓住事物的本质。在高度 VUCA 的当今社会,管理者往往难以获取和得知事物的真相。问题简化、模式误判、经验思维等,是妨碍他们获取真相的最大障碍。

- 与概念思维和抽象思维相对立的思维模式是精确思维和经验思维。我们所经受的教育和工作的训练，又都是以精确思维为主导的，这形成了一个尖锐的对立。我们需要打破这种对立。

- 具象化思维是每个人都容易陷入的一个束缚，它体现的是我们对环境情境的依赖，因为我们被传授的知识与工具，往往都是依托于一个个具体场景的。打破这个熟悉的场景，去掉这个依赖的束缚，就能把我们的思维提升到一个更高的层次。

第五章
迁移性学习的未来

　　人们往往更习惯于在一个友好的环境中学习,在组织和社会中寻求明确的反馈。但在数字化加速来临和不确定性增加的今天,人们传统依赖的经验性学习正在变得不太适应这个多变的环境。一方面,人工智能技术的飞速发展正在让越来越多的经验性工作面临被取代的风险;另一方面,日益复杂的环境正在让人们曾经习得的行为范式变得失效。人们如果不愿意被未来淘汰,就需要掌握迁移学习技能,让自己的行为范式具备自我演化和自我进化的功能,以适应日趋复杂的社会。

经验性学习面临着巨大挑战

人工智能的影响

2017年1月，几乎就在人工智能阿尔法狗（AlphaGo）与围棋世界冠军柯洁在中国乌镇进行三番围棋大战的数月之前，在美国宾夕法尼亚州匹兹堡的河流（Rivers）赌场，有着另一场重要性丝毫不亚于乌镇这场比赛的人工智能与人类玩家的对决，吸引着全球人工智能专家的关注。

由卡耐基梅隆大学的托马斯·桑德霍姆教授主持开发的人工智能系统Libratus，与四位顶级得州扑克选手进行了为期20天共计12万手牌的对弈，Libratus取得了比赛的最终胜利并赢得20万美元的奖金。这场胜利之所以引人注目，是因为该人工智能系统在与人类进行智力游戏较量的过程中，展现出了迥异于阿尔法狗（AlphaGo）的人工智能在深度学习领域的发展方向。

阿尔法狗（AlphaGo）在本质上是一个基于计算机强大算力的决策逻辑系统，如果与约20年前国际商用机器公司（IBM）开发的深蓝（Deep Blue）比较，除了因芯片技术的飞跃式发展带来算力上的巨大提升，以及对决策逻辑的优化之外，其在发展方向上基本是一致的。深蓝（Deep Blue）计算机采取的核心策略是"暴力穷举"法。如果以国际象棋所下的每一步棋为一个决策点的话，这个计算量大约是每步棋两亿手，而整盘棋的计算量为10的四十几次方。

虽然计算逻辑相同，但面对着有361个交叉点的围棋棋盘，阿尔法狗（AlphaGo）所需要处理的计算量极大地高于64格的国际象棋，这个计算量是数个全新的工作岗位，比如数据标注师、人工智能训练师、数据安全与数据挖掘工程师等，以及因人工智能对传统行业带来影响和变化而产生的如新型销售、新型客服、新型的各类机器或系统操作人员等。世界经济论坛曾预测，在2022年，因人工智能而新净增工作岗位将达到5800万个。专家们较为一致的观点认为，人类并不应该担心因人工智能的高速发展而导致大量的传统工作机会的消失，因为在同时会有更多的新工作机会产生。人们真正应该担心的是，你是否掌握了未来新工作机会所需要的工作技能和能力素质？你是否具备在未来新的数字时代很好地工作和生活的能力？

实际的情形可能比很多人预想的要悲观。大多数人，包括那些受过良好教育的职场人士，他们对数字时代的理解和接受度可能并没有如他们想象的那么高。笔者的同事，也是励衿领导力咨询的合伙人——饶晓谦先生是一位数字达人，在繁忙的领导力咨询项目工作之外，他打发节假日闲暇的最大爱好居然是编程！他曾因一个跨国企业客户提出的数字化领导力咨询项目，开发了一个线上的数字化知识测评问卷，主要用来测试管理者对一些当今流行和常见的数字化技术的概念性理解，比如云计算、区块链、物联网、新能源、5G技术等。第一批挑选的测试对象是以跨国公司中基层管理人员为主的志愿者，并要求这些志愿者对数字化有一定的基础性了解。做这个测试的目的，本是想为具备一定数字化经验的管理人员建立一个参考性的测评标杆。但实际的测试结果表明，一旦稍稍要求答题者去分辨更深入一点的技术性概念，他们就会陷入概念混乱。这说明，对于大多数人来讲，即便是在日常对数字化比较关注的情形下，他们对一些关键且重要的数字化技术的理解其实还停留在一个相当表面的程度。他们可能更多是在被动地接受一些数字化技术的影响和灌输，但因为缺少主动的探究，也就不可能有真正深入且准确的理解。

人工智能与数字化正在深刻改变我们的生活和我们的工作，但我们可能还没有真正做好迎接人工智能和数字化变革挑战的准备。

经验性学习面临的挑战

经验性学习一直是人类最为熟悉和擅长的学习方式。远在数千年前，从语言和文字的发明开始,人类就已开始将所积累的各领域的经验以知识的形式进行传授,诸如农业种植、灌溉、社会礼仪、宗教、文学、绘画、音乐,等等。自然科学的发展,本身是以实证为基础的。来自自然的无数次观察和实验,人们从中寻找到规律,尝试精确地定义它们,并进一步通过大量的实证来证明其正确性,从而形成数学或物理的定理。

基本上绝大多数人在专业领域所经历的学习,都可以归到经验性学习的范畴。我们所熟悉的教育模式便是为此而生。从我们踏入学校的大门开始,接触到的第一个概念就是分类。从语文、数学开始,逐步到生物、物理、化学等科目,这些知识已经被分门别类归纳整理好,等待年轻人去学习、消化和吸收。我们从最基础和浅显的概念开始,记忆、理解、做练习和测试题、反馈和修正,这是适用于所有专业学科的学习方式。对于绝大部分人而言,他们踏上工作岗位通常也就意味着传统的经验性学习方式的终结。仅有极少数一部分人,开始以研究的方式,尝试跳出经验性学习的框架,进行未知领域的探索。其中可能又只有极少数的一部分人,能够跳出前人研究的经验束缚,做出真正有意义的新发现,创建新的理论、体系或做出新的发明。这是一个大家都已熟知的模式,每个人都认为理当如此。

经验性学习无疑是强大和有效的。它能够以极高的效率训练小孩。想想看吧,人类积累数千年的群体智慧,包括对自然科学、社会科学、人性和自我的理解,都能够在短短十几年内,被一个少年熟练掌握。今天任何一个合格的大学毕业生所掌握知识体系的深度和广度,毫无疑问都会远超两千年前的任何一位人类大贤。

今天的社会按照高度分工的形式,在过去的数十年中将经验性学习的概念进一步推向了极致,这个可以从公众认可的社会价值体系中得到确认。学者、技术领域专家、职场的资深达人、造诣深厚的匠人、艺术家、运动员、设计师,几乎在你能够想到的所有领域,都能看到一个以经验累积为前提的专业通道。每个人自踏入社会之始,都会依据兴趣、特长、社会价值观的导向等,来选择一个伴随自己终生的职业方向,中途或有改变,但每次的变化,却都是以之作为终点而出发的。

在企业的人力资源管理中,专业序列的建立和完善,一直以来都是优秀企业投入极大资源来建立和完善的。其中的标杆企业是华为。华为致力于建立企业内部的专业序列通道，从技术到销售、从前台到中后台，按照不同专业方向建立起了数十个垂直的专业序列，每个序列又按照专业等级划分为十几个等级，每个专业等级都会就其所需的任职资格进行极其详尽的专业描述，提供了一个蔚为观止的网格化专业序列通道方案。在华为之后，众多互联网大厂与高科技公司以直接继承或变通的方式，纷纷跟进开展了企业内部的专业序列通道与专业能力模型建立的工作。在组织架构和专业分工高度复杂化的大型技术型企业中，这种方式极大地便利了知识分类的积累与传承，也非常有利于人们迅速了解不同专业方向、判断最适合自己的赛道、按图索骥地进行经验性学习和积累，然后成为所选领域的专家。

不过在今天，经验性学习将面临三个挑战。

一、来自人工智能的迅速进步

战争一直以来都扮演着人类科技进步最大促进器的角色。在第二次世界大战中，大量的飞机与大炮被投入战场，猛烈轰炸对方的重要军事目标。得益于越来越大的口径被开发出来，大幅提升了火炮的射程与威力，但军方却一直苦恼于其射击精度。在当时要想打得准，必须精确计算并绘制出"射击图表"，经查表确定炮口的角度，才能使射出去的炮弹正中目标。但是，每一个数都要做几千次的四则运算才能得出来，十几个人用手摇机械计算机算几个月，才能完成一份"图表"。为了解决这个问题，1946年，美国宾西法尼亚大学的莫里奇和艾克特为美国陆军研发出来了名为"埃尼阿克"的人类历史上第一台计算机，用于炮弹弹道轨迹计算。这台计算机占地150平方米，总重量30吨，使用了18000支电子管、6000个开关、10000只电容、50万条电线，可进行5000次/秒的加法运算。不过即便是这台以今天的眼光看来极为原始的庞然大物，在当时能够完成的算力，也千万倍于人力所能及。

计算机的算力是以指数式增长的方式提升的。自从超级计算机诞生，计算机的算力所能达到的极致程度更是到了一个用人类的数学常识难以直接理解的程度。以我国的超级计算机冠军"神威·太湖之光"为例，其算力达到了9.3亿亿次，其一分钟的计算能力相当于全球72亿人口同时用计算器连续不间断地计算32年。

人工智能是计算机科学的一个分支，其概念诞生于1956年夏季的一次年轻天才科学家们的聚会，他们共同研究和探讨用机器模拟智能的一系列有关问题，首次提出了"人工智能"这一术语，并标志着这门新兴学科的诞生。从这时候起，开始有越来越多的科学家和资源投向这个领域。从20世纪80年代开始，已经有一些具有相当实用意义的人工智能技术进入商业领域，比如广泛应用于生产线的机器视觉识别系统可以用来识别物件形状的不同，从而控制废品率。在最近的30年来，得益于芯片技术的飞跃式发展、神经网络技术与模糊认知理论的进步，人工智能的发展进入快车道。

如同一台不断加速的超级跑车，强大且在不断升级中的算力，是它的引擎；不断迭代优化与更新的算法逻辑，是它的动力传输系统；海量互联且反哺的大数据则是供给它的无尽燃料。人工智能基于算法的架构，正适合展现其在经验性学习领域的强大实力。尤其是在深度学习领域，人工智能进一步具备了自我学习的能力，这就更加加大了它在这一领域的优势。

唯一我们尚可庆幸的事情就是，人工智能目前的能力边界依然在人类为其设定的逻辑框架和目标领域之内，人工智能所能完成的任务依然局限于它能获得的大数据以及算法本身，而这两样东西，都是人类"喂"给它的。不过，如果单纯地只是比拼在经验性学习方面的能力，尤其是在已经相当成熟的技术或者专业领域，人类已经无可避免地将慢慢被人工智能代替。可以预想的不远未来，一些更为高级的技术或专业类工作，比如职业的汽车驾驶员如公共汽车和出租车司机，更复杂的如飞行员、小型手术的操刀医生、大型金融机构和咨询机构的财务审计人员乃至于咨询师、负责24小时滚动新闻报道的一线记者，等等。这些曾经需要人类经过大量和长期的专业训练方能上岗的工作，将会为各类智能机器人所替代。

这个替代不可避免地有三个原因：第一，人工智能在专业类的经验性学习上速度更快；第二，人工智能在执行上更加高效且不会犯错；第三，可以大规模生产和复制，因而从中长期来看，更加划算。

如果所有人都能看到这个趋势，那么就需要接受这样一个事实，既然人工智能在经验性学习这个人类占据了数千年优势的领域战胜了我们，那么我们就需要学会掌握新的学习方式。毕竟，人类所特有的突破自我的能力，是

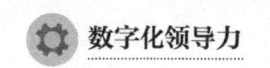

人工智能尚不具备的。

二、经验性学习难以预测和创造未来

一直以来，我们保持学习的能力是为了更好地把握现在和面向将来。从把握现在的角度来看，我们做得还不错。但谈到预测未来，经验性学习却并不是最有效的手段。

过往人们的竞争更像一场日复一日的长跑拉力赛，哪怕是谁先抢跑一点，后来的选手依然有很多机会赶上并超过。但现在的竞争却更像每个选手面前有一扇未知的门，打开门后每个选手会有一条完全不同的赛道。有的赛道可能依然传统，而有的赛道却会直通未来，选手可能会被来自未来的超科技装备直接传送到终点。而你却完全不知道对手会通过何种方式、何种手段将你超越，你只能徒然地在自己的赛道拼命奔跑却已远远落后。不断冒出的创新技术或创新模式，正在让这一切变为现实。

现在大家都在努力思考如何提高预测自己面前那一扇门后的世界的能力。但如果你所接受的全部训练都是在传统的田径场上奔跑，那么关于未来的全部想象都将受限于此。当门打开之后，你突然发现自己完全没有做好准备，甚至在比赛开始之前，你就已经被淘汰。

学习和掌握新的技能需要时间。除非你能提前做好准备，临时冲进赛场是注定会失败的。但如果你过去所学习和积累的经验无法让你预测未来时，你就被未来抛弃了。今天的世界几乎每一天都在把全新的东西扔到我们面前，每天我们都会为新的事物大吃一惊。

难以引人注意的是，经验性学习会不断强化我们的固有思维模式，而这会极大束缚我们畅想不确定未来的能力。从本质上来看，经验性学习是一个起始于概念理解的过程，我们对每一个新鲜事物的理解，首先接触到的不是鲜活的、多样化的、各色各样的千百个个体，而是已经被高度抽象、概念化之后的定义，并进一步被浓缩为一些具有高度代表性的标签。这样的学习方式当然极其高效，因为不再需要每个人都重复来一遍前人做过的总结、提炼和概念化的工作。但这样却会带来一个弊端和隐患，那就是人们会逐渐依赖于此，失去自己去发现的能力。

我们再次请你想象一下即将出发进行一场前所未有的旅行。你会如何思考选择自己的目的地？如同绝大多数人一样，你可能首先会在互联网上进行搜索，或使用马蜂窝旅游一类的 App，或者找来一本《孤独星球》一类的旅行指南书。请留意，当你一旦这样做的时候，有 99% 的可能性，你所选择的目的地，包括你选择的路线、沿途赏玩的景点、停留的有趣酒店、热门的餐厅或美食，都将是复制粘贴无数游客曾经做过的选择。会有无数人选择在同一个浪漫地点，比如在巴厘岛的金巴兰海滩的沙滩上，通过搜索选择同一家餐厅乃至于同一个位置，点上网友们推荐的相同菜式的大餐，配上同样的香槟。此时是落日时分，你与心爱的人一起望向洒满金黄余晖的浩瀚太平洋。你眼中的绝美风景，你内心的温暖、浪漫与感动，都是在重复他人事先体验并留下的定式。这个定式会延伸到你几乎整个旅程，比如你选择去参观的集市、在集市上可能会驻留的摊位、在摊位上饶有兴趣把玩的物件、与摊主有的没的讨价还价，最后心满意足地带着对当地文化、人群生活方式的感知回到酒店。你依然没有留意到，你还是在重复无数人范式化的经验。在心满意足地结束整个行程后，你可能会在网络上留下你的游记和感悟，但你所用的关键词，绝大部分会与他人雷同。在多次这样的旅行之后，是否会有越来越多的人开始感叹，为何开始一场新奇的旅行越来越难？而事实上，从你打开每一次旅行的方式上来看，就已经注定了这是一个被"排练"了无数遍的剧本，只不过是更换了演员。

当今的资讯获取是如此之方便，导致我们做绝大部分事情，都是在扮演一个个固定的剧本角色。这是一个被经验主导的世界，在这样的世界中，我们难以发现新的视角，难以有新的收获和体验。

三、增大的不确定性，让经验性学习失效

经验性学习有一个非常重要的前提，那就是经验性学习通常应处于一个确定性的环境下。当在确定性环境下时，学习是一个不断接受反馈、纠错、修正对概念的理解、再练习和再次接受反馈的循环过程。在这个循环里面，及时和准确地接收到反馈信息是至关重要的。

越是处于一个单一和明确的学习环境中，练习和接受反馈就越重要。专业类的学科学习、单项体育运动、乐器弹奏、绘画等，这些都属于确定性强的学习环境。始终都会有权威的一方给你非常清晰且直接的反馈，你据此能

够慢慢掌握越来越复杂的知识与概念。这是专业类学习的本质。

郎朗从两岁开始就接触钢琴。从三岁开始,郎朗就开始了他极其严苛且自律的钢琴练习之旅,每天在琴凳上度过的钢琴练习时间都超过了8个小时。郎朗在15岁时即考入了世界上最为著名的柯蒂斯音乐学院,师从著名钢琴大师加里·格拉夫曼,并于同年与IMG演艺经纪公司签约,正式走上了职业演出的道路。郎朗一直以来都以最勤奋的练习著称,他一遍又一遍地在琴键上洒下的汗水,铸成了他今日的成就。郎朗出神入化的钢琴技艺,是明确环境下的经验性学习的极佳范例。人们一度认为,人类主导的学习场景,都应该是此类的经验性学习。人们认为,创造性学习和突破性学习,只应属于那些立志于成为科学家的极少数人。

不过,让我们将目光移向另外一些地方。

斯坦利·麦克里斯特尔将军在阿富汗碰到的是一个截然不同的情况。作为一名作战经验丰富的四星上将,当麦克里斯特尔将军来到阿富汗指挥美军的反恐部队作战时,他发现"相对于敌人,我们受训及制订计划时所针对的环境,与我们实际面临的环境存在根本性差别"。麦克里斯特尔将军毕业于西点军校,与其他派驻到阿富汗的美军高级将领一样,均受过严格与良好的军事训练,对于如何组织、计划、协调、调动、分配、执行等军事行为有着极为严谨的理解。但是,随着在阿富汗反恐战争的甫一展开,他就发现美军陷入了困境:"我们发现自己正在陷入一场苦战,而且是让我们晕头转向的。我们最大的挑战不是来自敌人,而是来自全新的环境,这种环境的变化已经到了令人头晕目眩的程度。"

美军在阿富汗反恐战争初期的失败,让麦克里斯特尔将军困惑不解。恐怖分子绝大多数人没有接受过正规的军事训练,武器装备与美军相比严重落后,通信指挥系统与设施相当原始,而接受过严格训练、装备精良的美军仍然在战争初期遭受了沉重打击。经过思考,麦克里斯特尔将军认识到,阿富汗是一个完全不同于以往其他战场的地方。比如,当地极其原始、崎岖和落后的山地,能够让恐怖分子原始的信息交流方式十分有效,但美军高科技的通信设备却往往并不可靠;恐怖分子如流水一样分散聚合、来去自如的行动方式,让美军高度依赖于情报分析、严密作战计划的下达这一套打法严重滞后。简而言之，阿富汗的反恐战场是一个充满了高度不确定性的地方，它颠覆了美军数十年来所总结出来的战场指挥经验，它让军校的大量理论、参谋部的严谨作战计划纷纷失效。麦克里斯特尔将军需要重新思考、另辟蹊径，以找到有效应对的手段。

股票市场是另外一个很好的经验性学习失败的例子。32年前，《华尔街日报》发起的"大猩猩扔飞镖选股"的实验已广为人知。1973年，美国普林斯顿大学经济学家伯顿·马尔基尔在其大作《漫步华尔街》❶中曾抛出一个惊人论断："让一只蒙住眼睛的大猩猩扔飞镖选股，其最终业绩不会逊于专家选出的投资组合表现。"该观点在当时引发轩然大波，华尔街基金经理们的专业性和价值第一次受到了严重挑战和质疑。1988年，《华尔街日报》特意发起了这次历史上著名的大猩猩飞镖选股比赛实验，以此验证被金融理论、强大分析工具武装的基金经理是否能够战胜大猩猩。具体规则是，一组由扮演大猩猩的报社工作人员投飞镖随机选股，另一组则由基金经理小组选股，六个月后比较两个投资组合的收益率。这场扔飞镖选股的比赛整整持续了14年，截至1998年10月7日，共进行了100场比赛。统计比赛结果表明，基金经理组合以61∶39的成绩，战胜了"大猩猩扔飞镖"组合。尽管基金经理组合的成绩胜出，但这个"惨胜"的结果依然出乎人的意料，并让自负的基金经理们面上无光。

由于投资股票获利的巨大吸引力，几乎所有投身于这一领域的聪明人都自信于自己的智商足以击败市场的平均水平以获利，"大猩猩扔飞镖选股"实验的结果无法阻止人们疯狂进入股市的趋势。在影响股票价值的上涨与下跌的海量因素中，既有能够为传统经济学和金融理论所解释的如估值、市盈率、企业发展周期、分红与收益率指标、行业竞争对手关系等，也有诸如国家宏观经济政策、行业景气、经济形势等间接影响的因素。更为重要的是，"黑天鹅现象"与"蝴蝶效应"的叠加影响，才是急剧增大股票市场动荡的最根本原因。在今日世界，变幻莫测的各类突发事件完全不可预测，已成为影响全球经济和金融秩序最大的"黑天鹅事件"。另外，由于数字技术的放

---

❶ [美]伯顿·G.马尔基尔.漫步华尔街[M].张伟，译.北京：机械工业出版社，2022年。

大推动以及放大版"蝴蝶效应",更是让股票市场不可预测。

麦克里斯特尔将军在结束他的阿富汗驻期任命回国之后,致力于思考:他在阿富汗面临的战场情形的变化,是一种独一无二的巧合,还是一个更广阔、已经有所改变的世界的缩影?这种变化是否会对全世界所有的组织都产生类似的影响?

股票市场的这种风云诡异与模糊难测,究竟是仅存在于一个特定领域中,还是说这种趋势已经蔓延至更加广阔的其他社会、工作与生活领域?纳西姆·尼古拉斯·塔勒布指出,当前是一个不确定性不断增加的世界,未来将更多地由不确定性主导,而非由经验和确定性事件主导。在政治博弈、国际贸易、商业竞争乃至于人才管理的挑战等方面,都会呈现出这一特征。正如被专业经验武装到极致的基金经理们会被大猩猩打败一样,我们多年来以传统方式积累和成长起来的专业经验也在经受不确定性因素的挑战。

深度学习面临的岔口

首先需要说明的是,在本节所讨论的深度学习并非人工智能领域非常热门的以神经网络技术为基础的深度学习,而是指人们在传统的认知学习领域达到一定程度之后,继续深入探究该学科领域以寻求达到更高高度的学习路径。它与广度学习相对应。

1971年11月15日,英特尔公司发布了人类历史上第一枚微型电脑处理器,亦即后来人们所熟知的CPU,型号是Intel 4004。它可以根据你的指令来执行不同的操作。在这一枚面积为$3mm \times 4mm$的CPU上,共塞进了2300个晶体管,采用10微米制程,每秒可执行9万次运算。

在这枚芯片诞生的6年前,英特尔的联合创始人戈登·摩尔提出了著名的摩尔定律:集成电路上可容纳的元器件的数量每隔18~24个月就会增加一倍,性能也将提升一倍。事实上,在此之后的几乎50年间,摩尔定律一直都在非常可靠地起作用。到了2021年,芯片制程达到了4纳米。也就是在这个时间点附近,摩尔定律开始碰到了发展瓶颈,工程师们发现再将芯片制程每缩减1纳米将数倍于之前的困难。并且,考虑到材料工艺的极限,工程师们认为2纳米可能将是芯片制程的极限。即便考虑到未来人类可能通过基础材料学科的突破而打破该物理限制，那也可能会是多年之后的事情，摩尔定律放缓已成为事实。

摩尔定律的放缓，可能只是当前众多领域发展碰到瓶颈或放缓的代表之一，诸如摩天大楼建筑高度的突破、新药研发产生的数量与难度、电池能量密度的提升、燃油发动机效率的提高，等等。在没有突破性技术出现之前，人类科技在诸多领域已经进展缓慢，陷入瓶颈。

人们在各专业学科领域的学习进度曲线也是如此。我们假定有一位聪慧的年轻人致力于物理学的研究。他从接触牛顿力学的基础物理概念开始，一路顺利前行，可能用不到10年的时间，就能完成过去300年来所有物理学大师所做出的理论积累，正如反映芯片发展规律的摩尔定律的前50年曲线一样，快速且顺利无碍。但是，一旦在他的物理学习接近当前理论发展的极限处时，就会陷入一个进展停滞的状态，恰如摩尔定律的发展碰到材料物理的极限一样，人们的学科学习曲线也会表现出类似特征。

畅销书作家大卫·爱泼斯坦一直致力于学习领域的研究。他提出，当人们进入深度学习阶段，也就是接近于学科发展极限处时，如果想要寻求突破所碰到的困难，会被称为"渴望的困难"。上述的这位爱好物理的年轻人，用10年的时间快速奔跑，跑完了物理学300年的发展历程，当他快要接近已知跑道的终点时，他的面前会出现10多条迷雾弥漫的岔路，分别标记着暗物质与反物质研究、夸克禁闭、超弦理论、额外维空间、量子纠缠与量子信息、声子拓扑等标示牌。他深知无论选择哪一条路，实际上自己所选择的就是爱泼斯坦所提出的"渴望的困难"。他已经为此做好准备，可能将投入十年、二十年，甚至更久。他有可能会做出重大突破，但也很有可能终其一生碌碌无为。

如果我们回顾他快速完成的前10年的学习经历，这是一种典型的经验性学习阶段。由以上我们可以看到，当经验性学习进入深度学习阶段时，瓶颈将会到来，学习增长曲线会陡然缓慢下来。人们在这个时候需要考虑做一个选择，是选择"渴望的困难"以求获得学科突破呢，还是就此停下，转而考虑选择其他的路径？

当探究学科的深度越接近其当前发展的极限时,"渴望的困难"所带来的屏障就越难以打破。对于真正勇于进入最后甬道的人而言,如想要破障而出,所需要的绝非延续其由经验性学习而得来的旧有思维方式与技能,他需要的是突破性思维与全新技能,是发展出全新的知识去开拓全新的领域。这个突破很难,难怪对于绝大多数人而言,都会失败。

突破与创新一直都是人类的目标。如果人们都能够看到这个横亘在经验性学习尽头的屏障,那么我们都将明白面临着两个选择,我们来到了深度学习面临的岔口。

第一个选择是义无反顾地沿着既有方向向更深的未知领域前进。这个选择通常意味着选择者可能需要付出余生的所有努力,并且有很大概率会一无所获。毕竟,在历经数百年发展之后,绝大多数传统专业领域的发展都已进入瓶颈。

第二个选择则是考虑转换路径,换一个新的角度来尝试寻求突破。著名的微生物学家、霍普金斯大学教授阿图罗·卡萨德瓦尔就此有一个十分形象的描述:"在追求创新的路上,日趋严重的专业化造成的结果是永不交集的平行沟渠。每个人都在挖自己的沟,越挖越深,但是鲜有挖沟者站上来看看旁边的沟。"

卡萨德瓦尔是一位卓有声誉的科学家,他本人是一个十分典型的旁通型人才,同时拥有医学和哲学的双料博士学位,在微生物学、免疫学方面是学术权威,并致力于推动广度学习更有利于在某个具体的专业领域得到突破。

卡萨德瓦尔本人涉猎广泛,非常擅长从专业外其他领域的常识类知识中获得灵感和启发,并完美地利用在自己的专业领域内。他认为,如果一位专家只专注于某单一领域(事实上这也是大众更为普遍接受的观点),那么他就有可能会越来越深地被困在自己的"壕沟"里。而事实上,解决方案的灵感可能就在你身旁的"沟渠"之中,你所需要做的,就是站上来跳进旁边的"沟渠"中去找找看。

迁移性学习的发展

行为范式的进化——自适应的行为范式

人们如果长时间停留在一个稳定的环境空间，那么他的学习与成长经历就会是一个相当稳定的历程。每个人都是在一段段的职业生涯中不断学习和积累跟工作相关的能力和技能的，这些能力与技能在帮助我们更好地应对工作任务与环境，比如如何更好地与周围的人打交道。

对于任何一个在稳定环境中度过了十年以上的正常人士，一定能够经由经验性学习掌握大量的有效的行为范式。在工作的初期，以当今各类职场的惯例而言，会有大量的各类培训提供给他，教他各种关于工作的方式方法、职场法则与生存技巧之类。接着，他会不断地经由试错、周围人的反馈、更专业或资深前辈给予的指导、上级的评价这些方式，不断地修正和建立自己的逐渐稳固下来的行为范式，比如如何与人打交道、如何管理下属、如何应对上级等。这些行为范式绝大部分其实都是由环境决定的，比如在一个典型的高权力指数型的组织中，会有一部分更偏好和更适宜的行为范式得到更主流的认可和采纳。

在这个新时代已经来临的当下，我们知道面临着越来越多的不确定性。各种类型的组织都面临着巨变，不管是主观还是被动大量的因素在改变着我们所处的行业、所在的组织，以及我们所从事的工作内容。

你可以很容易地观察到，就在过去的短短数年中，有些工作已经被深刻改变了。因为网银和智能终端机的出现，银行柜台在大量消失；共享单车和打车软件的出现，出租车公司的运营模式发生了根本性变化；算法与智能推送在逐渐湮灭传统媒体广告行业，各类 SAAS 应用的迅速普及让大量的传统营销职能面临危机。另外，大量的传统企业在考虑着全面进行数字化转型，数字化技术也在改变着我们的工作方式和工作场景。在这样的一个巨大浪潮下，每个人都在被，或者即将被狠狠地甩到一个完全陌生的工作场景中。

在这种情形下最需要的一种能力，我们把它称为行为范式的迁移能力。这种能力，具体表现为以下两个层次。

一、能将原来具有的能力特质很好地迁移并适应到新的环境之中

在这一层级中，人们最重要的事情是将之前掌握的能力素质的组合进行调整，以更好地适应新的环境。要做到这一步，人们首先需要对新的环境有着准确而深刻的理解，能够认识到新的环境更需要什么样的能力，以及什么样的能力不适合。其次，需要人们对自己也有着十分清醒的认识，知道自己能力的长、短板，知道自己熟悉并擅长的行为范式是什么。在这种情况下，去有目的地调整自己的能力组合，把那些明显不适合新环境的能力能够果断舍弃，而把那些更适合应用在新环境的能力充分利用起来。对于自己完全缺乏的能力，则可以开始慢慢学习。

在实际的观察中，我们发现大部分人连这一步都很难做到。

做不到的最典型反应，就是他们完全意识不到需要改变。他们清楚环境在变，也知道自己固守的东西跟新的组织格格不入。也许他们会同意去尝试一下学习，但如果你有机会认真观察他们的具体行为，就会发现这些人仍然在固守原来的东西。如果更深入地分析，这种拒绝是一种傲慢，是一种对于他们过去熟悉和让他们曾经强大的东西的骄傲和固守。

笔者以前在企业工作时曾经为公司引入过一位极其资深的高管，这位高管之前工作于一家国际顶级投行，当时担任亚太区的投行业务主管合伙人，在业内声誉卓著。这位高管在入职后担任公司的国际化业务总裁。当时，我们对这名新总裁寄予厚望，希望借助他在国际顶级投行的丰富管理经验和良好的业内资源，很快为公司的国际业务打开局面。

这位新总裁在刚刚入职的时候，信心满满，踌躇满志。但随后的两年无论是对于他，还是对于公司而言，都是一场"灾难"。他新加入的国际公司

事实上是刚刚起步，集团公司希望他能够运用良好的人脉和影响力，迅速组建起来一个高水平的国际化平台。而这位总裁过往20年的职业生涯，全部都是在那家国际投行巨头里度过的。他对业务的理解、做项目的方式、对接的资源，以及顶级投行通常为高管们各类顶配的专业支持和行政资源，这些要素在新的平台是通通都没有的。按照他的话说，这就是一个一穷二白的地方！

在任职期间，他最多的抱怨就是没人支持他。在这里做事情缺少以前他所熟悉的各类专业支持团队、没有专业的保障团队、缺少成建制的高素质人才队伍，更没有强大的IT系统和流程的支持。他就像一个叼着烟斗、坐在指挥车上的将军用阴沉的目光扫视着空荡荡的海滩，本想着指挥一场规模宏大的登陆作战，但却发现只有舢板两三只、步枪十几条。

这位新总裁的结局是不难预料的。两年过去了，国际公司的业务开展得十分缓慢，而他本人则对集团充满了各种负面看法，最终选择了黯然离职。

笔者承认，这是一次失败的招聘。这位总裁在初期接触时对这个新的机会表现得十分积极和兴奋，对中国市场表现出真诚的喜爱，以及对打造一个全新的国际业务平台的展望表现出十足的信心。在他身上展现出的顶级国际投行训练出来的自信、口若悬河和良好的职业风范，促使我们做出了雇用的决定。

在他入职后不久，笔者曾与他就他的工作状态做过多次的沟通，并如实反馈了他的同事、下属，以及集团高管对他的评价和建议。可惜，这位不停地表达着自己不满的总裁，如同一只愤怒的狮子，听不进去任何意见，反而不停地讲述他以前在投行是如何畅意地驰骋和发出号令。再就是在他自己位于香港中环的豪华办公室内转着圈，除此之外，他没有采取任何实质性的行动。

如果我们尽可能理性和客观地分析这个案例，我们必须承认，这位前国际投行高管在业务领域内的专业知识、对大型跨国项目的丰富运作经验、与政府高层和大型机构打交道的娴熟谈判沟通技巧、对投资时机和投资条款的判断和把握，并不会因为来到新平台后就失去了这些能力。并且，在新的需要他去一手打造的国际业务平台上，这些能力也是完全需要且同样重要的。只不过，在新平台上，可能需要他展现和调整出一些新的能力组合，比如说亲力亲为、挽起袖子和大家一起共同创业。

这位高管事实上并不缺乏自己动手的能力，因为在他的职业生涯早期也是从一名普通的投行分析师做起的。那时的他一头扎进现场、起早贪黑、被大量的琐事和数据淹没，从负责小项目到大型项目，靠拳打脚踢一步一步地奋斗到了后来的高位。只是因为他已经过于熟悉自己擅长的行为范式，在该行为范式内所调用的能力素质，构成了他的领导力特征。现在，当他来到一个完全不同于旧环境的新组织时，却拒绝进行调整和做出改变。

这看似是一个极端案例，但在我们身边的人也许有着类似的表现。

其中一种比较常见的表现是，很多人都容易对现在所处的环境充满抱怨（因为社会进步、技术迭代、人群特征等所带来的必然变化），对组织文化不满、对上级领导风格不满、对同事协作不满、对下一代过于个性张扬不满，不一而足。但一旦谈到自己是否需要改变，一个典型的反应就是——"我坚持自己有什么不对吗？"很多人容易搞混一个问题，因为我们自幼接受的一个价值观就是——"我就是我，我是独一无二的，我有自己的价值观和坚持的东西，我为什么要因为别人而迁就和改变自己？"

曾经有一位年轻人就这个问题跟笔者聊了很久，然后他在事后给笔者发微信说："老师，我同意您说得有道理。但是，我还是想坚持我自己，我不想改变，因为这是唯一证明我不同于他们的地方。"

坚持自己，当然是一个很有道理且很诱人的想法！可是，我们不能忽略它的前提，那就是我们最终的目的都是让自己变得更加聪明和强大！如果你能努力跳出原来被束缚的框架看自己，看到调整一下自己的能力组合所带来的新的可能，那么你就为自己打开了一扇通向新世界之门。

可怕的是，很多人在职场中都会陷入"坚持自己"的错觉之中，无从分辨"持续学习"和"坚持本我"这二者之间的差异。这是很多人无法进入迁移学习第一层次的主要原因。

二、在原有的行为范式基础上，发展出更为高阶的行为范式，进化为能适应更复杂的环境

在这个层级中所需要展现出来的能力更为高级。最为关键的是，当事者本人需要能够准确识别自己所熟悉并依赖的行为范式是什么，并能够推动这个行为范式的自我进阶。

我们已讨论过，所有人在职场中的第一套行为范式，都是依赖于经验性学习的。在这种模式下，我们是在被动接受环境不断提供的一个个极为明确的反馈，哪些行为是对的，以及哪些行为是错的。

基于人们从反馈中学习的角度，大卫·爱泼斯坦在他的著作《成长的边界》❶（Range）中提出了一个很有意思的观点，他认为学习机制可以划分为两大类。第一类是在友好环境中的学习，基本上所有的专业类学习都可以归入此类。在这种学习模式中，你学习的每一步都会得到非常明确的关于对错的反馈。这种学习是基于经验的，通常是在一个高确定性环境中极其有效的学习方式。比如在学校，或者是在一个非常稳定的职场环境中，都是如此。

第二类则是在恶劣环境中的学习。这种学习最大的特征是不会有任何人或环境给到你一个清晰的反馈，不会有谁来告诉你什么是对错。比如说在复杂的政治环境中，一个政客做出的一个重大决定，在决定的当下是不可能有人来告诉他这个决定是对还是错的。这类决定所带来的影响通常和无数其他影响因素交织在一起，并可能还需要漫长的时间检验才能看到效果，也很难分辨其中某单一因素所带来的影响。在商业环境中高管们所做的一些大胆的决定可能也归于这一类。在组织中有一个规律，级别越高，越有可能暴露在这种恶劣环境之中，你所做的决定，当下没有人能够马上给你一个清晰的关于对错的反馈。

在每个人的职业生涯中，所面临的友好环境学习和恶劣环境学习的变化趋势可以如图5-1所示。

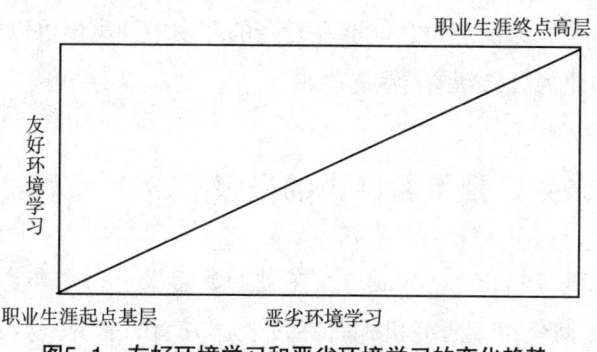

图5-1　友好环境学习和恶劣环境学习的变化趋势

简而言之，在你的职业生涯初期，每个人更多经历的是友好环境的学

---

❶ [加]大卫·爱泼斯坦. 成长的边界[M]. 范雪竹，译. 北京：北京联合出版有限公司，2021年。

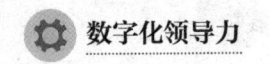

习。在这个过程中，你更多学习的是前人的经验。当逐渐进入职业生涯后期，对于越是高层的管理人员来讲，他就越多地需要掌握在恶劣环境中的学习能力，也就是在高度不确定性环境中的学习能力。

大卫·爱泼斯坦把这种恶劣环境中的学习能力归纳为以下几个核心要点。

（1）在不确定性逐渐增加的未来，恶劣环境中的学习能力将越来越重要。

（2）友好环境下的学习能力，在将来会逐渐增大被替代的风险，增强你的恶劣环境学习能力和你面对未来的竞争力。

（3）恶劣环境中的学习能力，在本质上是一种将原有能力迁移的能力。优秀的学习者，能够从依赖原有行为范式的模式，自动进化发展出更为高阶的行为范式的能力。

这是一段很精妙的表述，清晰地指出恶劣环境中的学习能力在未来而言更加重要，也会变得更加主流。

能够自演化的行为范式的形成过程，与过往的基于经验性学习的行为范式完全不同。在自演化的过程中，因为缺少了明确的反馈信息，没有系统给予对与错的信息，需要的是当事者不断地进行深入思考。因为反馈往往是严重滞后的，并且诸多影响因素是交织在一起的，所以就需要综合考量和仔细权衡，能够穿透问题的本质并抓住真正关键的信息。

如果需要进化成新的更为高阶的行为范式，就更加需要具备一种我们称之为抽象和概念思维的能力，能够在复杂的环境中抽离出可以概括的因果关系，并将之内化为自己新的行为范式。

工作的未来，预示着能力的未来

工作的未来（Future of Work），在最近数年来是一个非常热门的话题。各大权威的咨询公司及研究机构都在发表这方面的研究报告，笔者翻阅过不少。这些报告的核心观点都大同小异，积极点儿说，可以说是意见高度一致。

借用一下麦肯锡全球研究院在 2021 年发布的《后疫情时代经济之未来的

工作》中的主要观点来陈述一下吧，这份报告言简意赅，主要观点鲜明，可以进一步呼应一下本章的主题。

（1）远程工作将会延续。在未来企业有可能将更多的工作场景安排为远程工作。这将深刻改变组织的形式、工作交付与交流的方式、与客户的互动等。这一形式还将改变市场上一些相关岗位的存在，比如办公楼物业、公共交通、餐饮等。

（2）工作地点更为灵活。尤其是数字化远程办公模式为劳动者提供了契机，他们可以随心所欲地挑选工作场所。

（3）电商和线上交易驶入新轨。不断有更新的线上经济模式涌现，在这个领域迭代速度的加快进一步加剧了商业的竞争，也加剧了不确定性。

（4）独立工作和零工岗位机会增多。事实上，零工经济可能会成为未来10年的一个主流的人才流动趋势，越来越多的人不再受雇于固定雇主。麦肯锡于2020年7月针对全球800名高管开展的一项调研中，有高达70%的受访高管表示未来他们会增加对独立工作者的雇用。

（5）自动化和人工智能的广泛应用，在未来会加快工作岗位的替换。预计至2030年，中国或将有2.2亿劳动者面临技能重塑和职业变更。

如果考虑到数字化浪潮的席卷是自上而下的，也就是说，一般是从发达地区流向相对不发达地区，从一线城市逐渐流向二线、三线城市，从各行业的领头企业和先进的科技公司向传统行业逐渐延伸，那么，身处在人才金字塔上半区的人们将会面临更大的冲击。对这部分人群而言，未来10年的工作内容和工作场景必将发生翻天覆地的变化。在这样的背景下，我们没有任何理由拒绝变化，拒绝将自己的学习模式从传统的经验性学习升级为迁移式学习，应掌握行为范式的自演化和自我升级，以更好地面对未来的挑战。

本章小结

- 人工智能给我们带来的最大影响之一，就是未来将在何种程度慢慢取代人类的工作。一方面大量的基础性、可操作性、基于经验甚至单纯专业性质的工作将会越来越多地被大规模取代；另一方面，人工智能也会催生出更多的全新的工作岗位。

- 人们更应该担心的是在这个时代大潮的变化中，是否能够适应未来工作的能力要求。更多人并没有为此做好准备。

- 经验性学习一直是人类过去最为习惯且有效的学习方式。不过在今天，经验性学习面临着三个巨大的挑战。

（1）来自人工智能的巨大进步。在传统的经验性学习领域，人类会被人工智能远远超越。

（2）经验性学习难以预测和创造未来。

（3）增大的不确定性，正在让经验性学习失效。

- 深度学习正面临着岔口：一方面，众多专业领域的发展纷纷面临瓶颈与突破的障碍；另一方面，则应考虑寻求转换路径，尝试从新的角度来寻求突破。

- 环境的变化，会让你曾经最优秀的部分变成你的短板。但现实是大部分人会拒绝改变。我们需要分辨清楚"坚持本我"和"自我持续改善"之间的区别。

- 在今天，我们亟须具备迁移性学习能力，它能够帮助人们将原来的能力素质很好地适应到新的环境中。更进一步地，它还能够帮助人们从依赖原有的行为范式，进化到行为范式的自演化和自我升级，以适应更加复杂的环境。

- 能力的迁移学习是一种高级且难以掌握的技能，大多数人并没有真正认识到它的意义和价值。但在面临新时代来临的当下，它至关重要。

第六章
变化与成长思维

　　企业的目的是追求成长，而在组织管理中根深蒂固的平衡思想则是最大的敌人。树立正确的变化与成长思维，深刻理解组织中个体产生变化的原因，理解成长的真正奥义，有助于我们推动组织变革的发生。

　　创新是一种更为高阶的被驱动的能力，是组织在成长过程中必需的一种核心能力，它需要得到诸多源能力的支持，比如抽象与概念性思维、敏捷思维、迁移性学习能力等。创新反映在组织成长中是一种迭代，而迭代的发生则是自然与社会进化的必然趋势。正确认识迭代与创新，也是成长思维的一部分。

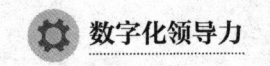

平衡与变化

现代组织的核心特征

现代的组织管理思想，是一个静态的、依照传统牛顿力学基础构建起来的精密系统。这个系统具备两个最核心的基本特征。

一、组织的分形与分解

分形理论是由美国数学家本华·曼德博（Benoit Mandelbrot）提出来的。1967年，曼德博在权威的《科学》杂志上发表了题为《英国的海岸线有多长？统计自相似和分数维度》的著名论文，提出了分形几何的概念，让人们以一种全新的方式去理解自然。分形是无处不在的，从自然界的流云、河流、山峦、植物、村庄、道路到我们的大脑、肺脏和循环系统等，都符合分形的基本特征，它们在更小的尺度上复制着某种具有高度相似性的基本图案。简要地讲，分形理论描述的是一种局部形态和整体形态的相似。曼德博在他的论文中指出，海岸线作为一种极为蜿蜒曲折的曲线，看起来既不规则也不光滑，极富变化，但海岸线其实是高度符合自相似原则的，如果从高空拍摄一段100千米长的海岸线和一段10千米长的海岸线，照片看起来会极其地相似。在日常生活中，蕨类植物和菜花是我们经常举到的符合分形特征的例子，如图6-1所示。如果你用放大镜观察一个菜花，会发现更微小的菜花局部，看起来和整个菜花的形体是完全一致的。

自相似原则和迭代生成原则，是分形理论中最重要的两个原则，在自然界和社会现象中的很多事物都是按此原则生成或演变而成的。科学家们在研究为何分形结构会成为大量的自然生物或社会现象主动选择的形态时,一种重要观点认为,这是因为在分形结构的背后一般都存在着一种简明的秩序,围绕着这个简明的秩序,个体复制的难度大幅降低,系统的稳定性则大幅升高,且在不断向下迭代生成更微观局部的过程中不会丢失最核心的东西。

蕨类植物的基本形状:四条直线。

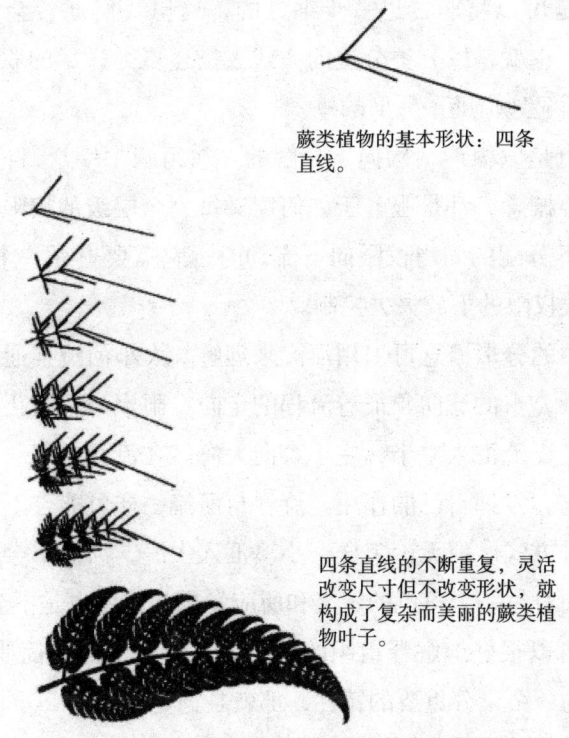

四条直线的不断重复,灵活改变尺寸但不改变形状,就构成了复杂而美丽的蕨类植物叶子。

图6-1 四条直线的不断重复形成蕨类植物的叶子

如果我们去观察任何一个组织的组织结构图,会发现它是高度符合分形图形特征的:某一个局部的组织结构图,与整体组织的形状高度类同。无论是组织的性质,还是组织的大小规模,以及组织所在的地域;无论在美洲、欧洲,还是亚洲,如果把它抽象到一张我们常见的组织结构图上,都是高度相似的。如果没有组织结构图上具体的文字说明,你将极难分辨这张组织结构图的具体属性。

组织进行分形所遵循的核心秩序是围绕这样几个核心概念展开的:职能、职责、权限和流程。

职能代表着专业领域和分工。当组织规模越大或工作的复杂性越强时,这个职能的划分就会越细，且包含了不断向更下一层级划分的子职能。

职责代表了组织中每一个可定义角色所承担的主要工作内容和责任。从最上一层的整个组织的定位算起，其下的每一个单元，一直拆分到组织最末端的具体岗位，都会有一个按既定规则描述的职责。事实上，即便从一个岗位出发，也是可以将职责进一步细分的，这里我们通常会使用一个"职责树"的概念，也就是以分类分层的方式去描述更为详尽的职责。"职责树"这个提法就很明显地借助了分形的概念。

权限一般也是以树形结构向下分解的。在组织中广泛讨论的管理幅度、授权指导原则等概念，都是服务于如何定义每一个层级的权限大小，以及权限应当如何向下分配的。当权限向下流动时，它需要遵循一个分形的原则，这样不至于导致权限的下放失去控制。

流程管理中的分形概念可以用河流来理解。大小河流连通在一起，构成一个复杂的水系，水的流向象征着流程的走向。雨水与融雪化成小溪，小溪汇入大的支流，支流汇入主干，主干奔向大海。在流程的每一个环节，组织环境都在塑造它，发挥自己的作用。流程与河流一样可能会不时改道，这是流程优化的一种方式，但无论怎样，小溪汇入大海，河流不会倒流，流程也不可逆，组织中对每一个角色的定义和所应发挥的作用也是不会更改的。

分形理论可以很好地解释组织的构成及其背后支撑的简明秩序与原则，这能带来组织的一个十分重要的特性，那就是稳定。

因为遵循着紧紧围绕核心秩序进行层层分解的核心原则，决定了其迭代出来的新事物永远是高度相似的，缺少变化，也不可能变化。失去了蕨类植物叶子特征的植物，就不可能被称为蕨类植物。在分形的控制下，事物不可能跳出该类群的形体特征及核心属性。用简单的语言表述，那就是它适合复制和重复繁衍，但不适合颠覆、创新、属性的升级、或迭代为一个全新物种。分形理念束缚了它自身。在这样的前提下，组织的自创新、升级变化和自我迭代将变得十分困难，因为变化和创新的目的，与支撑组织存在基础的分形理论是直接冲突的。

按照分形理论的组织设计理念，我们的组织首先是充满界限的。在一台机器里面，每个部件都有着自己明确的位置，安装时绝不可以搞混。在组织中，我们通过详细定义每个角色的职责和权限，明确其上下级关系，规定接受任务的方式以及可接受的产出等方式来设计。我们将完整的工作网络划分为一个个的局部，每个局部可能是一个单独的功能板块，大的功能板块之中又会嵌套小的，包含的嵌套关系（往往是汇报关系）和横向的关联关系（往往是协作关系）也都是被清晰定义和独立存在的，部门之间不能跨越界限。

这种界限的存在提供的是一种可靠和安全的感觉，我们每个人都习惯在这样的界限下行事，能够做什么和不被允许做什么，我们应该对什么负责，以及对出现的问题找到应当承担责任之所在。如果我们跳出事件之外来看，就可以清晰地观察到事件的走向、每个部分所发挥的作用如何，然后用既定的标准对个体环节进行评价，就能很好地维护系统的稳定性。

如果严格按此行事，这个组织系统就会是充分可控的。控制性思维是各类组织在实际上追求的东西，组织的每一个微观个体都在清晰的界限内开展工作，准确完成被定义的工作内容，不能逾越规则的界限。在这种情形下，事物发展的趋势往往也是可被准确预测的，这就是为什么在传统的组织中，管理者会热衷于制订各类战略与计划，因为它确实可以给人一种强大、一切尽在掌握的感觉。

二、最大化追求平衡

事实上，对平衡的极致追求已经成为现代组织运作的核心基础特征之一。现代组织运作的一个核心基础特征，就是追求平衡。这种平衡的管理理念在企业的日常运营中无处不在，但人们可能尚未充分认识到这种对平衡的高度重视会对未来的组织发展带来何等的影响。

人们对平衡的偏好，来自人类对事物运作规律的一个基本认知。比如说，人们在日常行走中必须平衡，不然会摔跤。人们对身边所有处于运动状态中的物体，也会预期其处于平衡之中，这样物体的运动轨迹可预判和可控，不会带来意外伤害。对于组织而言，人们天然也会带有这种情结，认为组织必须是平衡的。具体而言，这种平衡会包含对各组成部分设计的平衡，不会让某个部分过于突出或某个部分过于薄弱；这个系统的构成与机能运转必须平衡，各个部门会互相支撑且得到合理的制衡；在组织的运行中也会关注平衡，对突发事件保持高度关注和尽力避免不可控事件的发生，在流程的运转中关注平衡，不能出现断裂、跳跃、陌生的新增或丢失等异常现象。

当组织的复杂性不断上升时，管理的复杂程度通常是呈指数级扩大的，而这也往往意味着不可控因素的相应增加。作为管理者来讲，更愿意看到的一定是企业得到稳健的经营，而非让企业去面临不可预知的风险。为了确保这一点，人们设计了一系列复杂的过程和结果性指标来进一步监控整个体系的健康度，这就是人们熟知的 KPI（关键绩效指标）。KPI 体系是如此地流行，所有的企业管理者都会认真地讨论它，花费大量的时间在 KPI 的设计上，优化它的评估方案，以及在年末的时候努力对其进行评估。

过去 20 年来在国内最为流行的一套 KPI 体系，就被称为"平衡计分卡"（BSC，Balanced Score Card）。从它的名称上，你就可以看出这套体系设计的初衷，与组织控制理论中最为关注的平衡性是高度一致的。平衡计分卡所承载的管理思想最为核心的一点，就是对运作一个企业时保持各方面的高度平衡。平衡计分卡的平衡性深受全球管理者的喜爱，关于介绍平衡计分卡的各类著作常年畅销不衰。在这种管理工具的帮助下，也确实造就了一批极其优秀的公司。平衡计分卡在引入国内后也引起了企业的热捧，如果要论在过去 20 年中对中国企业影响最大的管理工具，平衡计分卡绝对名列前茅。

平衡是组织的核心特征之一，但正面临着挑战

我们需要关注的一个问题是，当组织高度关注平衡时，究竟会带来什么？

管理大师玛格丽特·惠特利在她的著作《领导力与新科学》[1]中对此有一个十分深刻的描述："有时，为了澄清一个让人迷惑不解的概念，最好翻翻字典，看看上面是如何定义的。我从《美国传统词典》上找到了对平衡的解释：（1）表示一种情形，所有其作用的影响互相抵消，因而产生稳定、平衡或不再发生改变的系统。（2）物理学上所致的一种情形，系统内所有起作用的力的合力为零……这让我很惊讶。所有行为的结果为零？那么，我们为什

---

[1] [美] 玛格丽特·惠特利. 领导力与新科学[M]. 简学, 译. 杭州：浙江人民出版社，2016 年。

么如此渴望平衡？……对组织来说，平衡也不是令人满意的一种状态，甚至恰恰相反。"

按照热力学第二定律，所有封闭系统的最终结果一定是平衡。想象一下，在一个现代的超级复杂的组织中，每一个组织中的格子都在对它身边的格子给出一个力，这个力在组织中以网络状传导，层层放大或减弱，但在错综复杂的相互作用力之下，最终会归寂为零，就是因为系统有一个自动趋稳的趋势。这就是当今讨论十分热烈的熵增概念，如果一个系统不施加外力，或无法从内部产生迭代和创新的力量，那么这个系统将走向死亡。没错，平衡的最终结果就是走向死亡。

零和思维下的效率悖论

企业管理者在依照现代管理思想设计组织架构时，不会想到最终得到的结果是一个零和思维下的产物，但从逻辑推导的过程来看，的确如此。

在世界范围来看，主导现代企业经营的最核心的东西，是效率思维。无论中外，包括股东、投资者、经济学家和学者、董事会高管层，都会同意衡量一个企业经营状况最重要的指标就是资产回报率和投资回报率，以及在此之下的各类变种指标诸如 ROE（净资产回报率）、ROIC（投入资本回报率）、ROCE（使用资本回报率）、EBITDA（息税折旧摊销前利润）等。所有这些指标都是用来衡量企业经营效率的。毕竟从股东和投资人的角度来看，期望通过投入资金获得最大限度的回报，是天经地义的。

效率思维的核心内涵是在既定成本投入下的回报最大化，这就产生了经营者的两个核心管理动机，一是做大规模以获得更大的营收基本盘并得以摊薄成本，二是持续优化和降低运营成本。这能够回答为什么几乎所有的企业都在追求进入世界五百强。只要进入世界五百强，就意味着企业规模的扩大。极大规模的组织所带来的复杂性给运营和管理提出了很大的挑战，驾驭组织运营的管理者不得不小心翼翼，设计出越来越复杂的管理系统来保证企业的健康运营，矩阵式管理模式就是这种思维下的产物。

从积极的角度讲，矩阵式结构能够更好地定义复杂组织单元之间的关联关系，有助于横向协调资源，实现跨地域、跨单元、跨产品线、跨职能的通力合作。但从实际的角度来看，越是超大型组织越重视控制导向，因为高层管理者难以承受一个失控、难以预测、不能维持在稳定运转状态的大型系统。管理者会致力于提高设计的精密度，因为精密度的提升会提高组织部件运转的顺滑度，减少组织间的误差和磨损，这样一来，管理的精细度会更进一步提升。

如果细心观察，你会发现几乎所有采用矩阵式管理模式的大型企业和机构，都会尽量在矩阵的不同维度之间维持一个平衡性。对于身处一个矩阵式汇报关系的管理者而言，通常会被告知，工作计划和工作目标需要同时得到矩阵式结构中几个不同老板的批准，工作进度需要跟他们同步，在绩效评估时，多个老板会分别进行评价，而如果工作中碰到困难或障碍，也需要和他们同步进行协商。这样协商下来的结果，往往是一种平衡下的妥协。

"平衡是指系统内所有力的合力为零"迫使我们思考，在平衡与控制思维的组织运营模式下我们追求的是效率，但为什么得到的结果却是零？对于那些平衡计分卡运转良好的企业而言，这似乎并非真相。

组织管理学家琳达·J.霍尔比奇曾经说过，"规模越大的组织，必然带来越大的内耗"。这几乎是一个无可避免的规律，尤其是对于依照现代管理思想组建起来的大型企业来说更是如此。这在某种程度上可以回答关于组织内合力为零的疑问。

对于一个组织系统而言，维持稳定性是一种本能的追求。为了便于观察和判断系统是否稳定，除了不断强化和升级系统的精密程度外，反馈和监控系统被建立起来，人们引入了反馈回路来解决如何确认目标状态和结果状态一致性的问题。在这个方面，玛格丽特·惠特利提出了正、负反馈的组织调解机制的概念。当系统的运转偏离了预定轨道，但依然处于可预测范围之内时，比如说管理者对员工个人的绩效进行评估，这个机制会给出一个评价和提醒，督促管理者对偏离事物进行纠偏，使之回到正确轨道上来。这种反馈模式，惠特利称为负反馈机制。纠偏属于一种典型的负反馈。

还有另外一种反馈机制，那就是系统中突然出现了一种新事物，完全在计划和预判之外，或者说是危险的，这时系统通常给予的反馈是一个"惊叫"或"噪声"。这种反馈的目的不是给予一个调节,而是提醒有新情况出现,提醒系统必须做出大的改变。想象一下,你正开车行驶在高速路上,你依据路况的变化左右打方向盘以调整车辆的行驶姿态,这是负反馈,目的是维持行驶状态的稳定。但突然路面冒出来一只兔子,你不得不做出紧急避让或刹车的动作,甚至一个小的事故就此发生,这是一个典型的正反馈。

客观地讲,纠偏所代表的负反馈对于保证组织的正常运作是非常有帮助的。问题在于,当下的组织把绝大部分注意力都放在了负反馈上,这会降低我们对新事物的敏感性。当突发事故来临时,系统将缺乏应对手段。惠特利认为,人们对组织运作中的负反馈往往给予了过多的关注,原因在于,人们的关注重点更多地在保持系统的稳定性上,为了维持稳定付出了太多的精力,而较少地关注系统的开放性,开放性则是由正反馈来保证和促进的。

下面通过一个具体的案例进行详细观察,来说明在一个复杂组织中平衡与变化这两种力量的交锋。毫不意外地,对于一家大型跨国公司而言,在组织中维持平衡几乎已经成为本能,而这种本能正在事实上带来内部的零和博弈,既伤害了组织效率,也在事实上摧毁了变革与创新的发生。

翠贝卡案例的两种不同解读

这个案例来自笔者的同事、励衿领导力合伙人饶晓谦先生的真实咨询经历,文字部分也主要来自他的编写。案例相当复杂,笔者已尽力进行了简化,相关人物和机构名称做了化名处理。

翠贝卡是桑迪公司的一位年轻有为的研发部项目经理。她刚刚成功地完成了一个历时两年的复杂项目,这个项目的成功实施可能对公司未来的发展有重大影响。前不久,她的老板刘丹委任她去做另一个项目——A项目的负责人。

桑迪公司是一家国际领先的食品饮料公司,其老牌的果汁产品Gee是桑迪公司的主打产品之一,一直销量不错但最近增长乏力。最近桑迪公司的竞争对手雅可公司的果汁产品推出了一款新包装,采用了一种新的材料,对产品的保鲜性能有一定程度的提升,同时新材料更利于设计出新潮的包装样式，市场反馈很好。桑迪公司销售市场部副总裁提出，希望研发部能够成立一个项目组，看是否也能引进这种新的包装材料Y薄膜。由于Y薄膜的引进需要公司的生产部完全更换新的生产工艺、引入全新的生产设备和流程，而公司之前投入巨大资源自行设计和制造的生产流程则面临淘汰的风险。于是，桑迪公司决定发起A项目，由翠贝卡作为项目负责人，来做包装材料更换的可行性研究；与该项目相关的关键人物众多，分别有：桑迪公司中国区总裁傅强，他对翠贝卡十分欣赏，直接指派翠贝卡成为A项目的负责人；销售市场部副总裁王克冰以及其下属市场经理李强生，李强生对市场十分熟悉，并对竞争对手采用的Y薄膜技术有一定的了解；产品设计部总监帕克，他负责了公司现有包装材料核心技术的研发，如果A项目最终决定采纳新技术，必须得到他的支持，帕克的下属工程师凯里代表产品设计部参加A项目；生产部副总裁罗宾，以及其下属工艺工程师方天舟；亚太区采购总监琳达，以及她的下属中国区采购主管杨涛；翠贝卡的直接上级、项目管理部总监方丹。

以下为项目进展。

接到新任务后，翠贝卡先去见了总裁傅强，听了他的建议。傅强跟翠贝卡聊了聊A项目对于公司业务的重要性，以及对翠贝卡的期望。他建议翠贝卡不要和产品设计总监帕克直接起冲突，并表示一定会支持她的工作。

项目组成立后，销售市场部、生产部、产品设计部均派出了相关人员参与进来。项目成员开始了忙碌的调研工作。他们委托外部顾问公司做了一些消费者访谈，最后证实了市场对于新包装材料的反响是非常好的。然后，他们着手研究用Y薄膜替代公司现有技术方案和生产工艺。这个过程中，市场经理李强生非常积极，提供了大量有用的信息；生产部的工艺工程师方天舟也很认真，提出了在生产环节的很多问题，并一起参与研究解决；产品设计部的凯里却不太配合，有几次项目例会都没参加，有些分配给他的工作也没有按时完成。翠贝卡对凯里不太满意，但也很无奈，因为她知道产品设计部总监帕克对此不会支持。好在项目组其他人的工作都很认真，这样才保证了在第一次高管审核会召开前，项目组得出了"建议Gee果汁包装材料中用Y薄膜替代现有技术"的建议。

当翠贝卡在第一次高管审核会议上把项目组第一个阶段的调查结论汇报完毕后，销售市场部副总裁王克冰表示非常满意，给予了很高的评价。帕克则当场表示了不满，指责项目组的结论得出得过于草率，认为翠贝卡负责的调研小组并没有足够的能力做出技术上的判断，包括他自己的那个手下，也不足够资深。翠贝卡非常生气，提供了更多的数据支持自己的观点，并且当场指责帕克的手下凯里在项目组的工作很不投入，不能很好地发挥作用。帕克没有正面回答，反而提出了新的问题："Y薄膜三年前新上市时曾经出现过质量不太稳定的问题，被当时的客户投诉过。公司现有的材料技术就很好，成本比Y薄膜低，工艺也很成熟，有什么必要替换呢？"听了帕克的话，总裁傅强的脸色不太好看，他批评翠贝卡没有能够充分吸收产品设计部门的意见，而A项目对公司的影响非常重大，怎么能那么草率地就做了决定？总裁以前从未用这么严厉的口吻批评过翠贝卡，这让翠贝卡很吃惊，也有些受不了。她赶紧掏出事先准备好的更详细的技术资料，来证明自己的项目小组经过了审慎的衡量。翠贝卡非常坚持项目组的结论，但总裁并没有表现出像以往一样的欣赏，反而显得很不耐烦。总裁又问生产部副总裁罗宾的意见，罗宾表示对于工艺流程的改变有些顾虑，他说不清楚自己部门的人是否有足够的能力把工艺流程改进。听了这些话，总裁总结说，看来做出采用Y薄膜替代X薄膜的决定还为时过早。他要求翠贝卡带领项目组进一步做研究，下个月再向高管会议报告。

　　第一次高管审核之后，翠贝卡很受打击，但她只能负重前行。她继续组织项目组成员论证技术方案。经讨论后，项目组决定与一个外部供应商百思特公司就Y薄膜的技术稳定性进行商讨，看看能否得到百思特公司的技术支持。与百思特公司的沟通非常顺利，百思特是一家当地的供应商，技术上不错，对于桑迪公司的需求非常重视，他们的CEO亲自来见翠贝卡，提供了大量的数据信息，证明目前产品的稳定性已经不再是问题了，并且说他们可以委派一个技术小组，在现场全程协助生产部门设计和改进工艺流程，保证这个过程会非常顺利。百思特公司还帮助项目组一起与生产部副总裁罗宾沟通，陈述了新方案的可行性，打消了罗宾对生产工艺方面的疑虑，争取到了罗宾对新方案的支持。

所有的技术信息翠贝卡都及时抄送给了帕克，但帕克却从不回邮件，也不愿意与翠贝卡进行单独的沟通。翠贝卡对此也没有办法，认为自己能做的只有在项目上花更多的精力。在第一次会议上受挫后，翠贝卡下决心在第二次会议上能够翻盘。于是，除了技术信息外，她计划把投资回报率等财务信息也准备好，希望能一次性地说服高管们。于是，她邀请采购部的杨涛加入了项目组。在翠贝卡和杨涛的共同努力下，百思特公司同意提供15%的价格折扣。

杨涛也很开心，他写信给他的老板——亚太区采购总监琳达报告了自己的贡献。谁知却横生枝节，琳达认为按照亚太区的采购流程要求，这样一个重大产品的采购不能只谈一家供应商，她推荐了另一家国际供应商EAGLE公司。于是，项目组成员约EAGLE公司见面。EAGLE公司表现得远不如百思特公司，他们反应非常慢，显得比较官僚，价格上也不肯作出让步。这让项目组非常不满，项目组认为，百思特公司虽然规模不大，但提供技术支持及时，管理层非常重视与桑迪公司的合作。但是琳达却很反对，因为百思特公司在亚太区除了中国以外的区域业务量不大，名气远不如EAGLE公司。

琳达希望全亚太这在薄膜产品上能够集中采购，这样便于产品的整合统一，亚太区可以集中管理，以后公司在谈判过程中也能有更高的谈判地位。另外，公司认证一个新的供应商的流程非常复杂、冗长，采购部实在不想再麻烦一次了。琳达表达这个意见后，翠贝卡很不赞同，她坚持应该采购百思特公司的产品，但却无法说服琳达。翠贝卡认为可以不用理会琳达的反对意见，大不了出了问题可以请总裁出面搞定。而且，下个星期就要向高管们汇报了，她实在不愿意浪费时间与采购部的人周旋，于是决定不管琳达的意见，继续用百思特公司提供的技术参数做方案。

第二次高管会议上，翠贝卡准备了非常翔实的资料，做了很充分的准备。她的发言结束后，项目组成员都热烈鼓掌，认为这次一定胜券在握。罗宾的立场已经完全转变了，他带头表示支持项目组的决定。销售副总裁一如既往地表示支持，并且希望项目能够尽快上马。帕克仍然非常反对。在翠贝卡看来，帕克的发言非常空洞，拿不出任何数据，也举不出任何例子，只是情绪很激动地说："为什么我们需要采购新的薄膜呢？以前的产品有什么不好吗？现在消费者喜欢这样的包装，过一阵子他们就厌倦了，有什么必要要被他们牵着鼻子走？"他反复强调Y薄膜有稳定性的问题，在翠贝卡的团队拿出很多新的数据，说明稳定性问题已经解决后，帕克仍不满意。他很生气地警告说，他认为换材料是很有风险的事情，如果要做这个决定，他坚决反对，如果以后出了什么问题，翠贝卡和她老板方丹需要承担全部责任。之后，帕克又提到，翠贝卡在公司没有授权的情况下，已经和供应商谈好了价格，甚至签订了意向协议。这让总裁非常恼火！他斥责翠贝卡道："你胆子好大，居然敢代表公司去谈判？你以为你是什么人，可以这样自作主张、独断专行？"这样的时刻，翠贝卡知道自己必须据理力争。她辩驳说，目前项目团队与供应商的接触，只是在了解信息阶段，并未真正开始谈判。而为了能给高管团队做决定提供真正有价值的参考信息，必须让供应商深度介入。

看得出总裁听了仍然不太高兴。这次会议仍然没有做出最终决定。

第二天，翠贝卡接到方丹的电话，让她去办公室谈话。方丹告诉了翠贝卡一个吃惊的消息：公司决定委派另一个新招聘的技术专家来做A项目的负责人，让翠贝卡做他的副手！翠贝卡非常失望，自己这样兢兢业业、全心全意地投入项目，做了这么多努力，也收集了那么多信息，她相信自己的判断是正确的，为什么公司要做出这样不公平的决定？

方丹告诉翠贝卡，不要认为都是别人的错。她又提到，前一天下午，总裁接到了一封来自亚太区采购总监琳达的邮件，她告状说，翠贝卡他们无视亚太区采购部的建议，坚持要用当地的供应商，而不愿考虑亚太区推荐的供应商。琳达说采购部希望中国区也能适当考虑他们的专业建议，不要总是认为自己的项目是"特殊"的，希望总裁能够站在公司全局的角度而不总是站在中国区的角度做决定。总裁很恼火，认为翠贝卡又给他闯了祸。翠贝卡非常震惊，也非常委屈！她觉得公司对自己很不公平！自己这么辛苦地工作，却得到这样的结果！她非常困惑：自己究竟做错了什么？

如果你缺少耐心而不太愿意阅读完整案例的所有细节也没有关系，这里有个一段话的简要版本：翠贝卡是一名在大型跨国公司工作的项目经理，接手了一个总裁交办的新产品工艺的技术引进项目。在项目的推进过程中，除了销售部支持新产品工艺的引进之外，几乎其他所有相关部门，都对这个项目要么直接反对,要么设置层层障碍,要么不置可否。翠贝卡在项目推进期间历尽艰辛,做出了扎实的基础工作和漂亮的技术方案,但依然未能说服管理层,面临着项目停滞、自己最终黯然离场的结局。

这个案例我们频繁地用在各种领导力发展研讨会上,邀请各位中高管进行充分讨论。由于案例实在是过于典型和具有代表意义,几乎每次都能激发起参与者激烈地发表意见和感触,越是来自复杂的大型机构,情况越是如此。尤其是对那些相对年轻的管理者而言,十分容易就在案例中找到了强烈共鸣。

顾问们喜欢采用的第一个解读的角度是,翠贝卡无疑在她的组织中碰了壁,那么她究竟犯了什么样的错误?应当采取什么样的沟通策略才能取得成功?

桑迪公司无疑是一个超级复杂的大型组织,它一定是采取矩阵式管理模式的,至少在地域和职能这两条线上是如此。翠贝卡犯的第一个错误,应当是对每一个重要人物在这个矩阵式结构中所持的真正立场和利益出发点,缺乏准确的了解和预判。像绝大多数理想主义年轻人一样,翠贝卡认为一个良好的项目规划和一个技术参数合理的报告书应当是最有说服力的,如果项目组提交了一份足够优秀的建议书,那么以总裁为代表的高管就应当自然地会做出最合理的决策,更何况总裁是毫无疑问地倾向于支持她的。殊不知,在这一点上,翠贝卡错得离谱。

背后的真实情况应当是,每个人在这个错综复杂的系统网络内都占据着一个节点,每个节点都不是孤立的,它既代表着自身的利益,也代表着牵一发动全身的关联利益。对于更高阶的节点(高阶管理者)而言,情况会更复杂,它会代表周边一大片网络的相关利益。在这种情形下,平衡是这些人考虑的首要出发点,而不仅仅是单纯地考虑技术方案本身的正确与否。

如果从这个角度出发来分析,那么基本上翠贝卡在本案例中所采取的一系列举动就错误百出了。由于对每一方利益出发点的误判,就导致她与每一方所采取的沟通策略都出现了问题。她既没能在项目中把中立的对象转化为强有力的盟友(生产部),也没能做到有效压制或说服她的"对手"(产品技术部),甚至还错误地将本应中立的一方变成了"敌人"(采购部)。翠贝卡在提高内部的组织敏感性、准确识别内部利益相关者、制定正确的沟通策略、争取和影响到重要的利益相关者等方面的能力,是极度缺乏和需要重点加强的。这个案例在这方面提供了一个极佳的视角。

不过，笔者对这个案例还有第二个解读的视角。如果从项目本身出发，相信所有人都会认为这是一个应该得到执行的项目，毫无疑问，桑迪公司应当在包装材料方面进行创新。但值得深思的地方在于以下几点。

（1）为何一个本应迅速得到共识的项目，在这家公司需要成立一个庞大的跨部门团队，并且在大家付出大量的管理精力数月之后还失败了？

（2）为何翠贝卡无法以最简单的方式得到相关方最直接的支持？为何一定需要采取利益交换或其他沟通技巧才有可能获得支持？

（3）各部门的局部利益在这场博弈中要比整个公司的利益来得更大吗？不然如何解释各部门代表坚持自己的立场而不做让步？

（4）最为关键的一点是，类似这样的项目流程是不可避免的吗？这个案例之所以激发起众多共鸣，是因为这一类项目很具有普遍性，翠贝卡的遭遇很多人都曾经经历过。那么，历经数月的努力，事实的结果为零（大量的类似项目在企业中也会失败），管理层为什么还要让它一遍又一遍地发生？

在案例研讨中，不乏管理者提出，总裁先生在案例中是否可以扮演一个强力推动者的角色，比如说直接拍板？但一般而言，老练的管理者不太会提出这个问题。原因很简单，在总裁这个位置上，他最为关注的点其实不是技术方案的正确与否，而是维持整个组织运转的平衡性。桑迪公司计划引进新包装材料技术，这会让一部分人受益，比如说销售市场部，但会明显影响到另一部分人的利益，比如说这会大幅削弱产品技术部的地位。一个会影响到公司整体的重大项目只有得到所有部门全力支持的情况下，才有可能取得成功。如果要做到这一点，就好比当事人需要极其精妙地计算好一个系统内各部件相互作用力的大小和方向，小心翼翼地通过试错和反馈机制来找到正确的着力点、施力的大小和角度。而往往由于系统过于复杂，大多数这样的尝试都以失败而告终，这就是管理的现实，我们的管理者就是在用这样的方式管理着大型企业。

这样看起来，零和博弈的结果其实并不少见，甚至可以说是常见的。大量的企业在内部发起一些重大项目，最初是出于变革和变化的目的，但最后都纷纷以失败而告终。但问题是，我们解决问题的方向往往是放在如何去提高管理者的沟通协调能力、提高他们的组织内部敏感性上，而把项目碰到的问题和困难视为常态，几乎没有人去深入思考我们应如何去改变这个组织运作的机制。这可能是真正值得我们注意的地方。

变化的诞生与成长性思维

平衡的组织能够从内部突破吗

平衡不应是一个组织所追求的目标，成长才是。从这个角度来看，如果要追求成长，组织就应当发生变化，要打破原有的平衡，这样才能够出现成长的空间。不然，在平衡理论下，所有部件追求的是彼此之间高精度的衔接和极狭小的容错空间，既没有改变的余地，也就没有了成长的可能。

不过，这样会带来一个问题，就是如果要让一个组织发生变化，那么这个变化的驱动力应当是从外部还是内部施加呢？这个问题之所以重要，是因为我们需要找到启动的第一步。如果是从外部的话，那么通常应当是由谁施加？而如果是从内部的话，这个从内部打破的机制应当是怎样的呢？

如果这个变化的驱动力来自外部，通常情况下是一种被动施加的力，是一种危机情形，比如说环境的剧烈变化、颠覆性技术的出现、全新商业模式的冲击，等等。这些都会直接导致企业不得不考虑重新设计自己的系统运转模式，从而寻找新的平衡点。但这种被动接受外力会进入一个非良性的循环，因为企业并没有真正建立起一个自发的改变模式，从而永远是被动地接受改变。在这个被动改变的过程中，有可能会因为节奏慢没有跟上，或者判断失误等因素，导致企业直接被这个市场淘汰掉。

所以，理想的情形是，这个变化的驱动力最好来自内部。很明显，亲手打破自己多年来建立好的，甚至是引以为傲的平衡系统，是一件极其困难的事情。首先难突破的，就是情感方面的障碍，情感的蒙蔽会带来认知的偏差。其次要做到这一点，需要调整的是对平衡和变化这两者之间的辩证关系有一个准确和完整的认知。平衡是当下，变化是未来，这能很好地说明我们应如何看待它们。

不过，有很多企业在尝试变化的时候，忽略了当下平衡的机制对变化带来的不良影响，更确切地讲，是束缚和遏制。

笔者经历的一个咨询项目，为我们提供了一个很好的分析传统企业在向创新型组织变革时所碰到的挑战的视角。

这是一家业务发展良好的行业头部公司，正在大胆尝试创新业务，将其传统业务向线上模式进行转型，正好符合了现在的数字化变革的大趋势。这家公司从内部精心挑选了一批业绩优秀的年轻管理者作为创新业务的负责人。这部分人符合绝大多数人心目中做新业务的理想标准，具体如下。

（1）从一线业务中拼杀出来，业绩优秀、作风硬朗、团队服气、组织内部的威望度高。

（2）企业自己培养出来的青年军，文化价值观一致，忠诚度无忧。

（3）每个人都对老板表态了，保证完成任务。

一段时间后，结果并不理想，新业务几乎未见进展，与公司管理层当初寄予的厚望相差太远。更糟糕的是，这一批新业务的领军人物开始变得士气低迷，对新业务的开展严重缺乏信心。董事长开始变得有些犹豫，他在考虑，是否只有引进外部人员才能推动创新业务的发展？

在这个节点上，笔者受邀与这些感觉备受打击的管理者做了一些深入沟通，了解到的真实情况是下面几点。

（1）对创新业务缺乏信心。当时的传统业务在市场上的地位非常稳固，虽然大家相信业务向线上模式进行转型是未来的必然趋势，但似乎相应市场条件并未成熟，大家在私下里的判断认为，该公司创新业务的模式太超前了一些。

（2）业绩焦虑。因为新业务模式没有跑通，所有人对完成年初制定的业绩指标极度缺乏信心。且由于所有人都知道的原因，下指标时，老板都会给出一个让人眩晕的大目标。在"威逼利诱"之下，大家似乎也没什么别的选择。

（3）收入与回报焦虑。正是因为几乎肯定完不成业绩目标，所有的管理者都表现出对年底收入的隐藏焦虑。并且也担心会由于新业务的失败，影响到自己在组织中好不容易建立起来的资本和威望。

（4）资源与支持严重缺位。创新业务是需要得到成熟业务的资源支持的。但当真正需要其他成熟业务线提供资源支持的时候，所有当初美好的承诺都不见了！对于看不到回报的投入，几乎所有负责成熟业务的主管高管都会选择拖延、回避。毕竟大家都承担着严格的利润指标，当面临是否需要拿出自己的资源去帮助一个几乎看不到当期回报的新业务时，大家都很聪明地做出了自己的实际选择。

上述案例作为众多尝试创新业务的企业的一个相当具有普遍性的代表，值得做一个深度分析，看看为什么内部创新的失败率会如此之高。

第一个视角，一个典型的已臻于平衡的系统是如何本能地排斥和扼杀创新的。

这家公司在行业内作为领军企业已经存在10多年，换句话说，公司已经早早地进入一个"高度平衡和稳定的系统状态"。在这种系统状态下，各业务单元（主要是成熟业务）和各职能部门已经充分磨合，在一个充分设计和优化后的传动系统中顺畅地工作，每个部门都很清楚地知道自己的责任与权力，在什么样的流程环节中发挥什么样的作用。在这种系统环境下，一个创新业务进来，这是一个从未见过的新情况，系统会本能地排斥，因为这会影响系统的平衡性与稳定性。

当创新业务发出一个资源需求的诉求时，按平衡系统的反馈机制而言，它必然是拒绝的，因为一个未经定义的传导力进来，一定会打破现有系统的平衡。这不是简单地责备当前管理者是否愿意承担责任的问题，因为作为庞大组织系统的一分子，他需要考虑的是整个系统的正常运转（多年来他被训练要求这样做），这被称为一名优秀管理者必备的基本素质之一。我们可以将此称为系统的排异机制，在一个管理优秀的企业中，这种排异机制往往是被大家赞赏的，可是，当系统进化为能够自动排异时，会将异常的所有新变化通通扼杀掉。这就是当系统过于趋向平衡时所带来的代价。

更进一步地,系统自动强化出来的负反馈机制,例如考核和激励机制,会进一步加深创新业务在传统业务环绕中的危机。我们应如何衡量和评价创新业务的进展和新业务带头人的贡献和价值呢?传统的 KPI 评价模式是否有效与合适?成熟业务对新业务的支持应该如何衡量?新业务所消耗的大量内部资源是否应不计成本地投入?这些问题都很难回答。那些承担着创新业务的负责人,如果把过多的精力花在了这些可能根本无法得到准确答案的问题上,而不是去思考新业务如何去开展,这是更大的问题。

总而言之,平衡系统所带来的固有特质,会天然地妨碍创新业务的开展。这就好比一个健康的人体自带的免疫系统,自然而然地杀死外来的系统入侵者。这也解释了在成熟企业中开展创新业务的高失败率的必然性。

第二个视角,在组织内部提拔年轻干部是不是一个错误的决定?由空降外部高管来负责创新业务是否更合适?

本质上,这是一个关于必须具备什么样的能力素质才能够帮助一名管理者在传统业务体系中担任创新业务负责人的问题。换言之,传统管理环境中培养起来的管理者,能否胜任创新业务带头人这一角色?

管理者的能力素质来源于组织的要求,并能很好地反哺组织,支撑组织的长期发展。从这个逻辑来看,业务驱动的本质,将决定管理者能力素质的类型。

一般来讲,传统业务的绩效关键驱动因素可以划分为产品领先、客户满意和运营优良这三个关键价值领域,企业需要在这三个方向的至少一个上取得领先优势。管理者需要扮演的角色是实现企业在这三个方向上的超越,这就意味着战略规划能力、客户类型分析与客户画像的能力、强大的成本控制与运营能力等,会成为传统管理场景下至关重要的能力要求。

但我们需要注意到,所有这些都是基于传统的竞争性思维和存量市场环境下的。如果切换到创新业务,其通常处于不确定性环境下,这些能力就会变得通通不适用。比如,对于一个典型的不确定性环境,你不知道竞争对手是谁,不知道客户在哪里,甚至也不知道业务应该发展的方向是什么,你所做的一切可能都是在尝试,你可能突然会被一个完全不可预知的对手颠覆和打败。在这种情况下,你的战略规划能力、客户开发能力和卓越的内部运营能力，都会无用武之地。与此相对应，新业务环境下所要求的新的组织能力可能正好是你以前所敌视或摒弃的，比如灵活决策而非方法论导向、小步迭代而非严谨的计划与执行、无中心无边界的组织模式而非遵照标准化结构与流程等。

所以，阻碍管理者从内部发起和推动变革和创新的有两类关键因素。其一，是外部的组织环境。具体来讲，是多年来企业所依赖并反复强化而形成的平衡性思维。在平衡性思维主导下，所有的企业运营活动与制度都会被导到一个方向上，那就是维护系统现状，并通过系统来扼杀新生事物，衍生为一个自动排异机制。其二，则是来自自身的能力局限。能力是被环境塑造的，过往主导的组织环境决定了管理者具备的典型能力无法适应当今被完全改写的充满 VUCA 的复杂多变的环境。能力与新环境的脱节，造成了传统管理者难以推动新的变革。

企业需要变化，而非坚持平衡性思维。但变化很难，无论是从外部还是从内部推动，都是如此。人们在尝试找到更好的打破传统组织束缚的方法与路径。

耗散理论与自组织理论带来的启发

诺贝尔化学奖获得者，耗散理论的提出人伊利亚·普利高津指出，不平衡是系统成长的必要条件。对这句话的解读有三层含义。第一层含义，系统应是追求成长的。根据热力学第二定律，无序将不断增加，所有不再成长的系统终将归于寂灭。第二层含义，系统为了抵抗熵增，需要通过不断建立秩序来做减熵行为，随着秩序的完善，系统将逐渐趋向于平衡。第三层含义，平衡的不断增加通常意味着零和局面的形成，如果系统不能引入新的力量，必然会重新面对熵增的发展规律。为了抵抗这一趋势，系统就需要打破原有的平衡。以上是一个不断循环、重复发生的过程，系统的发展也是在不断重复这个打破原来的平衡、重建、获得成长、再次打破这个循环。事实上，以上也是对耗散理论的核心理解。

耗散理论解决了人们长期以来的一个困惑，也为组织的持续发展开拓了全新的视野，人们认识到无序可以成为新秩序的源头，成长往往源于不均衡，而非平衡。

在组织管理中，我们曾经无比担心并极力避免的诸多事情，比如突发纠纷、局部失常、重大职能的功能性失灵、大型的组织混乱等，无须再将它们看作灾难性事件和完全的消极性因素。与此相反，这类事件有可能为企业带来新的机会，激发变化的契机和创造性。这是一种"变化催生秩序"的思维，它能够为组织带来持续的活力。

在耗散理论中，"变化"与"秩序"之间是一种很奇特的矛盾与因果关系的统一体。"变化"是引发无序的开始，在新秩序尚未建立之前，变化带来的是混乱，这也是为什么大多数情况下人们会抗拒变化，从这个角度看，"变化"与"秩序"之间是对立的矛盾关系。但同时，"变化"带来的无序意味着消除了旧秩序的束缚与障碍，为新秩序的建立起到了很好的推动作用。事实上，只有当系统能够不断地变化，才能防止自身被熵增定律绑架，完成系统自身的进化，不断进入更高层级的新秩序中去。没有了"变化"，也就没有了新的"秩序"的达成，它是一个因果关系。

只有将这两者紧密地结合在一起来看，才能树立起一个正确的组织管理观念：不能单纯地追求组织的平衡性，一味地平衡，会将整个组织拖入一个死气沉沉的零和状态，最终消亡；组织长期习惯和依赖的平衡性会形成一种排异机制，主动扼杀掉绝大部分的变化和创新机会；重新认识"无序"的价值，在无序中孕育着新机会。

如果我们把眼光投向自然界与社会之中，就会发现，其实所有的带有生命特征的社会体均具备将"变化"与"秩序"相结合的智慧。人类社会的发展历程本身就是一个绝佳的例子。社会每进入一个新的发展阶段之前，都会陷入一个剧烈的动荡期，旧的秩序纷纷崩塌，在新旧交替之间都有一段较长的混乱期，然后慢慢地，随着新秩序的建立，社会取得了进步。如果将人类社会看作一个大的自然体，推动社会更迭的动因实际上是从内部孕育产生的，之后的一系列混乱与秩序的更迭，也是人类社会在进行自我主导。结合到耗散理论的提出，人类社会这种自驱的组织方式即为"自组织"。

在自然与社会之中，自组织现象无处不在，小到每一个人的自我发展，也是符合自组织的规律的。从孩童时代起，人生在进入一个更高阶的阶段之前，或经受各种磨难，或旧的思维模式陷入混乱，或受到外力的猛烈冲击，这些都可能会帮助你打破原有的束缚。如果缺少了这个环节，你就停止了进步的步伐。

耗散结构和自组织理论都要求组织具备以下三个核心特征。

（1）系统保持开放。

（2）保持不平衡。

（3）持续地从外界输入物质和能量。

遗憾的是，自组织与耗散理论在20世纪60年代末70年代初得以提出，并没有进入企业的组织管理主流理论中去。直到进入21世纪，社会环境的不确定性大大增加，大型组织面临剧烈的社会与政治变革、新技术的颠覆等，促使人们将眼光投向了自组织理论，并开始在组织管理中进行实践与应用。

在国内，华为是运用耗散理论和自组织理论最为典型的企业代表之一。也正是因为在这个方面的先人一步，华为才能够在组织创新、技术创新和人才创新方面取得领先地位。

华为无疑是一个高成长企业，现已成长为一家极少数能在核心技术领域保持国际领先竞争力的优秀公司，备受尊崇。如果探究华为的内在核心驱动力，那么可以归结为三点：保持开放、自我批判和持续对标学习。这三点，都高度吻合耗散与自组织理论。

华为将"保持开放"内化为一种企业经营哲学。华为的内部经营管理一直奉行"先僵化，后优化，再固化"的方针，强调在抛开华为特色的前提之下学习他人的先进管理思想，也正是在这种理念的指导下，华为能够在最短的时间内，迅速引进了IBM全套的管理体系并成功落地。"虚心向国内外优秀企业学习，在独立自主的基础上，开放合作地发展领先的核心技术体系"，成为华为的七大核心价值观之一。华为是一家真正开放的企业，在企业的运营、管理、组织等方面向公众尽可能开放，大家也由此得以更深入地了解和学习它。

按耗散理论的逻辑，系统只有开放才能够不断接收外部的信息、接受新鲜事物的刺激，这些会源源不断地转换为推动现有秩序产生变化的能量来源。华为正是在这一点上的优异表现，才得以让其迅速跨越技术发展上的巨大鸿沟并最终实现反超。

关于自我批判，这是一种通过自我否定来打破现有秩序的有效手段。华为在这方面从来都不缺乏勇气和理智。在华为每一次取得重大技术突破或市场突破时，任正非都会出来以极其清醒的方式严厉警告公司所有管理层，让所有人都明白现状不可依赖，当下的每一刻都有可能归零。只有始终让自己处于一种刚刚起步的混沌期，接纳自己的"无知"与"混乱"，才会具备永不停歇的自我升级的动力。而持续对标学习，则是为自己设立更高的目标，提醒自己不够完美，从而实现持续地进步。

华为的核心哲学帮助华为成了一个优秀的"自组织"样本，成为一家在市场上始终保持清醒、始终从内部认识到自己的不足、不停地推翻自己打破原有的平衡、不断突破进取并不断升级成为一个更高阶的组织，实现更大发展。

自组织系统具有一个非常出众的特征，那就是长期稳定性。这里所谈的"稳定"，是指整个系统的稳定性。整个系统的稳定性，是通过系统内部局部的不稳定性和变化达成的，这是一种矛盾的辩证统一。就好比一个完整而又生机盎然的生态系统，组成生态系统的每个局部都富有生机，每时每刻都在发生变化，就局部而言在不断打破原有的平衡，小的不合理的东西在逐步消除，越来越多的和谐在不断产生，从而维持了整个生态系统越来越稳定和平衡。局部的不平衡和整体的平衡，以及局部的变化促进整体的成长，这是自组织结构的奥义所在。

创新的根源与本质

创新无疑是所有企业致力于追求获得的某一种终极能力。这是因为，唯有创新才有可能持续赋予一家企业具备令他人永远无法企及的竞争优势。在笔者近20年的咨询生涯中接触了大大小小无数企业，尚不记得有哪一家企业未曾将创新列入其核心企业文化或核心经营方针之中，由此可见，企业家与管理者对创新的无比重视。

但客观来讲，创新又无比之难。众多企业前赴后继、义无反顾地投入到创新大业却收效甚微，笔者钦佩它们的决心与勇气，但事实上以我的观察，这些企业在追求创新之路上走得却越偏越远。究其原因，一是对创新的本质的理解有所偏差，二是企业所提供的土壤根本与创新的精神所偏离。

创新的本质究竟是什么？创新实际上应是一种终极的能力体现，是一种被驱动的能力。在被驱动的能力之前的，是另一种类型的能力素质，我们称为源能力，也就是驱动下一层能力发挥作用的能力。在缺乏源能力支撑的情况下，人们是无法获得被驱动的能力的。

那么，驱动创新的源能力有哪些呢？我们在本书的第三、第四、第五章中分别讨论到了这些能力，它们是：接纳不确定性的能力、敏捷思维与弹性思维能力、迁移性学习能力、抽象思维与关联思维能力，以及在本章中讨论到的变化与成长思维。关于这些能力在对应的章节中都有很详尽的阐述，这里不再重复。但有一个逻辑需要进一步补充的是，创新能力作为更深层次的能力是无法直接修炼的。因为它是离开了源能力的驱动支撑就无效的存在，所以如果人们希望掌握和驾驭创新能力。首先做的，应当是致力于修炼自己的源能力，加深对这些基础能力的理解，让自己逐渐成为一名可以渐次展现源能力的人；其次，才可以专注于寻求在创新能力方面的突破。

不过，人们对创新却一直存在着诸多误解。这种对创新认知上的偏差既顽固又难以消除，可能这才是人们难以在创新上形成突破的真实原因。除了在上一段讲到的创新是被驱动的能力而非可以直接修炼的能力之外，这些典型的认知偏差还包括以下几点。

一、创新并不是"灵光乍现"的产物

你没有办法坐在一间安静的房间里通过苦苦思考等待灵光一闪，一个创新的主意就此诞生。创新的内在机制不是这样运作的。"灵光乍现"这个词给人更多的是一种误解，好像一个神奇的主意在时机到临之时就会冒出来似的，这是一种严重的错觉。事实上，所谓的灵感指的是一种复合状态。当真正的灵感出现时，对这种状态更准确的描述应当是这样的：你漫无目的地游荡在各种新鲜的事物之间，但你在以一种潜意识中的抽离的方式观察着它们，其中的某个点突然以某种特殊的含义与你原有知识体系中的一个或多个点建立起了新的关联，这种新的关联方式对你而言前所未见，但展现出了一种更有效的解决未知问题的可能性。那些散落的被关联起来的点可能很早就潜藏在意识的某个角落，但联系这多个点如闪电般照亮你整个思路的新建立的网络赋予了它们新的意义，是你高度抽象思维的结晶。在这个时候，创新来临。以上才是灵感的真相。

所以，创新作为金字塔塔尖的产物，它需要一个极其庞大的基础。创新的来临不是如同一颗彗星般突然间闪耀来临或不期而遇，创新需要前期巨大的知识与能力的储备，需要真正的高阶的抽象与概念思维能力来形成有穿透力的理解、需要迁移性学习能力来快速打开束缚的边界、需要跨界思维能力来为遥远的概念建立神奇的关联，等等，而这些通常都需要漫长的学习与练习。

二、类型匹配偏差

传统意义上的业绩优秀、管理能力出众之人适合担任创新业务的带头人吗？在实际工作中，大多数传统企业可能都会做出这样的选择，但坦率讲，这是一个极具风险的举动。广义上的业绩优秀和能力出色，并不意味着他在创新所需的关键能力方面也同样优秀。同样地，具备极其出色的创新能力的人，可能在按照传统标准来衡量的业绩表现方面平平无奇。解决这个问题比较推荐的方式，是去做一个严谨和科学的认知能力测试，寻找到真正具备创新特质的人。

三、创新会按照行政管理的意志而出现吗

显而易见，这个问题的答案是不可能。但在现实中，有大量的企业家在按照这种方式行事。一些企业将创新看作管理运动一般，号召全员创新，要求每个部门每周贡献多少个创新的主意，在内部搞创新点子大赛，搞以创新为主题的有奖征文，公司内部满墙贴上大幅的创新海报，等等。创新是一种需要积累和沉淀的产物，我们需要尊重创新产生的内在规律，而不是以管理者的意志为转移。

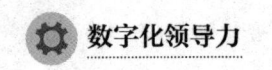

成长的奥义

成长（Growth）是所有生命体所追求的最有价值的过程，如果没有成长，那么就意味着停止和消亡。

变化是组织从低阶秩序向高阶秩序进行进化的必然开端和起点，变化往往意味着成长机会的孕育。当有新的力量出现时，会打破旧有的平衡，让当前的系统呈现不稳定状态，系统做出的反应跟之前不同，这时我们称之为变化。对企业组织而言，变化意味着机会，我们应将之视为积极的信号。

创新之所以神奇，是因为它很难，是成长历程中的一种很高阶的状态，通常只被少数个体和少数组织掌握。但如果准确把握了对创新概念的理解，你会知道是可以将创新归之于成长性思维中的一个有机组成部分的。

创新很难，人类社会大大小小的创新通常都是由极少数人贡献的。每个普通人在社会中扮演什么样的角色呢？一般情形下，我们都是在遵循当下秩序而行事。普通人未必能如此敏锐地发现身边的不凡之处并迸发灵感，简单而言，我们是在扮演那个秩序的土壤，成为整个大系统稳定运转的极细微的一分子。即便如此，作为一个庞大生命系统的分子级的组成部分，每个人都在和身边的其他分子进行交互作用，这种交互作用延伸传递，构成了一个局部网络，这就意味着每个人都在有效地影响着周边，每个人都是一个网络级的存在，在一个系统生命体中，没有人是孤单的。

当外界的变化发生时，对于局部个体而言可能会如同一场巨大的风暴，此时你能决定的是自己的应对方式。抵抗可能是你本能做出的第一反应。这很正常，毕竟风暴可能会给你带来影响和损失，你会厌恶和不欢迎风暴的来临。当今社会中有很多变化已经以不可阻挡之势突然席卷我们，就恍如风暴一样，摧毁堤坝、卷走树木、破坏道路与房屋。问题在于，抵抗往往并不会让你自己升级，反而有可能让变化升级，那就是风暴来得更加猛烈了。换一个角度，如果我们能够联动身边的网络从自身周边开始做出一些改变，比如说改良局部环境、升级沟渠、进化所在社区的生活方式，那么这些举动能够在本质上完成更大范围的系统升级。所以，个体的力量虽然微小，但可以通过发达的网络传播起到更大的作用，而我们对待变化的正确应对，也诠释了如何更好地帮助自身成长。

挑战在于，我们往往很难将生活中的智慧转移到工作中。一个已经踏入管理岗位的成年人，应对组织环境娴熟且自如。但在变化来临之时，其反应往往和一个普通人应对风暴的方式没有什么两样。组织中不期而来的变化肯定会给他的工作带来不便，有可能影响到当下的利益和地位，最让他心烦意乱的可能还是这种变化的不可控性，完全不能预知风暴的走向。管理者的抗拒与不合作，最终导致的结果，就如同自然界中发生的情形一样，风暴会升级，并最终给他带来更大的伤害。这是一个并不明智的选择。作为一名组织中的管理者，应当具备这样的智慧，了解到组织的"成长"应是组织的终极使命，而如何理解、迎接和应对变化，是在帮助组织成长，并让个人也得到成长的真正关键所在。具备正确的成长思维，是应对未来的制胜之处。

平衡是成长与创新的敌人

我们在组织管理中犯的最大的一个错误，可能就是过于追求平衡，因而导致失去了变化和成长的潜在可能。为了更好地理解这一点，我们重点探讨以下几个问题。

一、如何理解一个组织或个体在保持平衡的情况下所获得的缓慢成长

我们能够看到的一种典型情况是，一个看起来很健康的大型企业，其运营十分稳健，组织架构成熟且稳定，大概率下是采取的矩阵式管理结构，运营流程标准化程度高且执行力优秀，产品组合丰富且合理，市场与客户认可度高。在这种情况下，企业在营业收入、市场份额、盈利水平这几方面虽无惊喜，但都能取得平稳增长。那么这种增长，应该算作成长吗？或者说，如果企业始终维持在这种状态下，这种增长可以被看作成长吗？

答案可能是否定的。为了更好地理解这个问题，我们可能需要先来了解一对互为矛盾的概念，关于"线性和非线性变化"。

科学家将自然界的变化划分为两大类，分别是"线性的变化"和"非线性的变化"。线性的变化是指那些在一个可预测的、按照既定规则和秩序进

行运转的情境中发生的变化。自然界的降雨、气温的升降和四季的变迁、草木生长、候鸟飞迁，这些都是遵循线性变化的。如果事物的变化可以用连续的直线或曲线来描述，通常也停留在一个仅限于时间和状态变化的二维空间内，那么它就是线性的。线性变化的主要特征在于具有连续性规律、可预测、量变的积累、不会改变事物的形态。一般而言，人类设计的绝大多数功能性系统，其运转的实际结果和表现也都属于线性的变化，主要的原因在于人们设计这些系统的目的是追求功能的稳定性，一个不可靠的系统是没有价值的。

问题在于，如果增加进来一个时间的维度，那么再来看线性变化你会发现事物其实是在不断地重复以往，无论是以数个还是数十个该事物的发展周期来衡量，事物的本质都不会改变，它还是它。也就是说，如果只依循线性变化的话，事物将只是不断地在重复自己。一棵树从树苗生长为一棵参天大树，它也依然只是一棵树。

生命体的成长不仅仅是这样的。这个世界之所以充满活力是因为生命能够不断地进化自己。作为生命体的组织个体而言，我们把它的这种特性称为"迭代"。玛格丽特·惠特利将迭代称为"非线性变化"，并指出非线性变化才是大自然变化的本质。她说："对大自然的非线性特性进行线性化处理，就让科学家们无法看到真相。"

从概念上讲，非线性变化是指对事物固有规则的打破，其变化跳出了原有定义的维度，事物将以一种全新的秩序进行运转。在自然界中，一般指的都是事物从一个相对较低的秩序越阶进入一个更高级的秩序之中，生物进化论就是指的这一现象。

生物进化实际上是一种极其残酷的机制，从结果上来看，今天你我能够见证到的都是在漫长的自然选择机制中优胜而出者，而被淘汰在历史长河中数不清的失败者才是绝大多数。我们今天能看到的绝大部分事物，都绝不是它以往的样子。从这个意义上讲，是"非线性变化"塑造了今天的世界，而非"线性变化"。

但现实的情况是，在日常之中人们更钟爱线性变化。线性变化在本质上反映的是一种秩序，秩序则反映了人们对稳定、规则、可控和可预测的追求。一年四季气候变化的趋势稳定可预测，才使得农人依照时令的不同安排农业生产成为可能，对于那些人们设计出来的各类系统而言更是如此。

人们在设计组织运转的模式时，小到数十人的微型企业，大到一个国家，无不追求系统的稳定性。在企业中平衡计分卡这种管理模式的采用，是将这种思维应用到极致的一种体现。想象一下，一个典型的平衡计分卡被要求在不同的业务单元、不同的职能条线之间注重平衡，被要求每一个部门的利益出发点应当与公司整体全局平衡，一个业务涉及的所有流程节点（从产品端到客户端、运营端和收益端）都要求高度平衡。这样做的好处就是，确保每一个部分都处在它最应该出现的位置上（这正是组织设计者所致力于追求的），组织的运转会平稳无比，它会在一个高度稳定的轨道上发展，我们看到的结果就是组织依然在不断"成长"。没错，销售收入可能会继续缓慢增长，市场占有率仍有可能会逐渐提高。看起来都是人们预期的良好结果。

但是，正如我们在上文中指出的，自然界并不存在真正的"线性变化"，惠特利说"非线性变化"才是大自然的本质一样，组织的发展其实也遵循着这一规律。组织在既定规则之内的"稳定"且平衡的发展，不可能帮助组织发生非线性的变化，也就是说，它无法改变组织当前的核心属性，无法完成组织的迭代和飞跃，也无法让组织顺利进入一个更高级的阶段。

所以说，我们需要认识到在大多数情况下各级管理者在努力且尽职尽责地帮助企业所实现的增长，并不是一种真正意义上的"成长"。在传统意义上注重于平衡的增长，在某种意义上是一种个体进化的停滞不前，组织将无法实现自我迭代和自我升级。并且，这种表面上的增长更有可能带来一种虚假的信心，好像我们正在努力推动企业向前，但从进化论的角度来看，这个组织在不久的将来可能就会面临灭亡的危机。这并不是危言耸听。

二、为什么说平衡会导致系统失去自我调节机制，无法自动纠偏，从而失去真正的成长机会

一个精心设计的系统在正常的情况下，其运转应是极其平顺的，人们通过各种预设的手段尽可能地在事先就排除了机器会发生异常的可能性。在这样的过程中，如果出现系统的某个个体因为自我意识的觉醒，突然觉得自己可能还承担着什么其他新的"天赋"职能，产生了一种强烈意愿对自己进行改造或重新定位，应该说，在任何系统中都应该有发生这种情形的可能，就像我们每个人在某个特定的时刻会突然冒起一个关于"我是谁？我为什么会在这里？我存在的意义是什么"这样的念头一样，这本应十分正常。

如果这样的念头发生在一个高度注重平衡的组织中，很不幸的事情是，这样的念头会在第一时间被迅速打压下去。在大多数情形下，这种念头可能都不存在产生的土壤，是因为每个个体在这样的组织中是被高度定义化的，每个个体维持自己在一个复杂网络中的平衡也需要付出极大的努力，这种努力会给人一种幻觉，那就是组织之所以取得平衡全都是因为自己的高明判断和艰辛努力。从心理学的角度来看，人们必然会捍卫自己经过艰苦卓绝的努力才得到的东西，因而在这里，人们因努力维持平衡而越发看重平衡的价值，从而灭掉了一个产生自我意识的火花的机会，这样就陷入了一个意识被自我强化的循环。

从环境的外在机制来看，在组织中群体的力量是强大的。当每一个个体都以上述的自我强化的不断捍卫平衡的状态出现时，这种力量会被放大到一个极其惊人的程度，那就是每个人都会以抗拒和批判的方式来对待每一个可能会"不和谐"的个体。

如果这种变化的力量来自外部，比如说竞争对手推出了新的产品工艺给自己造成了巨大威胁（如同前文所述的桑迪公司案例一样），它本应成为一个为组织提供正反馈机制的良好机会，迫使组织不得不进行根本性的变化和革新。但正如我们在该案例中所看到的一样，预想之中的正反馈机制并没有真正发生。原因就在于，组织的平衡机制自发启动了，每一个部门的负责人都会从以自己为节点的中心出发来竭力维持周边网络的平衡，一个本应是从外部进入的巨大外力，就如同掉入蛛网的一个猎物，被盘踞在巨大网络不同地盘的蜘蛛们熟练地卸力并紧紧缚住，动弹不得，蛛网迅速恢复平静。

可怕的一面在于，每个个体虽然在事实上是竭力参与了对变化机会的扼杀，但他们在自我感受上却是在尽职尽责地维持着组织的正常运转。更为可怕的是，在实际工作中，管理层对此想当然的反应是我们应如何以更好的沟通和协调的工作技巧来应对周边的不和谐，也就是说，如何让自己更好地扮演一只有效捕猎的蜘蛛，而非去思考改变整个机制。在这种情形下，人们选择了一个错误的反应机制，从而让系统以被动的形式被保护和隔离起来，处在一个精心维护的平衡状态，失去了进化和成长的机会。

三、企业变革时强调自己的特色是合理的考虑吗

当变革发生时，基本的逻辑是认为既有的机制中存在不合理或跟不上环境变化的要求，企业希望发生改变。在笔者过往的咨询经历中，一个变革项目开始之前，往往都需要和企业的核心高管进行访谈。在这类访谈中，董事长或总裁们提出最多的一个要求就是"你们需要适当考虑我们企业的特色进行有结合的创新"。坦率地讲，这是一个顾问很不情愿听到的一个要求，并不是因为这个要求有多难以满足，而是因为这个要求提出本身，往往就意味着企业的管理者对变革的理解存在很大偏差，会导致后续项目推进面临重重困难。

每个组织个体当然是独一无二的，这一点毋庸置疑，我们从不会否认组织有着自己独特的特色，就好比每个人都会有着鲜明个性一样。越是优秀之人，可能会越显得特立独行，组织亦如是。不过，当变革发生之时，总裁们说要充分考虑自身企业的特色，传递的信息更多是要充分考虑企业原有的合理的部分，要做到变革与传承相结合。事实上，这也是另一句在高管访谈中被频繁提及的需求。

从变革的角度来看，界定原有的合理部分是一件非常困难的事情，这本身就不是一个足够开放的视角。如果把在变革开始之前要做的第一件事情确定为如何界定合理的部分，这件工作实际上是在要求进行预判。预判本身是完全违背开放性原则的，这是因为，只要做预判就必定需要先建立标准，而这个标准可能本来就是我们应当去打破的，本来就应是变革的目标。这样就会形成一个悖论的循环，要求我们以一个可能会不合理的标准去判断一个事物的合理性，那么，最终改变的反而可能是不应改变的部分，而本应改变的部分却被保留下来。

所以，在真正的变革项目之前，只有采取的态度是无条件的开放性，不进行任何对与错的预判，才能够以最大的可能性审视变革的程度，获得最大化的成长空间。

本章小结

- 分形结构是自然界中万物构成的一种基本结构，一般用来指事物的局部与整体的高度相似，以及局部可以按照相似的方式无穷向下分解。组织结构图高度符合分形图形特征。分形结构特征是高度稳定和内部存在简明的核心秩序。

- 在高度追求平衡的组织中，首先是充满界限的，每个组织的部件都有着自己明确的位置、功能、权限、关联关系等详尽定义，绝不可以搞错，部门之间也绝不可以跨越界限。

- 为了确保组织的运转在正常范围内，设计了一系列复杂的过程和结果性指标来进一步监控整个体系的健康度，人们把它叫作KPI。平衡计分卡就是这一思想下的代表性产物。平衡计分卡工具的广泛流行，也代表了人们对这一思想的普遍接受。

- 从物理学定义上来说，平衡是指系统内所有力的合力为零。对组织而言，平衡并不是一种最令人满意的状态，甚至恰恰相反。平衡的最终结果就是走向死亡。

- 主导当前企业经营最核心的思想是效率思维，也就是追求最大化回报。效率思维必会导致企业追求规模的最大化和成本最优，这就会导致平衡思维的盛行。而平衡又意味着零和的结局，这就构成了零和思维下的效率悖论。

- 规模越大的组织，必然带来越大的内耗，这是一个无可避免的规律。

- 对于一个组织系统而言，人们希望维持稳定性是一种本能的追求。为了便于观察和判断系统是否稳定，进而产生了正、负反馈和调节机制。

- 在系统调节机制中，人们过多地重视负反馈机制，而忽略了正反馈机制的作用。负反馈带来的是通过不断调节而获得平衡，正反馈机制则是不断产生噪声并提醒系统应当进化升级。

● 如果增加一个时间维度，从长期来看，一个看似稳定和处于平衡状态的企业，实则面临着巨大危机。平衡系统所自带的固有特质，会天然地妨碍创新的发生和变革的开展，从而导致企业失去自我升级的可能性，并将在未来被淘汰和死亡。

● 管理者的领导力特质是由业务的核心驱动因素决定的。传统意义上的管理者往往难以胜任变革和创新任务，原因在于其能力与环境的不匹配。

● 耗散理论为零和思维带来了很好的破局点和启发，为组织的持续发展开拓了全新的视野。耗散理论强调系统需要不断打破原有平衡，在此基础上重组和产生新的秩序，以此不断循环。人们认识到无序可以成为新秩序的源头。成长源于不均衡，而非平衡。

● 变化与秩序是一对奇特的矛盾统一体。变化是引发无序的开始，混乱是打破平衡后的结果，但混乱之中孕育着新秩序。

● 人类社会是在不断自我进步的，这个自我进步的动因往往是从内部产生的，是人类社会自我在主导。人们把这种自驱的组织方式称为自组织。自组织是组织变革的未来。

● 耗散理论和自组织理论要求组织具备以下三个核心特征。

（1）系统保持开放。

（2）保持不平衡。

（3）持续地从外界输入物质和能量。

● 创新是一种被驱动的能力，是被一系列源能力驱动的，例如抽象与概念思维能力、关联性思维能力、迁移性学习能力等。创新作为一种终极能力往往无法直接修炼，它需要源能力的支撑。人们对创新能力的认知偏差，导致了创新之难。

● 平衡是成长与创新的敌人。需要理解以下三点。

（1）组织或个体在保持平衡的情况下所获得的增长，并不是真正的成长。从进化论的角度来看，反而是在慢慢走向死亡。

（2）平衡会导致系统失去自我调节机制，无法自动纠偏，从而失去真正的成长机会。

（3）企业在变革时不应过多强调自身特色，这种做法是一种不开放的表现。只有采取的态度是无条件地开放，不进行对错的预判，才有可能获得最大化的成长空间。

第七章
赋能，而非控制

在当今的组织环境中，企业常常在"为组织赋能"和代表控制型思维的"组织均衡"理论之间摇摆。为组织赋能往往追求的是希望员工能够做到自驱、充分发挥自己的主观能动性，从而推动组织变革和业务模式的创新。但在控制型思维的主导下，我们采用的却又是典型的金字塔形的集分权管理模式、采用传统的层层向下授权的审批模式，组织运行的规则严重束缚了员工个体价值的释放。

控制式管理的困境

每一位职场人在踏入职场后所收到的第一份正式文件,可能就是从人力资源部那里领到的《员工手册》。这份文件从形式到内容,都已经高度标准化了,除了少数另类的企业外,绝大部分企业的《员工手册》可能连目录都几乎相同,从企业历程和企业文化开始,到企业的核心价值观和行为准则、企业和员工的权利和义务、工作要求和考勤要求、核心人力政策、违规违纪处罚等条例,一一列来。员工在主管处报到后,则会以书面或口头的形式接触到《岗位说明书》,其中详细列明职责、要求、考核标准等。

笔者至今还清晰地记得年轻时加入的第一家企业是一个大型高科技公司,在新员工入职培训时所接受的第一课是公司的"三条红线",列明了员工绝对不能触碰的三种违规行为,一经发现立即开除。这家企业一直都很骄傲地认为,"三条红线"的做法很好地保证了企业文化的纯正并大大加强了全员令行禁止的执行力。有很多其他企业也会有相似的做法。

相信绝大多数读者都会有与此类似的经历。一名职场新人在经历了这样一番流程之后内心的真实想法,在紧张和激动之余,更多的则是"森严、距离感、权威、有好多东西要学、我绝不能犯错"之类的感受。事实上,在这种感受的背后所传递的,是一种典型的控制型思维主导的管理模式。我们可以继续往下看,随着你慢慢熟悉工作并进入状态后,将接触到公司各类繁杂的规章制度、工作方法、与同事打交道的方式、向上级汇报的方式、碰到问题应向谁咨询、可以以何种方式申请资源,等等。对于一些内部情况相当复杂的公司,还会具体规定员工之间哪些问题可以讨论,哪些问题不允许讨论。从企业管理者的角度来看,他们是在尽全力描述这个组织系统运转的详细规则，员工应当如何严格地遵照执行。更确切一些描述，这是一种堡垒似的防御型思维模式，管理者全力思考的是让员工不能犯错。当然，对于一个设计完成度很高的大型组织而言，这样做有它的道理，我们可以如同欣赏一部超级复杂的精密机床在以令人目眩的精度准确完成每一个任务般，感叹它的效率和精准。在这样想象的画面中，员工是被当作无须有思想的机器来打造的，个人构成了组织系统的一个个构件，组织的运行方式也在不断地强化这一点，它构成了一个能实现自我强化的有效闭环。

有一个我们始终无法回避的前提是，无论在任何历史时期，各类组织都不得不暴露在外部的复杂环境之中，只不过时代的不同，环境变化的动荡程度有所差异。以控制性思维精密设计的大型组织会具有一定的抗风险能力，组织自身的刚性越强，就越能够抵抗大的风浪，不过对于绝大多数企业来讲，都将组织的发展方向集中到了不断提升自身刚性上。这样做带来的最大风险是，当内燃机技术出现时，你无论怎样去提升一辆马车的设计和制作精度，它也无法跑过一辆汽车，新的技术带来的全新产品，会如滔天巨浪一般彻底颠覆传统的东西。

在以数字变革为代表的新时代到来之际，当今环境变化的速度在急速加剧，不确定性加强成为未来的核心趋势，组织所面临的最大挑战，不应是考虑一味地加强自身的刚性和抗击打能力，而应该是考虑如何准确地识别未知风险，如何灵活应变以应对突然来临的颠覆性威胁。

并非总是有效的"授权"

在现代的人才管理中，我们经常在强调授权。人们通常是把加强向下授权这个概念当作加快组织敏捷性的一种有效做法，这反映出管理者已经在积极思考如何更有效地面对复杂变化的挑战。几乎在每一家大型企业的管理者内部培训中，"如何有效授权"一定是一门常设的热门课程，无论是培训者、组织方，还是参加学习的管理人员都投入了极大的热情和时间资源。不过坦率讲，以笔者的实际观察而言，授权这件事情在企业中罕有做得好的成功案例。管理者往往带有良好的授权意愿，但是在执行的过程中却总是有着极大的偏差，他们要么发现根本无法授权（因为总是无法信任下属），要么在授权之后还是会反复核查，反而把事情搞得更加复杂。毕竟作为中高级管理人员来讲他们并不傻，在一个以控制型思维为主导的组织中，工作的最终成果出了问题还是需要他们来担责的，并不会因为授权了就会免责。实际的情形往往是在授权之后，上下双方所承受的压力反而更大了。对于下属来讲，被授权之后不得不承担更大的压力来独立面对很多原本由上级承受的压力。而对于上级来讲，在授权之后一方面是担惊受怕担心下属把事情搞砸了，另一方面会因为必须对最终结果负责而不得不跳进来，但又没有第一时间介入反而造成很多被动。授权在实际的践行中容易出现这种双输的结果。

授权为何会失效？最核心的原因其实在于组织环境本身。我们的组织是基于控制性思维设计和建造起来的，在这种情形下，授权本质上是在缩短汇报层级，鼓励将更多权力下放，但这样做并没有改变权力分配的属性，即在划定你被允许做什么和不被允许做什么，只不过在授权的规则下你给下属画了一个更大的圈，圈内和圈外是权力的界限，每个人都站在一个自己努力画出去的圈外，以及套在一个更大的圈内，层层叠叠组合在一起的圆圈，构成了整个组织权力系统的分配，这是它核心的运转规则。

圆圈的大小，并不会从本质上改变组织的运转模式，它体现的依然是界限与规则，依然是汇报—反应式的。所谓的权力下沉，可能会加快一些组织的反应速度（在很多企业中反而会拖慢），但却无助于提升组织反应的灵活性。要知道，从授权的初衷来看，人们希望收获的是组织的敏捷，但仅仅通过权力的优化与重新分配，是无法达成这一目标的。包括授权会带来的组织扁平，也给人以这种敏捷的假象。只要依然是权力在主导，那么组织就还是一个权力的金字塔构造，虽然这个金字塔可能会扁平一点，但不会改变金字塔本身，权力金字塔结构本身所带来的组织特性也不会改变。

我们回顾一下本书第四章中关于网飞（Netflix）的案例中所谈到的"情景式管理"而非"控制式管理"，能够为如何做到真正授权并实现向一线赋能提供一个很好的范例。

在网飞的情景式管理中，管理层向下授权时画的不是一个圈，而是一个场域。区别在于，场域是由上级管理者所描述的核心规则和目标愿景所定义的，它并没有十分清晰且明确的界限，只要是与核心规则和目标愿景相吻合的事情，员工都可以获得完全的授权去做，无须申请。场域所提供的是一个完全开放和包容的概念，这样在面临新的变化和突发事件时，员工只需要判断解决方案是否与核心规则相违背，只要答案是否定的，员工就可以自行做决策。很明显，在传统的授权模式下，如果碰到突发事件，员工是绝不可以擅作主张的，他需要一层一层汇报上去，等待上级的决定和指令，这样就一定会大大拖慢决策的效率和速度。

网飞 CEO 哈斯廷斯说，在网飞高层的领导不是用来做决定和审批的，因为不可能会有比一线员工更了解业务的实际情况的人。那么，我们为什么还要让管理者来代替一线人员来做决定呢？并且，管理者通常在他所需要做决定的事情上花的时间，可能还不到真正了解事情真相的人所花时间的十分之一。哈斯廷斯提出的管理理念认为，管理者真正应发挥的作用不是做那个金字塔的塔尖，而应做一棵参天大树的树根和主干。树根和主干所提供的核心作用是支撑和决定大树生长的方向，至于枝叶如何生长，只要在这棵大树所覆盖的场域之内，完全由枝叶自己来决定。管理者的价值，是为团队指明方向、描绘一个所有成员都能够清晰理解的成功愿景，提出一个大家都愿意接受并奉行的核心原则，以及当发现团队中有人出现偏差，能够及时纠偏并带领团队回到正确的方向上。无疑，网飞的这种做法是一种真正的赋能，实现了真正的一线决策，员工自己承担结果。事实上，哈斯廷斯将这种管理理念称为"成年人文化"，他说，我将每个员工都看作独立的成年人，他们不是孩子，只有孩子才需要夜出时跟家长汇报并得到批准，成年人则不需要。成年人需要的是自己为自己的行为负责。在这种理念下，网飞的每一个员工都能够发挥最大的主观能动性。

新环境所带来的能力错配

人类在漫长的进化过程中所学习和具备的能力主要是由环境决定的。环境特质的不同提供了一个非常清晰的刺激信号，要求人类只有发展出相应的能力才可以很好地在该环境中生存。这一规则不仅经得起时间的检验，它也能够在世界上的每一个角落得到验证。美国著名的人类学家贾雷德·戴蒙德在其经典著作《枪炮、病菌与钢铁》❶中详细论证了这一问题。促使戴蒙德对这一研究领域感兴趣的起因在于，他于1972年在巴布亚新几内亚地区研究当地鸟类的演化时，发现新几内亚地区在两个世纪之前还几乎停留在石器时代，在随后的200年中白人开始了对新几内亚的殖民，但该地的白人和当地人的生活状况仍然存在着天壤之别。于是，当地人中有人向戴蒙德发问：为什么白人们能够带来更加先进的文明，而当地黑人则什么都没有？这个问题启发了戴蒙德思考并最终通过他的著作表明了他的观点：先进文明之所以能取得发展上的优势并非因为文化和生理种族上的差异，而是来自被各种不同正回馈循环强力扩大的环境差异。

戴蒙德的著作成书于1997年，他的研究眼光重点关注在从13000年前至约300年前这一时期内的人类文明史的演变。在戴蒙德的研究视野中，环境因素的巨大差异导致了世界各地文明发展进程的巨大差异。不过，在进入21世纪以来，情况发生了很大的变化。2006年，美国人托马斯·弗里德曼撰写的畅销书《世界是平的》❷提出了一个著名观点：由于科技的进步与社会协定的交合，世界正在被抹平。弗里德曼进一步指出，这个趋势是不容阻挡的，它反映了社会的进步，人们应当努力拥抱它。在今天，由于移动互联网技术的快速进步，以及大数据、人工智能、云技术等的飞跃发展，地域和空间所带来的差异和影响进一步缩小，世界不仅变得更平，也变得更"小"和更"紧密"了。这在事实上会带来一个相当尖锐的问题，那就是我们应当如何选择自己的发展路线以获得未来的竞争优势？这就好比我们又重新回到了戴蒙德所指出的13000年前一样，那时全世界的人基本上处在同一个起跑线上，谁跟谁比都不会领先太多（都处在石器时代，处在氏族和村落群居的年代）。现在因为科技的发展又重新抹平了人类发展的地域差距，在下一个10000年中（应该远远用不了10000年），谁又将取得优势将其他人远远地抛在身后呢？

---

❶ [美] 贾雷德·戴蒙德. 枪炮、病菌与钢铁 [M]. 王道还，廖月娟，译. 北京：中信出版社，2022年。
❷ [美] 托马斯·弗里德曼. 世界是平的 [M]. 何帆，肖莹莹，郝正非，译. 长沙：湖南科学技术出版社，2008年。

在我们面前徐徐展开的未来新世界将具备一些过往未曾被注意到的新特质。这些特质因为科学理论和技术发展方面的突破带来的加持，在未来将会以越来越大的比重成为影响世界发展的主流趋势。在其中，量子理论和混沌理论的出现，对人们认识世界的方式产生了不可估量的影响。量子理论的奠基人尼尔斯·玻尔和沃纳·海森堡指出：人们应对过去已有的一些概念做出重大的改变，如空间、时间、物质、物体、因果等。这些要素是我们感受世界的基本要素，所以改变这些概念无疑是令人震惊的。在新物理学家的努力探索下，人们认识到量子的世界是如此地不同：量子的不连续性、量子跃迁、量子能跨越物理距离的限制、粒子间的奇特的相互关联方式、瞬间的微小波动最终形成剧烈的变化等。事实上，这些已经不再仅仅局限于深奥、晦涩难懂的前沿物理现象，一些富有远见的管理科学家的研究指出，量子物理与混沌理论的新特征已经大量出现在新组织的自发形式或相关主动探索之中。

在量子世界中与传统物理最大的一个区别是：量子世界中的个体与整体之间的相互关系发生了改变，单独的个体或局部不再被孤立地看待，关系是决定万事万物的关键要素。如果我们以量子理论的视角来看待事物，里面的各种联系和现象都不能简化为简单的因果关系，也不能通过孤立研究各个组成部门再来解释总体，最重要的是认识这些连续运转的动态过程，了解这些过程最终如何影响到人们的组织行为。

对比来看，在传统的组织管理理念中人们依赖的是通过精密的局部与个体设计辅之以同样精密的传动机制，这样的逻辑强调的是对个体的关注和个体在总体中合理的安放，这也是典型的还原论思维与分解思维。当我们发现组织的整体出现问题时，第一反应往往是拿起放大镜以逐一分解的方式去详细观察每一个组成部件，看看是不是哪一个部件的功能损坏、性能下降，或者传动系统需要重新设计和优化。这是在传统的管理世界中最为常见的场景，这样的场景决定了我们需要什么样的管理者，并进而专注于培训他们具备何等的能力。很显然，在这样的环境中，问题的分析与解决能力、严格的执行力、目标管理与分解的能力、计划的制订与达成的能力、精益求精和追求卓越的能力，这些都是当今优秀管理者的定义要素。我们需要注意到，按照这样的画像下来，这种类型的管理者将是典型的控制型思维下的产物，他们被训练和培养出来有能力去设计、维护、持续优化一个超级精密的大型现代化组织。这样的能力特质越出色，他们就会得到越高的社会认可。

但是，在不确定性逐渐增加的未来新世界中，情况已经发生了变化。具备量子特征的组织特征将是柔性的：边界不再清晰，各部件之间的关联也不再局限于以固定线条连接的方式进行合作，个体的力量因网络效应可能被无限放大，不再是一个被清晰观察和检测的对象，而是一个动态的有无限想象空间的超级自驱因子，它能够完成自我学习、自我净化和升级，并促进系统的整体进化完成。

在这个新世界中，个体最需要的能力不再是分解、执行与计划，而是如何能够自适应、自驱和自成长。从组织的角度来看，最重要的不再是要求控制、平衡和精准，而应是提高敏捷以加强对不确定性环境的适应性，提高在混乱中找到和建立新秩序的能力。从新旧比较的角度来看，两种不同的商业环境要求的是两个截然相反的方向的能力。在传统商业环境中，你需要的是控制与执行；在新的世界中，你需要的是打破和不断自我重塑。在这两种能力之间是很难平顺转换的，这正如你很难奢望只会踢正步的士兵，转瞬之间就能具备强大的野外生存和作战的能力。如果直接将传统意义上被培养出来的管理者放在新世界之中，这将是一种严重的能力错配。

考虑到能力培养的长期性，短时间内根本无法完成新能力的学习，那么，对于那些没有提前准备的企业来讲，在新世界突然加速来临之际，就会显得无比被动。

未来充满不确定性这一特质还将带来另一个重要影响，那就是你很难预测明天，也很难以传统做规划的方式去筹划和定义组织未来的模样。未来的"自流动"特性决定了未来可能会以最出人意料的方式出现在我们的面前。在这种情形下，真正重要的，是让管理者应当具备一种能主动适应"自流动"的自适应能力。能够支撑这种自适应能力的，是个体能够通过不断调节自我状态、灵活获取新能力的能力。从组织的角度，我们应当全力打造能够帮助个体主动获取新能力的环境，我们把这种新的且重大的组织功能称为"赋能"。

赋能，致力于打造个体持续获取新能力的能力

给员工赋能是当今非常流行的管理概念。在对赋能的理解中，"授之以渔"是一种有代表性的理解。但如果对照我们在上面对赋能的定义来看，"授之以渔"的理解还只是一种比较初级的定义。

在一个复杂的运转系统中，当员工发现了一处问题，向他的直接主管进行汇报。主管在员工的带领下来到现场，经过分析和诊断，从自己随身携带的工具包中取出一把锤子，快速排除了故障。这时，主管认为应该提升这名汇报的员工自己解决问题的能力，即教会他如何有效使用锤子自己来解决问题。这就是我们通常所说的"授之以渔"的概念——让员工自己掌握相关技能，从而解放管理者可以腾出手来去做更有价值的事情。

在这个逻辑中，优秀的员工会以更快的速度掌握更多的技能，他们的随身工具包会很快地丰富起来，会给人一种他们在变得更加强大的感觉。核心员工和管理人员在被安排越来越多的技能和工具类的培训，组织在不断地武装他们，这也是一种授之以渔。但这种做法改变不了一个核心问题，那就是当他们熟练使用各类工具解决问题的时候，也是在不断强化一种固化的思维模式和因果关联：某种问题最好用某种最合适的工具来解决。只是一旦碰到前所未有的问题，这样的新问题在以往的任何教导中找不到丝毫与现有解决方案的关联。即便管理者意识到需要解决的新问题需要某种新的技能或工具，但对不起，他没有被训练过。

所以说，"授之以渔"看起来很美好，但事实上是在强化管理者对既有解决方案的依赖程度。真正的赋能要解决的问题，是应该让管理者能主动识别和寻求新的能力需求点，以自驱的方式主动学习和改变自己，实现知识结

构、技术与能力的迭代，以有效应对混乱的世界。这样的管理者，是不会被动地等待被"授之以渔"的。赋能不再是简单地"使你能"，而应是使你具备不断自我升级的能力。

赋能应当是一个复合的组织功能，它难以靠某一个单方责任人来发起，它需要所有相关方的高度承诺和主动参与，创造一个适合催生赋能文化的土壤，提供能够有效激励赋能的机制。对于一个组织中真正有效的赋能来讲，它有三个核心要素，分别是适宜的文化、相匹配的激励机制和提供参与式管理与自主决策。只有具备了这三个驱动型要素，才能够使得管理者做到以自驱和自适应的方式去改变自己和改变整个组织。

核心要素一：适宜的文化

企业文化是CEO、总裁及各级管理者极其钟爱的一个管理工具。无论是高调还是低调，利润蒸蒸日上还是苦苦挣扎在破产边缘的企业，有着核心技术优势的高大上科技公司还是以资本逐利玩转一级、二级市场的资产平台，所有类型的组织的管理者都会把企业文化打造列为一项重点工作。

基本上绝大多数的企业在打造企业文化时都会做的一件事情是尝试将其信奉的企业文化"规则化"和"具象化"。在这种管理思路下，各种企业文化小册子、办公区域内随处张贴的企业文化海报与墙贴、会议室里精心设计的企业文化小摆件、员工座位上的玩偶、统一设置的电脑屏保程序等，几乎所有的企业都在做这些事情。管理者说应打造一种浸润式的企业文化，让企业的管理理念以无处不在的方式来感染大家，进而影响和改变员工的行为。

这样做的逻辑背后是基于"企业文化是指导员工行为的一系列行为规则"这种理念的流行。比如说，笔者作为顾问曾经很多次接到客户的需求是为他们设计一本专业的《员工行为手册》。在这样的册子中，企业会详尽地列出公司奉行什么样的价值观、在该核心价值观下可以分解为哪几种文化要素、每种文化要素下所鼓励的行为和表现不当的行为是什么，并且会举出各种好的和不好的范例，不可谓不用心良苦。管理层希望采用这样的方式来传递信息，让员工清楚地了解公司的企业文化是什么，按照给出的指导手册去

第七章 赋能，而非控制

执行，就可以打造出相应的文化。

这样做有效吗？以笔者的咨询经历来看，可以说但凡是有着独特且优秀的企业文化的公司，其成功之处一定不是通过这种形式建立起了所期望的文化价值观（虽然说以上做法也会在这一类公司里常见）。反观那些在各类企业文化宣导工具方面花费极大精力的企业，其员工的实际行为与管理层所倡导的价值观往往相距甚远，甚至有些地方会背道而驰。

有一家历史悠久的行业领头企业，经营十分稳健且财务表现一贯出色。其董事长敏锐地感知到行业未来可能发生的不可预知的竞争性风险，担心企业在未来的某一天被新势力突然颠覆掉，因而在企业内部发起了一场声势浩大的"文化再造运动"。董事长希望打造的新文化兼具"自驱"和"创新"两大核心特质，希望一改公司过往稳健运营的传统风格。董事长先后发起了集团内部多次的文化大讨论、新文化征文与演讲大赛、公司内网的新文化专栏、全员参与讨论与定义新文化的内涵、撰写并发布新文化小册子，等等，将当年定为公司的"新文化年"，可谓是轰轰烈烈。但是，一年过去了，该公司原有的传统文化底色基本没有什么变化。董事长投入巨大精力倾力推动的文化再造，并没有起到什么真正的作用。也许管理层在向董事长汇报工作时会使用上大量的新文化用语，比如说"某基层单位在自驱方面勇于创新，大胆走出了新模式，取得了良好的效果"。但事实上，大家都知道这并没有什么实际意义。

不过这样的发现一度让笔者也十分困惑。关于"企业文化"这个词似乎天然就带有一些管理上的悖论。一方面所有人都承认企业文化极其有用，但另一方面几乎又没有人能够清楚地阐明它是如何具体地发挥作用的；一方面那些优秀的企业向公众展示着它们漂亮的企业文化小册子，告诉大家它们是如何让企业文化深入人心的，而另一方面又有大量的企业努力制作着预示未来寓意深刻（实则千篇一律）的企业文化手册和各种宣传工具，但实际的企业文化却缺乏灵魂或根本得不到认同。

有一种观点认为，企业文化本身是一种很空的东西，如果单单用一些空洞的口号或者一些浓缩后的教条似的语录，不仅对员工来讲难以理解和遵照执行，而且，对于管理者来讲也会造成理解不一致、缺乏指导性并进而影响效果。这就是为什么企业都会致力于将企业文化具象化和规则化。一种看起来很空的东西，偏偏没有人会质疑它强大的作用，这就有点哲学的意味了，神秘、难以捉摸和理解。

采用一些高度浓缩、意义深刻、发人深省且闪闪发光的短句或词语作为企业的核心价值观，使用精确的解读语言进行定义和分解，使用大量经过专业修饰的行为描述语言来提供行为参照，以便于员工在日常工作场景中辨别、执行与纠偏，在大量练习之后，就会掌握新的企业文化要求。这是管理者期待会发生的事情。在这背后，是一种典型的规则思维，也就是说，采用规则的方式提出来，企业期望你做什么和不做什么，什么是对的和什么是错的。

在规则思维之下带来的最大问题是，员工会觉得"这些是你期望我做的，那我照做就是了。公司说'永远让客户满意'是企业文化，还说面对客户要永远微笑，那我就在所有情况下都对客户微笑"。那么有多少次，你在走进一家家精致店铺，店员向你展露着标准的制式微笑时，你能感受到真正的亲切与温暖呢？如果你认真地观察其中的一家，发现物品陈设干净整洁、灯光照明考究、店员衣着与举止标准得体，一切都井井有条，显示这是一家管理良好且员工培训有素的店铺，可是你总是觉得好像有一些不对劲的地方。如果一定让你指出什么细节有问题，你可能也觉得没什么头绪，但你就是感觉不太对劲。你并没有在这家店铺感受到舒适和满意。相信很多人都曾经有过类似的感觉和经历。

文化本应是一种很柔软的东西。但无论你采用何等细致的笔触去详细描绘管理层所期望的文化，它最终形成的一定是一个具体的有边界的东西。以有形的方式去描述无形，注定了会很吃力且难以传神表达。文化是需要员工身体力行的，实际的工作场景无法进行穷尽描述，所以无论何等详尽的文化行为手册都无法提供应有尽有的员工行为指南，这就意味着始终都会有大量的需要员工自行决定举止的情形出现。企业关于员工行为的规定越是繁复细致，员工对标准化文化指导手册的依赖程度就会越高，这样就会大幅降低员工的灵活应变能力，并将永久性伤害员工的主观能动性，他们会觉得做好公司规定的内容就好了，因为这已经很不容易。

第七章 赋能，而非控制

玛格丽特·惠特利对文化的定义很特殊。惠特利从量子理论那里找到了灵感，认为文化是一种"场"，她借用了量子物理的概念来解释："空间是宇宙的最基本组成部分，世界上最多的东西就是空间……原子中的99.9%的空间都是空的。我们能够接触到的每一种事物，包括我们的身体，都是由这些空的原子所组成的……在量子世界里，空间发生了奇妙的变化。空间不再是'空'的。现在，人们认为空间充满了场，是不可见的、非物质的影响力，是宇宙的基本组成部分。"

"场"具有的很多特点都能与"文化"的一些特殊特性对应起来，并很好地解释之前的一些看似矛盾的悖论属性。

首先，从量子物理的角度来观察"场"，它看起来应该是空的，但事实上并不是。在亚原子粒子之间有着神奇的作用力，这种作用力会形成能量场，是一种无形的影响力，甚至有着超距作用。粒子是动态存在的，在能量场的作用下又可能发生不可预测的变化，导致粒子间相互作用的复杂化，并进而影响到场的变化。人们对事物的感知其实不是对物质本身，而是对构成物质的"场"的感知。从这个意义上来看，为了更好地理解"场"的概念，我们可以把它想象为一种介质，通过这个介质本身来理解事物的本质。如果用同样的逻辑来理解企业文化，我们就可以说企业文化是"空"的，但它也不是。企业文化对人的影响力不是在靠企业文化载体的那些文字和宣传材料，而是靠这些东西所定义而成的一种场域，这个场域散发着持续的影响力，规范着场域内所有人的行为。

其次，"场"具有的第二个特性是它应当有一个相当稳定的内核。这个内核应当是简明和强有力的，它定义了场域内的秩序。越是简洁的东西就会越趋近于某个概念的本源，因而也会越强大，并且，它会具有很好的扩展性，就好比在某个地域内建立起一个强大的发射塔一样，稳定地向四周发射着信号，信号覆盖之地均是被改变的对象，而这种改变都是发生在无形之中。发射塔的传播效率，就要远高于人手一本小册子。

所以，我们看待企业文化，应当摆脱传统的"物"的思维模式。我们不应局限于将企业文化物化为可以传播的文字、图片或任何传统媒介的形式。如果坚持这样做，就会受缚于"物"，员工很难超越对物化后的文化的理解，他们往往都是在尽力去执行。也是因为对文化的这种"场"的特质的理解不够充分，导致在执行中形式大于内容，并最终导致企业文化只存在于一场场的运动口号之中。

最后，"场"的第三个特性是粒子本身的动态不确定性、跃迁、超距作用、粒子间的相互关联等。粒子的不断变化在不断重塑着"场"，而并非粒子单纯地接受着"场"的安排。随着数字时代的到来，每一个参与到企业文化场中的个体也在发生着巨大变化，他们具有着远超以前的个性化、渴望实现自我价值，因为网络的连接使得个体之间的联系大大增强，这些都意味着个体会在更大的部分改造和重塑文化。所以在未来的时代，我们不应当再谈用文化来改造员工，也不应当再谈"新员工入模子"这样传统的模式。当前应当是充分鼓励员工对企业文化的自创造。

当我们谈要给员工赋能时，关注点不再是为员工装备各种技能，而是使员工具备不断进行自我升级的能力，这个转变的一个关键是，员工从被动接受转变为自我驱动。关于企业文化的"场"的概念的理解，能够很好地加速这一转变的进程。

因为"场"的存在，赋能不再是一种说教，不再是一长串的等待管理者参加的各类培训清单，不再是衡量各类管理工具掌握的熟练程度，也不再是对管理者额外承担的职责、任务和工作量的衡量。赋能应当更多是在组织内明确一些简明但有力的核心规则，在核心规则允许的范围之内，每个组织中的个体会充分参与进来，在工作中尽情发挥的同时也会因个人影响力的加入而对整体施加影响。当个体没有积极参与，粒子会变得消亡。为了维持物质的不灭，个体会在这个新世界中通过自我参与和自我迭代找到自我价值。这个就是我们所讨论的赋能的真正意义所在。

核心要素二：相匹配的激励与评价机制

如果要做到员工持续的自我驱动和自我升级，组织需要提供一种合适的反馈机制，以确保为员工提供适当的激励动机以促使员工能够做到真正的自驱。但事实上，现行主流的激励与评价机制，并不鼓励这一点。

第七章 赋能，而非控制

当前企业中盛行的是"评价+激励"模式。这里面包含了对岗位的评估，决定了岗位价值，从而决定了基本薪酬部分；对人的能力的评估，决定了人力资源中的常见术语"人岗匹配度"的价值；再加上对业绩表现的评估，决定了对员工的短期激励，即奖金部分。以上三者合并到一起，构成了对一名员工的完整激励。

在以上的模式中很明显是以"评估"作为核心逻辑的。在当前企业采用的各类复杂的评估方案中，精确性与平衡性是核心主导原则，精确与平衡在本质上反映的是控制型思维，这也反映了当前企业运营的主体经营思想与管理理念。而在控制型思维的主导下，很容易理解这很难产生真正能鼓励员工自驱的动机。

如果想要激发员工的自驱力，从根源上来看，其实是对员工个人价值实现的最大化激发，这里面强调的是个人价值的认可和实现。如果一名员工在组织中的定位始终是控制性组织中的一个构件，标准化流程和严格的考核下不允许任何个性化的成分和系统偏差出现，那么是无法做到对个人价值的尊重的，从而也不太可能做到让员工自驱。因为这是一对相背离的逻辑。

以各企业盛行的 KPI 考核为例，无论是否采用平衡计分卡的模式，KPI 考核都注重对本部门或职能指标的分解，注重指标间的平衡性和承接性，设定指标的准确目标值和允许的偏离范围，给出准确的计算方法和可靠的数据来源，对指标的完成情况设定周期性评估的机制。如果一旦出现了指标完成异常的情况，也会有相应的预警和干预机制启动，以进行及时纠偏。这一套模式几乎适用于所有行业。也正是在这种模式下，企业管理的控制性思维与平衡思维走向了极致。

最近数年来关键结果领域（Objective and Key Results, OKR）管理模式突然变得火热且极其流行，不仅在互联网和高科技公司中有大量企业开始采用，甚至有相当一部分的传统行业企业也开始引进和采纳 OKR 模式。OKR 模式之所以突然之间大受欢迎，一方面是因为率先采用这一模式的谷歌、英特尔等顶尖互联网和高科技公司的大力倡导，另一方面也是因为 OKR 代表了一种创新的思维模式与管理思想。尤其在人们厌倦了数十年来传统的 KPI 考核思想的情况下，OKR 犹如一股清风，至少给了人们一探究竟的新奇思维冲动。

不过，从实际的使用效果来看，有很多企业在应用OKR模式方面会碰到大量的问题，效果并非十分理想。

我们先简要回顾一下OKR工作法包含的几个核心要点。

首先，O表示目标，你需要为组织或个体设定一个具有挑战性意义的核心目标。这个目标应该能激发起人们主动去实现它的斗志。

其次，Key Results（关键结果）是用来衡量如何达成了你所设定目标的关键领域或者关键事件。这些关键结果必须与目标之间有着非常紧密的关联。

最为关键的一点在于，几乎所有成功实行OKR体系的企业都会推荐说OKR能够帮助实现真正的赋能，让员工变得真正自驱，能够最大化地创造价值，并支持企业的创新与变革。考核其实不是目的，通过创新与变革达到持续的成长才是目的。

那么，衡量一个有效的OKR体系的关键点在哪里呢？

一、目标应鼓舞人心

传统的KPI设定很难说是鼓舞人心的。无论是谁在每一个绩效目标设定周期开始之前，面对着通常是10~20个密密麻麻的绩效指标，都是一个让人头皮发麻的状态。事实上，在每一个指标设定上，上下级之间的博弈都是一个传统保留节目，会在每个年底、季度末甚至每个月末上演。目标设定得太高，则意味着你的奖金可能受损；但目标设定得过低，你的上级则一定会很不开心。

但是在OKR体系中，关于O的设定通常是类似于"我们希望在本年度末，将A产品的市场占有率做到本地区第一"，或者是"在××时间点之前，我们的线上部分一定要与客户见面"。这样的目标不是一个个冷冰冰的数字，比如说收入要增长多少、利润多少、客户满意度多少，而是一个以核心事件为主体的关键里程碑描述，这个描述，通常是会让整个团队都心潮澎湃并高度认可的。没有人会不希望新产品在某一个目标时间点上能准时上线，大家都会同意为了这个目标而全力以赴。但是在一张复杂的KPI计分卡上，人们是很难找到这种激情的。

二、始终确保团队聚焦在最重要的目标之上

一张典型的平衡计分卡，包含的往往是一系列复杂的指标。虽然各类指导语会反复强调将 KPI 的数量控制到 16 个以内，但各级管理者在制定 KPI 的时候都会有一个强烈的冲动，希望能够把更多的指标塞进去。这种冲动其实很容易理解，KPI 作为典型的控制性思维的产物，管理者在面对一张复杂的 KPI 表格时，就如同在掌管一个有着密密麻麻指针仪表盘的操作台一样，这个操作台能够提供的信息越完整，管理者就越能够有一种一切尽在掌握的感觉。不然的话，如果指标缺失，带给管理者的就会是失控和缺乏安全感。

在 OKR 体系中，这个问题要简单得多。一般来讲，目标最好是只有一个。如果对于非常复杂的组织团队，这样的目标也绝对不要超过 3 个。精减之后的目标带来的最大好处就是高度的聚焦，团队所有人都非常清楚对组织而言最重要的事情是什么。在过程中无论发生多么大的变化、突发事件或挑战，都不太会让团队失去目标。

三、目标的达成来自自下而上的驱动，而非传统的自上而下的分解

KPI 体系是一种典型的自上而下的分解，这在管理中几乎已经成了一个定理。之所以是这样的逻辑，是因为最上层的 KPI 通常来自战略，而战略又是控制型思维中预测与计划的产物。战略决定组织目标，大的组织目标决定了小的组织目标并层层向下分解，这是多年来公认的游戏规则，无人质疑。这样的逻辑在当前高度不确定性的背景下开始显露出一些不合时宜之处：因为环境等因素的巨变，常常会导致企业战略的不确定性和经常需要进行大幅调整。但原有的严密的金字塔似的从战略到指标的分解是一个极其复杂的系统。在系统前端的每一个重大调整都会带来后面整个系统疲于奔命的修改与努力跟上。当环境的变化过于激烈、战略屡屡调整并始终处于试错阶段时，就会导致传统的 KPI 分解模式的崩溃与失效。

在 OKR 模式中，目标的设定实际上是同时来自两端的。如果说从动态维护与更新的角度来看，目标的调整会更多地来自下端。在一个 OKR 周期的进行过程中，如果在节点上出现了阶段性目标没有达成的情况，往往应该由下级就团队的实际情况提出一个更切合实际的冲刺目标，这些冲刺目标能够重新聚焦团队的努力，带领大家完成新一轮的冲刺，并以此形成循环。在

这种模式下，其实是真正的一线团队在对目标负责，一线团队真正清楚地知道项目的进展、所碰到的困难与挑战，知道什么样的目标能够让大家重新燃起激情。上级所需要做的工作，是提供指导意见和帮助，并负责将团队目标与大的组织目标对齐。所以，从根本上说，在OKR模式中，目标的完成是自下而上进行驱动的，真正的驱动源泉来自一线。这与传统的KPI模式正好相反。

四、定期回顾OKR模式，不是为了过程控制，而是为了重新冲刺

无论是OKR模式还是KPI体系，定期回顾都是一个必定要求发生的动作，回顾周期则依工作任务的性质而定，按月度或季度进行，在这一点上并无区别。不过对于KPI体系而言，其回顾的目的主要是确保每个指标的每个关键节点准确达成，找到差距点，分析产生差距的原因，制订整改计划，以更好地达成整体目标。这个过程中强调的是过程控制，以确保整个事物发生的轨迹是严格按计划进行的。即便在过程中发现计划需要调整，那么在调整计划之后，整个评估系统实际上评价的依然是一个计划达成率。

在OKR模式中，情况则有所不同。首先，因为在OKR中目标的设定就要求了需要具备相当大的挑战，这就意味着有一定的概率这个目标是无法达成的。其次，在定期回顾中，检视的重点并不在于差距在哪里，而是去看大家是否已全力以赴，是否已充分调动了所有资源，是否需要重新设定一个更为合理的目标（也许是一个更为大胆的目标）。在OKR模式中进行定期回顾的主要目的是下一轮来一个更加尽兴的冲刺。

五、对齐一致，关注任务的达成，而非考核本身

严格来讲，现在大多数企业运作的KPI体系，管理层已经将太多的关注点放在了考核这件事情上，而忽略了考核是为了服务于目标任务的达成的。举例来讲，太多的管理者因为担心KPI指标无法按计划达成，将工作的重心几乎都放在了如何调整数据的表现，在不同权重的指标之间进行权衡和妥协，和其他相关部门进行利益妥协的协商，以争取让本部门最为关键的指标能够更加好看一些，诸如此类，已成为常态。当事情发展到这一步时，KPI

考核体系已经在事实上偏离了正常轨道。

对于OKR体系而言,在评估所有人的目标达成情况时,人们更关注的是什么原因造成了不同人员或不同任务线之间的进度不同,分析为何会发生团队在齐心努力的情况下目标仍未达成的障碍因素。人们的关注点并不在目标考核的方式是否合理上,也不会去关注如何通过技术性调整让某个指标的数字显得更加好看一些。因为对任务的聚焦性关注,OKR模式能够更好地调动员工的参与性与积极性。

六、与激励的关联

寻求奖励的内在动机是人们能够不断地调整自己并迫使自己不断进步的一个核心驱动因素。正是这个原因,设计一个科学、合理的评价与激励机制是所有管理类学者、企业家、人力资源专业人员和企业各级管理者所孜孜以求的核心内容之一。

毫无疑问,传统的KPI评价体系是与奖励制度紧密挂钩的,所有员工都知道他们的奖金丰厚程度直接取决于指标的完成情况,如果达成率非常糟糕,甚至会导致他们失去工作。在这种评价制度下,好处是所有人都会高度紧张并全力投入,但带来的弊端也很多,比如上下级之间会陷入对目标设定高低的无止境争吵和博弈,甚至会出现由于某种默契的达成导致各个个体的目标都达成了,但组织的整体目标却严重落后的情况。由于与激励的强关联,人们对奖励的无止境追逐导致了对"挑战性任务"的忽视、妥协和牺牲。

在所有关于OKR模式的指导性书籍中都会指出一条,那就是一定不要将OKR模式和奖励硬性挂钩。这差不多是OKR模式实施规则中最为关键的一条。如果有组织这么做了,那么之前谈到的所有关于OKR模式能够带来的益处都会被吞噬殆尽。企业在实施OKR模式的时候要更多地将它当作一种目标看板或者任务聚焦管理的利器,与传统的绩效评价系统区分开来。

因为OKR体系的以上特性,它更加适合用在一个致力于"赋能"的组织环境之中。我们已经讨论过,如果要做到真正为员工赋能,必须是能够激发员工内在的动机,驱动个人去主动学习和升级自己的能力,才能够更好地应对日益复杂的未来环境,才能够激发员工源源不断创新和变革的动力,去主动改变环境。如果采用传统基于控制型思维的KPI考核法,就会变成组织在不断迫使员工走向对抗，个人会变得越来越封闭和拒绝改变，因为不断改变自身不利于稳定的 KPI 目标的达成，并伤害自己的实际利益。

从激励的角度来看，畅销书作家丹尼尔·平克在他的《驱动力》一书中也写道：在未来，我们需要更多的创新和变革的推动。要做到这一点，我们无法依赖传统的外在动机模式，即提供"如果你做到……那么你就将获得……"这种因果式的激励方法。传统方法无法激起人们内在的激情和提升个人价值的实现这样更加高级的目标。我们应当转向以内在动机为主的模式，激发人们对挑战更高目标任务的愿望、激发人们专精、自主和掌控自己命运的愿望。在这种激励模式下，人们会迸发出暗藏的能量，渴望去改变自己和改变世界，实现个人价值。只有在这样的环境下，组织才能实现"赋能"的目标。

核心要素三：参与式管理与自主决策

在传统的组织架构里面，每一个个体都是以清晰定义的角色存在的，就好比组织结构图中以各种清晰的连接线表示出来的一个个方块一样。人们会用习惯的方式对职能、部门、每一个岗位所应承担的职责和权力都进行清晰的定义，以此来指挥组织中大大小小的部件精密地运作。在这样的一种典型组织环境中，管理者还喜欢谈到的一个概念是参与式管理，大意是说鼓励组织之中的民主意识，让每个员工都能参与重大的决策，这样可以提升组织成分的多样性，并提升集体决策的智慧程度。这样的管理意图是好的，但这也是另一个常见的不太容易见成效的管理尝试。

当职责与权力的界限被每个人都当作其工作开展的唯一合法依据时，所有逾越的尝试在事实上都会受到各种形式的惩罚。这种惩罚机制已经与环境无比融洽地结合在一起，成了一种自动反应机制。如果你不小心踏入了别人的职责领域，这就有了"越位"之嫌，他人会视你为威胁。如果你自作主张做出了本不该由你做出的决定，那么你的上级会因此而恼怒，认为你大胆且僭越，毫不懂组织规矩，因此失去他的信任。在这种情形下，当管理者谈"参与式管理"时，他们究竟想要的是什么呢？

也许，管理者真正想要的东西是下属做出那种看似大胆，实则无伤大雅的决定；下属最好是能给出超出其本职范围的新奇建议，但决定还是由上级自己来做；下属能主动探索未知区域，但能很本分且自觉地控制在上级能够有效控制的范围之内。总之，就是不会出什么大乱子，不会超出组织所设定的控制范围。所以，在绝大部分的传统组织之中，如果管理者一心想要建立起员工参与决策和提高员工主观能动性的文化，组织的运转规则实际上是与此相违背的，这就是为什么我们说大多数企业的类似尝试都不会取得好的效果。

现在有很多的互联网公司摒弃了传统的组织架构理论，在组织中真正起作用的是项目制的工作模式，大大小小的项目都是以相对独立的业务单元存在，每个业务单元都是事实上的产品经理负责制或项目经理负责制，比如早期的百度、现在的字节跳动这些代表性的互联网公司，都是采用的这种组织模式。这种新型的组织模式在事实上打破了传统职能架构式的组织设计理论。在一个典型的互联网企业中，一个大型项目可能有高达数百人同时工作在一个团队之中，他们围绕在项目经理的周围，以 Scrum（敏捷软件开发模式，也用来指当今一种流行的敏捷项目管理方法）形式组织在一起，组织高度扁平，人员之间没有明显的分工与职责界限，抛弃了传统的金字塔式控制模式，转而采取集体讨论与集体决策。在这种模式下，每个人的个人潜能能够被充分激发，每个团队组织也都具有远超传统组织团队的活力。这也是为什么通常情况下这些互联网公司都能表现出远超传统企业的成长性与创造力。

这些互联网公司并非因为事先具备了超凡的未来洞见而主动设计了这样的组织架构，而是因为互联网业务的内核与运转逻辑需要这样形式的组织来支持。换言之，互联网公司的组织理论来源是"实践出真知"。这符合事物发展的一般规律，秩序的建立永远都是对事物发展内在逻辑的提炼与更高层级的反应。

从这个角度来看，我们还可以继续沿着这个思路，来看一看当前世界的发展趋势还会给我们带来什么样的启发。

一、个体价值的爆发

由于移动互联、人工智能、大数据及云计算等技术的高速发展，信息流动与传播的方式发生了根本性变化，构成传统组织架构的许多基础性要素正在被重构，比如说柔性组织与敏捷团队就是当前十分流行的概念。当我们说组织要做到柔性时，有一些先决条件：职责的界限与边界变得不再那么重要，要求个体的技能更加多元化，个人能够在组织中灵活胜任多种不同的角色；组织的中心作用变得不再那么重要，团队中的每一个人都有可能因应环境的需要变成中心位，其他人则以神经网络反应的形式形成一个紧密且敏捷的"鱼群风暴"，灵活应对变化与挑战。

在这样的未来组织环境中，个体价值与传统时代将完全不同。在过去，我们多年来一直强调组织高于一切、小目标服从于大目标，个体存在的意义就是做好自己本职范围内的工作，执行力是管理层最看重的东西。不过，在未来的组织中，由于高度不确定性、技术放大效应与网络叠加效应等的存在，传统价值创造链条被打破和重建，不同团队价值高低判断的标准将不再由团队规模、距离传统权力中心的远近等要素来评判，一个很小的、灵活且精干的精英团队能够发挥的作用可能会远超一个大型的复杂传统组织。在这样的未来团队中，个体不再是控制型思维与组织均衡性思维的产物，不再会严格要求个体按照标准化流程和规则做事，反而会鼓励每个人充分释放自己的潜能、鼓励横向迁移学习与跨职能技能的掌握。在敏捷团队中，每个人都将会变得真正自驱，以个体成长的力量来驱动组织的成长。每个人都会处在真正的一线，因其随时有可能会变为团队中心，因而在客观上也具备了进行自我决策的条件。这样的团队，才能够称得上是自驱和赋能型组织。

二、金字塔形的决策模式向群体决策智慧的演变

一直以来，在传统组织中信息流都是自下而上进行汇集的。大量的市场信息、经营数据产生在一线，通过层层机构进行汇总、分析、提炼，形成关键报告后提交到最后几位核心高管的手中。在一个严肃且气氛压抑的会议室中，高管们会凭借其丰富的阅历、睿智的大脑和敏锐的直觉，对数据的来源、计算方法、提炼形成的观点等进行持续的严厉拷问，力求得到关于客户、市场、产品和销售、运营与成本的真相，毕竟他们一般都坐于高高的办公室顶层，听取汇报是他们唯一能够获取经营信息的方式。

不能否认的事实是，组织中沟通的"漏斗效应"始终都是存在的。这个世界上并不存在零损耗的沟通，即便是当两个互相熟悉了解的人在当面沟通时，其各自价值观、经历、语言体系、表达习惯、此刻的心情、对沟通内容

的态度和判断、对方情感的波动等各种因素，都会影响到沟通的表达与倾听，并进而影响到沟通的效果。一个人是完全没有办法把自己对某件事物的感觉百分百无误地传递给另一个人的，我们把这叫作沟通中的"漏斗效应"。组织中的沟通要比日常生活中的沟通复杂得多，尤其是当中间管理层因为害怕汇报失败而对报告进行层层加工和修饰，以力求报告呈现的分析逻辑更加完美，这样下来最后到达高管手上时，所得到的一定是经过了层层扭曲和远离真相的"事实"。但是很遗憾，绝大多数企业仍然在采用这种方式进行决策。一方面，高管们很忙，总不能由他们亲自动手去完成数据的采集、汇总分析、提炼等工作，这些事情既繁杂又极其耗费时间；另一方面，高管们往往都是从一线苦战奋斗出来的，他们充分相信自己的经验与智慧，足以分辨下属们可能存在的刻意修饰或欺骗。从某种意义上来说，这是一种无奈的选择，身居高位的他们没有更好的办法。

在这种典型的金字塔形的决策模式中，核心决策者们高高在上，俯瞰着（也是在事实上远离）内部组织与外部市场，凭借所掌握的可能并不真实的数据和信息，少数几个人就做出了决定着整个组织命运的重大决策，不能不说这是一个重大风险。

而在越来越鼓励参与式与自主决策的敏捷组织中，这种情况正在得到改变。斯坦利·麦克里斯特尔将军在他的畅销书《赋能：打造应对不确定性的敏捷团队》❶中，详细描述了他对这个问题给出的答案。麦克里斯特尔将军将他的驻阿美军特种部队从原来的条块化专业建制的垂直控制链条完全打破，转变为一个个具备多种作战能力的小分队式的网络型组织，整个组织高度透明、在决策上去中心化，每个小队具有极大的自主决策权决定是否介入战斗，而不再需要如传统军队指挥模式那样层层上报等候指示。这样做的结果是极大地提升了每个小队的作战效率和战场生存能力，并有效改变了战场局势。在这样的组织模式背后，体现的是对传统链条式控制模式的改革，集体智慧下的分散式决策更加贴近战场瞬息万变的实际情况，从而变得更加有效。

---

❶ [美] 斯坦利·麦克里斯特尔, 坦吐姆·科林斯, 戴维·西尔弗曼, 克里斯·富塞尔. 赋能：打造应对不确定性的敏捷团队 [M]. 林爽喆, 译. 北京：中信出版社出版, 2017年。

当我们的周边世界变化得越来越快时，传统的金字塔形决策模式正在变得越来越吃力。金字塔形决策之所以有效，其所依赖的是专家决策和经验模式这两点。在金字塔形的组织架构中，支撑其庞大根基的是分类专业、井井有条、各司其职的各专业门类，每个门类代表着一个独特视角深深扎入环境的土壤收集和交互着分类处理后的信息，这些信息进入系统后再根据分工明确的管道向上进行传递，由各自更上一层级的专家进行分析处理并进一步向上传递，直到来到控制链条末端的金字塔顶端。由于传统组织的特性，在进入越高的层级后，行政管理的特性越来越强，专业的特性则会逐渐减弱，这是因为单纯的专业人员通常不具备的广阔视野和管理决策所需要的平衡考量，这个时候更多由经验思维所支撑的中高层管理人员将起到越来越多的作用。

当环境的不确定性大幅增加和环境倒逼组织进行迭代的速度越来越快时，传统的金字塔形决策模式会面临越来越大的挑战。其一，其所依赖的经验模式正在失效。由于未来的不可预测性，突变和异常性事件的发生正在越来越频繁，以及新科学所打开的跟以往完全不同的认识世界的方式，都在颠覆以往的经验模式。能够制胜未来的，不再是谁能够将现有的事物做得最好，而是谁能够预见性看到事物未来的面貌。其二，在于金字塔形的决策链条效率太慢。每一个传统架构中的专家和管理者都需要证明自己存在的价值，就意味着信息在流经每一个节点时都需要停留和被加工，这既是滞留，也在被一步步改变事物的原貌。

目前，关于敏捷组织的尝试正在从前沿的互联网行业向其他行业进行蔓延。最典型的尝试体现在有大量的"互联网+传统行业"的形式出现，尤其是在零售、金融、快速消费品、高端制造这些嗅觉敏锐，要么是技术驱动性强，要么是对消费者和市场极其敏感的行业，都出现了大量的敏捷组织的尝试。在这些敏捷尝试中最需要努力避免的，就是在组建新的敏捷团队和希望为组织赋能的过程中，又不断地以传统的控制型思维去打断甚至是破坏这个追求敏捷的过程，这注定会是缘木求鱼。

笔者的一位资深战略咨询顾问朋友曾经跟我讲述过这样一个故事：一家国内行业领先的重型装备制造业企业，在近期重金引进了外部资深的互联网行业高管，在内部成立了数字化转型的项目小组以期带领本企业推进数字化变革，同时还聘请了顶级的战略咨询公司提供支持。为表示公司管理层的重视，该项目组每隔一段时间都需要向公司的管理委员会进行汇报。在该公司看来，这是公司对此极为重视并大力支持的表现，可是这位朋友则说道："每次我进入位于总部大楼顶层庄严且压抑的董事局会议室，看到沿着厚重会议桌按等级桌牌依次入座的年长高管们一言不发的严肃表情，董事长认真听取汇报后再要求大家一一发言。这样的几次汇报会议开过之后，我就对这个项目的前景不抱什么希望了。"这位朋友没有说错，不久之后，这家企业引进的外部高管就离职了。两年多过去了，这家企业一直在反反复复地从外部引进和内部提拔人选的方式努力推进该项目，但实际项目却完全没有进展。

组织环境与机制土壤的缺失，会导致这样的变革尝试以失败而告终。我们需要提醒尤其是高层管理者，当你们在考虑推动组织变革和业务模式创新这些动作时，需要改变以往的控制型思维，打消掉金字塔形的集中决策模式，转变为分散的群体决策模式，实现向一线真正赋能。

三、参与即改变——重新认识参与的价值

量子物理学为我们观察事物提供了一个全新的角度。我们先借用一下广为流传的"薛定谔的猫"的经典故事来阐述关于量子的一个重要特性：在量子的世界里，未观察到的量子现象，大大不同于已观察到的。只有在观察事物之后，我们才能知道它身上发生了什么。这个实验的设计目的是想研究观察者在确认现实中的作用。物理学家在一个黑箱子里放置一只猫，箱子里面有一个触发装置可以送出食物或是毒药，这两种情况发生的概率各为50%。随着时间的流逝，装置启动了，但人们观察不到。如果想要确定猫的状态，人们必须打开黑箱才能知道。在人们观察之前，猫的状态是以概率的形式存在的。人们在打开箱子的一刹那，是我们的好奇心杀死了猫，或者是挽救了它。

这个实验揭露的最重要一点是：在量子世界中，参与会改变事物的状态。量子始终处在一种不连续、无法以确定的方式去观察的形态中（黑箱），当人们介入观察时，会触发量子状态的改变，并且这种改变本身也是不可预测的。回顾到我们熟悉的日常生活中，你也许会有类似的感悟：当你旁观一些事情发生的时候，你会感叹世事无常，而当你一旦亲自介入其中一些事情

时，事情又会发生一些难以预料的改变，因为你的参与，一定对事物的走向产生了重大影响。有时候你也会思考："如果当时我没有做出这样的决定，事情又会怎样？"

在组织中，"薛定谔的猫"也会普遍存在，每一个大大小小的组织任务，都会是一个个的黑盒子，里面有一只猫存在。你的判断、介入或决策，都会影响到这只猫的状态。在量子物理中对传统管理影响最大的一个观点就是：事物本身的状态并不重要，真正重要的是人们的参与及参与方式，是人们的参与在持续改变这个世界，而非静态的事物本身。

每一个员工在组织中不应被看作组织架构中一个个静态的格子，管理的注意力也不应关注在这些格子的周围来定义关于他们的职责、权力和指标。我们应该以粒子的特性来认识这些员工：他们不是静态的，而是处在一个高度动态跳跃的过程中；粒子之间有着神奇的场的作用，这种作用会超越距离的限制；粒子会以跃迁的形式进行运动，并演化成一种全新的状态；粒子之间的相互作用会以叠加的形式传递和放大，并在遥远的一段产生惊人的效果。这些特性如果转移到员工的身上，我们就会发现员工个体的价值在无限放大，是个体的参与方式定义和改变了整个组织，而非是组织在定义个体。

通过重视员工的个人参与、重视个人价值的释放重于我们对组织的重视，这是为组织赋能的一个重要前提。

本章小结

- 现代企业通常采取的是以一种堡垒似的防御型思维模式打造当代组织，管理者制定各种详尽的规则，全力思考的是让员工不能犯错。

- 员工在本质上被当作只需要执行、无须思考的机器时，个人是构成组织系统的一个个构件，组织的运行方式也在不断强化这一点，它构成了一个能实现自我强化的闭环。

- 提升组织的刚性设计能抵抗一定程度的风浪，但无论怎样的内部提升，也无法改变的事实是你无法打败一个全新物种的入侵。新技术带来的全新物种，会如滔天巨浪一样彻底颠覆传统的东西。

- 在数字时代来临之际，组织所面临的最大挑战应是如何准确识别未来风险，如何以灵活应变的方式应对巨变，而非一味地加强自己的刚性和抗击打能力。

- 授权是一个热门话题，人们在普遍强调向下授权的好处。但绝大部分企业实际做得并不好。

- 在控制型思维模式没有得到改变的情况下，无论怎样向下授权，并没有从根本上改变上级要为一切结果负责，以及反而在很多情况下会拖慢决策的速度。因为授权之后，下级决策的质量在下降，组织的自我修复会花费更多时间。

- 世界变平之后，意味着人类又重新回到了同一个起跑线上。我们应如何选择自己的发展路径？深刻理解未来新世界的物理特性，有助于我们调整自己的思维模式，并做出正确的选择。

- 量子物理和混沌理论是关于未来世界极为重要的两个发展理论，能够为我们认识未来世界提供很好的帮助。

● 具备量子特征的组织特征将是柔性的，组织边界不再清晰，个体的力量会被无限放大。个体将是一个动态的超级自驱因子，能够完成自我学习、自我净化和升级，并促进系统的整体进化。

● 在未来，个体最需要的能力不再是分解、执行与计划，而是如何自适应、自驱和自成长。对组织的要求不再是控制、平衡和精确，而是提高敏捷和增强对不确定环境的适应性，以及建立新秩序的能力。

● 从组织的角度，我们应当全力打造能够帮助个体主动获取新能力的环境。我们把这种组织功能，称为赋能。

● 赋能，是致力于打造个体持续获得新能力的能力，而非简单地"授之以渔"。

● 如果在组织中打造一个赋能的环境，需要具备三个核心的驱动型要素，如下所述。

（1）打造适合赋能的文化。文化不空，文化是一种"场"。我们看待文化应摆脱传统的物化的思维模式，重视文化"场域"的建设。

（2）建立与赋能相匹配的激励与评价机制。这里的核心在于改变原有评估模式中的控制型思维与精准思维。可以借鉴的是采取如今开始广为流行的OKR模式，发动员工主动参与，实现自下而上的自我驱动。

（3）重视员工的参与式管理与自主决策。我们需要注意到以下三点为未来组织带来的变化和启示：个体价值的爆发、金字塔形决策模式向群体决策智慧的演变，以及重新认识员工参与的价值。

第八章
共享与平台思维

以打造和提升组织竞争力为基调的组织管理理论一直是主流的管理思想，并以此主导了在过去数十年中盛行的产品型组织模式。与此相对应，平台型组织在21世纪的第一个10年中迅速崛起，形成了对传统型组织的巨大优势，并使得众多的大型传统组织主动或被动地纷纷向平台型组织进行转型。任何商业模式的形成都有着其背后的环境因素。深刻理解平台模式背后所驱动的平台型思维，能够帮助我们更好地理解新模式的强大之处。

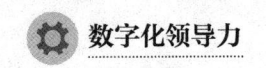

从"适者生存"到"协同共生"

以环境适应性为基础的生物进化论，一直是被人们采纳的关于认知世间万物发展规律的主流观点。达尔文的理论使得人们相信，在经历了漫长的时间长河之后，能够以今天的面貌呈现在世界面前的存世物种，也包括人类自己，是经历了物种内部及物种之间残酷的竞争与选择性淘汰之后留存下来的。如果更具体一点讲，这个过程并不是和谐、顺利和呈现平滑上升的曲线，反而是一个充满大量的失败、死亡、分叉、基因的重新选择、个体的强化与升级、失败者消亡、胜利者才能看到明天的阳光般的故事。

在进化论的核心理论根基中，竞争是占据绝对统治地位的。在资源有限的空间之中，个体物种为了争夺对自己有利的生存条件，会竭力对同伴形成优势，就正如为了争取有限的阳光，一部分树枝会努力生长和调整方向以获得更有利的空间，但另一部分不幸被挤压的树枝则会停止生长甚至枯萎凋零。这种情况会在绝大部分动物和植物的生长过程中发生，并因为基因的选择性遗传而得以在相应物种身上得到不断强化，这部分物种成了胜利者，其成长的代价则是另一部分失败者在自然界中永久性消失。这是一个无比残酷的自然生存法则，但看起来人们已经完全接受了它。物竞天择，似乎本应如此。

进化论的理念是如此地盛行，以至于人们可能会忽视另一部分生物进化或遗传学专家，以及一些其他领域的科学家如数学家与化学家等，开始对进化论无法解释的一些自然现象产生疑惑，认为进化论可能并不足以作为解释自然万物生长的全部奥秘。这些科学家注意到在自然界中还存在着大量的与"物竞天择"相背离的生物行为，比如在大量的群居性动物中广泛存在着的

"放哨"行为，非洲瞪羚、狐獴、狒狒与猕猴等是这里面的典型代表。当察觉到有危险临近时，负责放哨的猕猴会疯狂摇动树枝并发出"吱吱"的刺耳尖叫声来提醒同伴，全然不顾这样做会将自己置于极其危险的境地之中。在澳大利亚有一种蚂蚁将它们的一部分工蚁作为一种活的储藏罐，这部分工蚁专门负责将自己的肚子装满蜜露之后，还会不断地接受同伴投喂，直至身体变得膨胀巨大超过普通工蚁数十倍之后，就将自己挂在巢穴的墙壁之上，专供同伴在食物匮乏之时舔食其体内储藏的蜜露。动物的这种完全不利己的行为，与达尔文主义的适者生存理论是严重背离的。如果严格按照进化论的逻辑，甘于自损且无后代的澳大利亚蜜蚁这一品类就不应当在内部的竞争中存活下来。

生物学家比尔·汉密尔顿较早注意到动物间的这种利他行为并对此进行了深入研究。随后，费舍尔、约翰·史密斯、乔治·普莱斯等人也进入了这个研究领域。天才的普莱斯在汉密尔顿的研究基础之上，提出了著名的普莱斯方程（Price Equation），以此进一步完善了汉密尔顿等人提出的"群体适应性理论"。该理论提出："对于能够繁衍后代的群体，能够提高群体适合度的特性在后代中会增多；反之，则减少。"这一发现为进化论给出了完全另外一个方向的解读路径，从"适者生存"的残酷的物种竞争到以群体利益优先的利他与合作，并提供了严谨的数学和生物遗传学的理论支持。

虽然在人类文明发展的最早期即展现出了大量群体协作互利的案例，但从生物学的角度，在过去却从未找到过令人信服的理论能很好地解释这种利他行为的背后动机，尤其是在达尔文提出了物种进化论之后，进一步加深了人们的困扰，直到"群体适应性"的提出，方为研究生物间合作行为的背后机制开辟了一个全新的开始。在此之后，大量的关于互助与协同效应的研究纷纷涌现，并很快进入组织管理学与系统学领域。这里面的代表人物有提出协同论与自组织理论的赫尔曼·哈肯、在经济学领域定义协同效应的伊戈尔·安索夫、定义并提出组织协同效应的罗伯特·卡普兰和戴维·诺顿（在此基础上提出了大名鼎鼎的平衡计分卡）、提出共生概念的林恩·马古利斯等。

组织发展理论中的"竞争性"溯源

人类在组织与管理方面几乎所有的理论都来自对自然发展规律的研究，这正如牛顿经典物理学构成了现代传统组织理论架构的根基，而量子物理和混沌理论的发展又为当今的自组织与敏捷组织理论的发展提供了指引方向。只不过通常而言，人们在组织理论方面的发展，往往要落后于对自然发展规律认知的进度。

与生物进化论在人们认知自然发展规律方面占据主流这一现象有着惊人相似地方是，在对组织发展理论的认知中，以竞争性为主导的管理思维一直都占据着主导地位。

不能否认的是，勒内·笛卡尔提出的还原论（Reductionism）一直以来都是西方社会认知世界的主要方法论，并且，还原论也成为现代管理学发轫以来的根基之源。《大不列颠百科全书》将还原论定义为："在哲学上，还原论是一种观念，它认为某一给定实体是由更为简单或更为基础的实体所构成的集合或组合；或认为这些实体的表述可依据更为基础的实体的表述来定义。"该方法将高层的、复杂的对象分解为较低层的、简单的对象来处理，并认为世界的本质在于简单性。还原论的核心在于分解，将整体的、复杂的事物以精确思维的方式分解为一个一个的局部直至最小化，通过对更为简单和纯粹的最小化部分建立起理解，进而理解全部。在这种思维模式下，人们的关注点是集中在被高度分散的、粒子化的和拼凑的世界，但容易忽略的是系统化和整体化之后对事物本身形成的加成作用。

在一切都可以被清晰定义的还原论世界中，事物的边界是清晰的。按此原则组建起来的组织与社会也符合这一原则，组织与社会中的个体被清晰地设计和安置，彼此之间互相作用的功能与反应机制也被清晰地描述。在一个界限清晰的世界中，资源是相对有限的，因而在还原论主导的市场环境之中，竞争就成了事物之间存在的主要关系。

战略大师迈克尔·波特开创的竞争性战略理论将组织管理中对竞争的研究推向了一个新的高度。波特认为，有五种最为重要的力量推动企业成长，分别是行业中现有对手之间的竞争和紧张状态、来自市场中新生力量的威胁、替代的商品或服务、供应商的还价能力以及消费者的还价能力。企业应在这五个方面清楚地了解所面临的挑战，并让自己具备优胜于对手的竞争优势，这就是著名的"波特五力模型"。波特的研究还包括在商业管理上首次提出"价值链"的概念，他将连接产品或者供给的一系列通道称为价值链，在每一条价值链上区分出内部后勤、生产或供给、外部物流及配送、市场营销及售后服务等五种主要的活动，而每一项活动都伴随着各自的衍生活动，每一家公司的价值链相应地融入一个更为广阔的价值体系。按照价值链去分解和理解商业组织如何创造价值的过程，就是一个典型的运用还原论分解组织运作的例子。

打造竞争性战略和价值链思维对当代管理思想的影响之大超乎我们的想象，几乎在我们能够想象得到的任何一个商业角落，都能找到它们的影子。成本领先、运营最优、提供最佳的服务体验这样的组织核心竞争力三要素模型也在被广泛传播，围绕这些理论的各种管理工具纷纷被开发出来。在过去的20年中，对中国企业影响最大的管理理论中，打造核心竞争力一定是其中的一个。

打造最好的产品、提供最好的服务，以及将运营成本控制在最佳，是当今公认的企业运营的核心法门。在这种竞争性思维模式下，所有参与进来的竞争者为了获取更多份额的有限资源、生存空间而展开激烈的竞争。竞争者会努力提升个体水平及自身的整体竞争力，从而不断推动自己推出更优质和价格更为低廉的产品，这个过程对自己和对对方来说都能带来一些直接的收益，因为从市场整体而言，技术会得到不断进步，人们会不断获得更多更好的产品，并且参与的竞争者个体的自身能力也会获得增长。从这个角度来看，竞争在一定程度上促进了社会秩序的良性发展并推动了生产力水平的整体提升。

但最近也有一些学者注意到竞争性理论在商业及社会管理中逐渐显现出来一些问题。最主要的表现是，竞争除了会带来正面的互相良性促进的作用之外，还会带来大量的彼此制约、互相牵制、自大骄横甚至残酷伤害等一系列的消极影响。竞争关系在本质上是对资源争夺的对抗行为，这种对抗固然会增强为提升对抗能力而致力于强大自身这一逻辑，但这种竞争关系一旦失衡或陷入僵局，就很容易导致不良结果的发生。

如果有一方因为自己的努力而不断变得强大，很显然为了确保自己的竞争优势，它（无论是商业组织还是国家）都会表现得咄咄逼人并采取各种策略以确保自己的垄断或优势地位。在这种情况下，它打压其他竞争对手，扼杀一切潜在的可能影响到其现有领先地位的因素，包括新的技术、新的商业模式等一切新生力量，如此一来，进步就会停滞不前。而当一个市场陷入竞争焦灼状态，各家都不能建立显著优势的情况下，情况可能会更糟糕。在没有重大技术突破的支撑下，大家对产品性能的提升很容易就会碰到瓶颈，从而转向以低廉成本向对手发起攻击，并将整个市场拖入恶性竞争之中，对整个社会的发展产生严重拖累。

企业热衷于制定三年战略与年度经营战略这种管理行为，也是典型的竞争性思维的表现。综观所有著名的战略分析模型，基本都是从内、外部分析和从敌、我分析这几个维度入手。在内、外部分析上，外部重点看市场发展的趋势和机会所在、资源的供给、消费者分布和需求的变化，这个本质上是在看可以供争夺的资源的情况；内部则侧重于自我解剖式分析，从与竞争对手的优劣势比较入手，评估自身能力的长短板，并结合外部市场分析的结果，建立自己的竞争性策略路径。从战略制定的整个过程来看，都是紧紧围绕着如何建立自己的竞争优势来开展的。

事业部（Business Unit，BU）模式最早起源于美国通用汽车公司，随后得以在大型企业中得到广泛推广应用。事业部模式的核心在于按照产品、地域或者客户类群，设立一个个独立的经营核算单元，每个经营单元独立对自己的经营利润负责。在杰克·韦尔奇时代的通用电气，事业部模式的核心特征被发挥得淋漓尽致，通用电气根据每一个事业部的经营情况来评估是否继续持有，还是直接放弃卖出，以确保通用电气的每个事业部都能位于所在行业的前三。事业部模式所能带来的好处毋庸讳言，它能最大限度地确保以产品、地域或客户类群这些重要维度的战略与资源匹配的一致性，确保每一个事业部单元在参与市场竞争时有着相当的独立性与灵活性，同时，也不失继续保持和享有在一个大型集团公司旗下所拥有的强大平台型支持（如品牌、客户资源、资金等）。但如果我们认真审视事业部模式的内在逻辑，就会发现它其实也是由竞争性思维来支撑的。对外，事业部模式固然是为了更有利公司在更加下沉的维度上建立起相对于竞争对手的竞争优势，而对于集团公司内部而言，各事业部之间也是竞争大于合作的。这是因为在一个集团内所能获得的各类资源，包括资金、人才、技术，都是有限的。虽说事业部之间会有一定的资源共享，但各事业部为了确保自己最终的生存，彼此之间终将演化为竞争为主导的合作型关系，竞争会远远大于合作。

对于企业中的职能部门而言，竞争性思维也是无处不在的。因为所有的职能部门都是依靠公司分配资源的，一个部门如果获得了更多的内部资源，就意味着其他部门所能获得的资源减少。如果部门将更多的关注点放在了部门间利益的争夺和一味地证明本部门的价值，那么就会减少部门间的配合与协作，并伤害到公司整体利益。这一点可以从观察几乎任何一个大型公司的高层会议上得到验证。在这样的会议中，职能部门领导者进行着非常谨慎的措辞，其发言的重心一定紧紧围绕着本职能范围内所控制的资源（公司的财务资源、技术资源、市场资源、人力资源等）展开，努力证明着本部门在公司内所能发挥的价值。在高层之间就任何一个议题达成一致协议都是困难重重的，在有些大型企业内这个时间周期往往会一拖数月，甚至干脆就一直悬而不决。究其原因，并非问题复杂到这些"聪明"的高管无法搞清楚问题背后的真相，而是彼此之间所代表的局部利益的博弈无法分出胜负来。问题是，如果一个公司的战略性问题的最终决策不是从公司整体考虑出发，而是由各部门之间利益博弈的结果来决定，这本身就是一个很令人悲哀的事情。但这样的故事，在全世界的企业中普遍发生着。

竞争性思维作为当前企业运营管理中的主流认知模式，虽有其积极促进个体发展的作用，但在事实上也带来了大量因对抗而产生的消极影响。

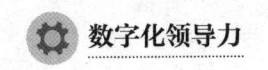

"协同共生"在企业管理中的兴起,及其与竞争性的关联关系

竞争在商业和企业管理中尽管是主流,却并非全部。管理学家一直都有注意到协同共生理论在商业和企业管理中的应用。换言之,商业中的参与者并非永远都只能是竞争对手,他们还有另外的相处模式存在。

赫尔曼·哈肯在组织系统论中第一次提出了"协同论"(Synergetics)的概念。哈肯对协同的界定是:"系统的各个部分之间互相协作,使整个系统形成微观个体层次所不存在的新的结构和特征。"这个定义打破了还原论对系统的定义,它认为世间万物并非一定都是清晰可分解的,而是以动态循环的形式存在着有序和无序交替演化的现象。在达到一定条件的情况下,有序与无序可以相互转化。无序就是混沌,有序就是协同。

哈肯认为,在大多数情况下有序系统中的物体相互之间存在的是合作作用,各物体加在一起一定是起到了 1+1>2 的作用,系统从整体上来看,会呈现出比单独的个体分别相加更高的运行效率。如果要进一步提升系统的有效性,就应当全力研究如何提升系统内部的协同性。

哈肯的协同论,以及路德维希·贝塔朗菲提出的整体论,最好的解释场景是针对一个整体的大型复杂系统。贝塔朗菲认为,如果要更准确地了解一个系统整体的价值,不能对这个系统进行支离破碎的分解,因为个体都不是孤立存在的,通常都是与其他事物相伴而生的,其之间的互相作用会关联和放大。如果对其中某个单独的个体进行处理,就可能会牵一发而动全身。如果仅仅单独观察某一个单独个体,也无法获得对整体的准确认知。应该说,这一理论与笛卡尔的还原论是完全对立的,为人们认知世界提供了一个全新的视角。

在不同组织之间的协同性的表现呢？以商业环境而言，虽然个体组织面临的主要挑战始终是竞争，但人们也意识到合作能够带来的价值。

第二次世界大战结束后，各国经济开始迅速复苏，日益增长的全球贸易却面临着各国高度分立的关税障碍。1947年10月，美国发起并推动签订了《关税与贸易总协定》，随后在各国的大力支持与参与下，最终演变成今天对世界影响力最大的机构之一"世界贸易组织"（WTO）。在WTO中，互惠、透明、市场准入、公平竞争、促进经济发展、非歧视性等成了大家共同遵守的基本原则。正是因为各参与成员能够恪守这些原则，就构成了全球范围内最大的一个贸易平台系统，在这个系统中，所有参与成员都能通过自己的经济活动谋得最大的平衡性收益。

不过相比较而言，在商业性组织与组织之间，早期的协同性尝试则比较渺小，很少能见到。能够看到的一些，也更多是为了一些辅助性功能的存在，比如各类商会和行业协会的存在，并不会从根本上改变企业间的竞争属性，也不会改变企业间"适者生存"的基本格局。

产品思维VS平台思维

当时间来到20世纪90年代，情况才开始有所转变。在这个时候，开始有"平台思维"这个概念的诞生，而它又是伴随着世界上第一批真正意义上的平台型企业的诞生而出现的。虽然难以找到一个关于平台型企业的权威定义，但围绕平台型企业的专业论述和相关讨论却奇多，这可能也符合了平台共创的特性。研究之后不难发现，平台型企业共同具备的核心特征往往包括下面几点。

（1）以开放协同、构建网络效应的组织平台为载体。

（2）连接多个不同的用户群体，形成完整的网络并为用户赋能，促进多方共赢。

（3）以系统性价值主张为主导，基于价值创造、价值传递与价值实现的商业逻辑促成多方交易，实现整个平台的利益最大化。

（4）通常以技术为手段，打破时空界限，打破传统的规模和效率效应的限制，无成长边界。

位于一个平台网络核心的组织是整个系统的灵魂，我们往往是通过了解这个平台的特性来了解能够缔造这个平台的组织的特性，以及去了解在平台型的运作模式下，其核心商业逻辑与传统商业逻辑有什么不同。

阿里是国内公认的最成功的平台型企业之一。如果借用波特所提出的价值链理论来观察阿里，你会发现平台型企业是完全套用不上的，因为企业所应具备的典型价值链环节如研发生产、物流配送、销售与市场、售后服务、后勤支持等环节在阿里通通是没有的。传统企业往往会致力于在一个或多个价值链环节上的竞争优势，比如提供更优质的产品，建设更强大的零售终端，或更有效地控制成本，但是反观阿里，它并不直接生产和销售任何一件产品，也不会直接面对任何一个终端消费者。阿里只是提供一个由网络技术、数字安全、云计算等先进技术共同打造而成的交易平台，通过致力于优化平台连接的便利性与安全性，促成多方在平台上达成交易，形成共赢。

波士顿大学的马歇尔·阿尔斯汀（Marshall Alstyne）教授和达特茅斯大学的乔弗里·帕克（Geoffrey Parker）等人于2016年4月的《哈佛商业评论》上发表了题为《通道、平台，及战略的新规则》(Pipelines, Platforms, and the New Rules of Strategy)的文章。在该文中，几位教授提出了"通道模式"和"平台模式"的对比。之所以叫作通道模式，是因为在他们看来，传统企业典型的商业逻辑是基于价值链的一种线性思维，从价值链的前端贯穿到后端，所有的环节按序连接起来就好比建立了一个通道。这个通道越顺畅且强大，那么这个企业的竞争力就越强。但是文中同时指出，由于通道模式的线性特征，它能调用的资源、影响力范围都是相当有限的，与客户、供应商、合作伙伴的关系往往都是一对一的相互孤立的关系，没有多方互助的加成；

而与之相对应的平台模式最大的特征就是多方高度互联共生，不再是企业孤身一方在推动业务，而是整个平台相关方都会参与进来帮助企业做大，以此带来惊人的成长速度。

在价值链主导的通道模式下，企业致力于经营的往往是明确的产品或服务，以生产出更好的产品和服务为核心及终极目的，企业追溯产品在企业中流经的每一个环节，分解、审视、优化及重新组合每一个步骤，这是传统企业运营业务的本质。在此情况下，企业会发现如果要将价值链的每一个环节都牢牢控制住会十分困难，因为这意味着企业需要平均投入资源，但有可能没有办法在某些更为关键的环节取得领先优势。更为普遍的做法是，管理学家推荐企业应思考将某一个或少数几个环节确定为自己的核心竞争力领域，以此作为竞争壁垒，提升企业自身的商业价值。这固然会使企业变得更加聚焦，但在另一方面又会带来企业对价值链失去控制的恐惧。这是通道型模式自带的矛盾之处。

不过在平台型企业中，情况会有所不同。平台本身并不销售产品，不存在传统的价值链，换言之，平台也不参与产品的最终价值的创造。平台关注的通常只是链接创造最终价值的相关方。如果说平台型企业并不参与对产品的直接竞争，那么我们应如何来理解平台型企业的竞争壁垒呢？

一、技术

对于所有成功的平台型企业而言，无论其运营的是一个有着庞大客户基数的交易型平台（比如淘宝、京东），还是社交类平台（比如微信、微博），或者是以某一操作系统或技术标准为核心的生态型平台（比如谷歌、苹果），搭建平台首先需要的都是各种门槛极高的先进技术。能够支撑亿级用户顺畅连接的网络技术是极其复杂的。当多方需要在平台上进行频繁的交流与交易时，用户对于安全的考量也是极其重要的。这就是为什么阿里需要在云计算、人工智能、大数据运营、数据安全等领域投入重金并已在相应领域取得相对领先的技术地位。基于绝大部分平台型企业都是从20世纪90年代方才开始崛起，这个时间点也是和90年代开始迅速腾飞的互联网、移动互联网、网络通信技术、大数据和人工智能技术的发展轨迹相重合的。没有这些代表着未来发展方向的新技术，也就没有这些平台型企业的诞生。

二、链接

平台本身并不直接产生价值。平台是通过链接各方，让相关方以更加高效的方式进行互动（省去繁杂的中间环节），或者是相关方在平台上被赋能（驶上技术的高速公路）来实现价值的。从这个角度而言，链接和接入是平台实现价值的关键手段。一方面，平台应尽量扩大链接和接入的数量，数量规模越大，其平台支撑的规模也就越大，这符合经济学上的规模效应。当淘宝和微信这样的平台用户基数达到10亿级以上时，这个门槛就相当高了。用户改换其他平台的成本很高，而新进入者积累同等数量级的用户量的难度就更高。另一方面，平台通过努力改善平台内的用户体验，通常是致力于不断优化链接的便利性，也就是用户使用平台服务的便利性，来进一步增强用户黏性，筑高平台的门槛。对于平台而言，不断优化提升的链接手段，在一步步推高其竞争的准入门槛。

三、共生

当今对平台型企业的商业模式还有另外一种说法，叫作生态型企业。在笔者看来，这两种说法的内核其实是一样的，不过有一点，生态型企业的提法强调了这类企业的一个特性：紧密围绕在平台核心企业周边的众多相关方，既包括了上下游的商家、供应商与合作伙伴，也包括了平台服务对象的众多客户，整体构成了一个完整和丰富的生态。既然是生态，就会有养分、土壤、大气、生长其上的丰富物种、物种生长期间形成频繁的能量交换，这样的活动越频繁，整个生态就会越生机盎然。每个物种都在积极参与着改变环境，既有自身的成长，也带来了环境的生机。在这样的一种模式下，在生态之中的任何一个参与者如果违背规则，则一定会被整个系统排斥乃至于出手消除。如果是在外部对这个生态的一部分发起攻击（对生态系统中的某一成员企业），那么得到的可能就是整个生态系统对其进行反击。这对于发起攻击的一方来说，就是一场不公平的战斗。从这个意义上来讲，共生的特性所带来的保护性收益，是平台型企业所拥有的最大的一笔财富，并且还会随着生态的自生长性而变得更加强大。

四、无边界

因为技术的加持，一个运转良好的平台的重要特征之一，就是可以几乎无限制地扩张其能够支撑的用户数量，正如一个健康生态的成长本就应是无边界的，只要在有足够资源供给的情况下。在核心技术足够强大、核心平台足够稳固的情形下，以松散耦合的形式为平台不断添加新的功能，共享平台资源和最大化收益，也成了平台型企业的一个核心特征。这种特征对平台型企业的加持在于越到生长的后期，其增长成本越是有呈指数型下降的趋势，在这一点上传统型企业与其正好相反。传统型企业往往在增长的后期所碰到的主要障碍是瓶颈效应，越到后期，其增长成本越是呈指数型上升的。此消彼长之间，一旦平台型企业成长起来，其竞争性门槛只会越来越高，越来越难以超越。

从以上的四个特征来看，平台型商业模式确实具有着相比于原有的产品型模式更加优越的特性，具有更高的准入门槛，以及更难以被打败。

对于传统的产品型企业而言，能够打败原来的产品的可以是更好或更具性价比的产品。而对于平台型企业而言，能够打败平台的，只能是更先进和更强大的平台。同时，由于平台型企业往往负责制定市场的游戏规则，平台型企业就会掌握产品的话语权，由平台型企业来决定所需要的产品的属性、功能、价格，乃至于交易条件。从这个意义上讲，平台型企业相对于产品型企业来讲是降维打击，产品型企业将需要依附在相应的平台上才能生存。

平台模式诞生的基本条件

在自然环境中的利他与共生现象早已随处可见，但直至 20 世纪 60 年代人们才开始对这一现象展开正式的、大规模的理论研究。

但为何在人们早已明白协同共生能够带来更大价值的情况下，以竞争性思维为主导的产品型企业仍然占据主流,且这种情况一直持续到20世纪90年代,才开始有真正的平台型企业出现?这一更为先进的商业模式为何不能在早期的市场环境中产生?是什么因素妨碍了这一时间点的提前?对这些问题的思考,能够推动我们更清楚地认识到平台思维的本质,以及这种思维模式给我们所带来的更深层次的启发。

于20世纪90年代开始兴起的互联网经济和互联网革命,是那个年代最为重要的经济活动之一。因为互联网的兴起,人与人之间联系的便利性有了根本性的改变,互联网完全消除了地域的限制,紧密的网络连接让我们首次有了"地球村"的概念,而便利的连接性正是平台产生的头一个重要条件。在互联网技术得以普及之前,人们只能依赖传统通信技术进行低频的、有时延的、低容量的信息交换,这种信息交换方式与今天相比过于落后,无法通过信息本身催生价值。

在20世纪90年代发生的另外一件瞩目的事情,是个人电脑(PC)技术的突飞猛进。1993年,全球最大的芯片供应商英特尔(Intel)推出了第一代奔腾(Pentium)处理器,随后即迎来了PC在企业及个人用户市场的高速普及。在1990年,除了中国科学院等顶级机构拥有极少量的进口计算机之外,国内的商业和个人计算机用户数量几乎为零。而到了2000年,经历了短短10年,中国市场内PC的年度销量就已经接近了1000万台,这是一个极其惊人的发展速度。这一个10年,是PC技术得以在全世界迅速普及的最重要的时期。以这个期限为界,之前的办公场所与之后的办公场所的桌面景象发生了根本性变化,其中最为显著的一个变化特征就是,大量的纸质文档变为了电子化文档。

电脑的普及和计算机性能的迅猛增长,带来的直接效应是人类生产数据量的大爆炸。有数据表明,人类在自计算机产生以来数十年间所生产的数据总量,已经超过人类社会有史以来所生产的数据总量的99%以上。这就正如如果你回看自然发展史上在多细胞生物产生之前的差不多35亿年之间,地球上的生物进化几乎都处于停滞状态。按照大卫·克里斯蒂安在《起源:万物大历史》[1]一书中的描述，地球在这35亿年间其实都处于一个相当稳定的状态，大气稳定、温度变化以万年为单位来看的话也变化不大，唯一关键的临界条件是大气的含氧量在缓慢增长。直到约5亿年前，含氧量来到了15%附近，地球真正进入了富氧时代，多细胞生物诞生，生物进化的速度突然之间大大加快，大型生物开始进入历史舞台，郁郁葱葱的森林与草原开始构成地球的主要面貌。所以，4亿年前的含氧量突破临界值是地球生命大爆发的一个关键的临界点。

信息一直是人类文明发展的最主要载体。自从文字发明以来，人类制造信息的速度在加速，但一直尚处于一个线性增长的范畴之内。计算机技术和网络技术这两大核心技术的发明，让信息产生的速度迎来了一个大爆发的临界点。海量数据的诞生带来了量变引起质变的效果，数据本身带来了价值。

平台本身是数据交换机制的产物，如果缺乏足够的数据吞吐与积累，也就不能称其为平台。对于交易性平台、社交性平台来讲，数据意味着交易行为和社交行为；对于内容型平台而言，数据意味着它们能够提供的全部价值；对于技术标准型平台而言，数据意味着它们的技术准入条件和技术运用场景。可以说，海量数据对平台企业而言就如大型生物所需的富氧条件一样，离开了海量数据，平台企业就不具备生存的基本条件。

云计算、大数据、人工智能、移动通信等技术的进一步发展，为平台型模式提供了进一步的助力。云计算的出现意味着算力的分布不再受物理局限，它为平台的无边界扩张和终端触达提供了极大的便利。人工智能的出现意味着算法的进步，人类通过电脑技术能够替代自身完成的经验性工作将越来越多，这也同时意味着平台能够替代人类完成的工作越来越多，维护平台所需的人手更少，人们可以转而从事更有价值的工作，比如说去思考平台的未来，不断去规划、设计和打造更优秀的平台。因为技术的不断进步，未来的平台会变得越来越强大。技术成就了平台，而平台的发展也会带动技术的进步。更先进的技术与平台自身之间形成了一个良好的相互促进的循环。

所以说，电脑技术和互联网技术出现导致的信息大爆炸，才是平台模式

---

[1] [美]大卫·克里斯蒂安.起源：万物大历史[M].孙岳，译.北京：中信出版社，2019年。

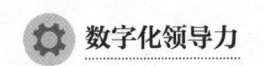

诞生的真正触发性因素。而后续一系列新技术的出现又为平台模式的壮大提供了强大的支持。

平台思维的强大之处及平台思维的未来

2007年1月，史蒂夫·乔布斯在美国旧金山的苹果大会上发布了第一代iPhone。乔布斯在大会上激动地宣布："苹果重新发明了手机。"这个新产品虽说引起了很大轰动，但在当时苹果的几位竞争对手并未对此给予足够的重视。诺基亚当时的CEO康培凯就显得很不屑，他说："苹果不会对诺基亚造成任何影响，因为诺基亚专注做手机已经很多年了，同时又有满足任何价位和需求的产品线，而苹果仅仅有一款产品。"

在当时，诺基亚、三星、摩托罗拉、爱立信和LG这五个主要的手机品牌具有绝对的市场统治力，一共占据了90%以上的市场份额和利润。而苹果在当时还十分弱小，在桌面电脑领域仅仅占据了4%的份额，在手机领域则是零，毫无影响力。但在此之后手机市场的发展趋势完全出乎了人们的意料，在第一代iPhone发布的8年后，至2015年，苹果手机一家独占了全球手机市场92%的利润，而诺基亚、摩托罗拉和爱立信则已完全从手机市场消失。

毫无疑问，乔布斯在定义第一台iPhone的时候，在他的眼中所看到的不是一台传统意义上的手机。准确地讲，他所构想的是一个以苹果手机为载体，以苹果手机操作系统（iOS）为平台，以苹果应用商店（App Store）为应用链接的平台型产品，同时连接了数十万的应用开发者以及更大数量的手机用户。被连接的这两端形成了良好的促进关系，开发者提供更多更好的应用能够帮助吸引更多的用户，而更庞大的用户基群又能够为开发者带来更丰厚的收益。截至2020年底，苹果App开发者的收入累计已超过2000亿美元，而苹果手机的累计销量则超过了 20 亿台。

相对弱小的苹果崛起之时，诺基亚与摩托罗拉是极其强大的。诺基亚在巅峰时期的市场占有率一度超过 40%，考虑到今天苹果的市场占有率也只有 23%，可以想见当年诺基亚面对苹果时的自信。诺基亚曾经是笔者早年的咨询客户，笔者至今还清晰地记得在北京盈科中心气派的办公大楼里，洋溢着自信和骄傲神情的员工穿梭进出。和笔者一起在会议室坐下的是一个真正国际化的团队，大家在做自我介绍时，好像来自全世界最好的企业的职业经理人都跑到了诺基亚工作！可就是这样的一个诺基亚，被苹果打败了。

按马歇尔和乔弗里两位教授的解读，苹果对诺基亚的胜利，是"平台型模式"对"通道型模式"的胜利。这两种模式是不同时代的产物，代表的是各自所对应时代能够达到的高度，更为先进的平台型模式所能激发的新时代的力量，是旧模式不能够抵挡的。

对新一代产品的思考和理解方式的不同，导致了不同的领导者对采取不同商业模式有了各自的理解。在每一种成熟的商业模式背后，反映的其实是我们对事物认知模式的差异。驱动平台型商业模式的，当然是平台型思维。那么，这种平台型思维究竟有什么不同之处呢？为什么在面对传统的产品型思维时拥有如此明显的优势？我们将从以下几个视角做一些深度分析。

平台思维的多维视角 VS 产品思维的单维线性视角

平台的最大特征之一就是它会以组织者为核心，关联众多的利益相关者紧密地连接在一起形成一个生机勃勃的生态系统。对于理解一个生态系统而言，我们知道其中的每一个部分都不会是孤立的，每一个部分自身状态的变化都会对环境产生影响，并且，可能会由于变化的时机与其他因素的叠加，小的变化也有可能带来巨大的积极或消极的影响结果。在这种情形下，参与生态的每一个个体都会很谨慎地处理与整个系统的关系，让自己和谐相处，同时享受到健康生态带来的巨大收益。

在一个生态型企业中，供应商不再只是对生产商负责，供应商所得到的价值也不再仅限于出售材料所获得的单一产品性毛利。供应商在系统中将与消费者互动，由消费者决定选择什么样的材料，而非生产厂家，甚至供应商所能获得的利润，也会由消费者决定。处于平台中心的核心厂家也不能一味追求自己的最大化利益，或者为了让自己具有更高的成本优势而一味地压榨供应商。

事实上，我们衡量一个优秀平台型企业的标准与传统产品型企业相比变了。我们知道，衡量一个生态系统的标准一定是一个多维的角度，它会同时包含天空、大气、土壤、水系、森林、山脉、海洋等，它会衡量生物的多样性、衡量整个生态系统的平衡与良性发展。对于围绕着一个平台型企业打造的生态而言也同样如此。

在通道型的产品模式中，人们习惯用这样的模式来理解一个产品的价值：从原材料进入供应链的起始端开始，之后其所经历的每一个环节都会带来一定的增加值，比如生产、物流、销售、售后等，当它从供应链的终端抵达消费者手中时，通常一个成熟的供应链就已经决定了这个产品最终的合理价格和合理利润。当这个市场相当成熟时，这个机制通常也是相当透明的，企业只能赚到它该赚的钱。当一切都透明的情况下，竞争就会变得无比激烈，企业在事实上失去了对商品价格的主动定价权。你如果仔细看决定商品价格的流程，就会发现它是一个线性的、以加法计算的单维角度，所以不可能有大的波动和异常。

不过，在平台型企业中，商品的定价模式不是这样的。当一件产品进入市场时，它的价格不再是单纯地仅由原材料、加工、营销和售后成本决定，甚至也不是仅由其独特的工艺和技术专利决定，更多的是由在产品背后的生态系统的支撑决定了产品的独一无二的价值，而这个部分往往会为产品带来最大部分的溢价。这能够回答为什么苹果手机能够以不到四分之一的市场份额，却占据了整个市场90%以上的利润。

当前传统行业面临的最大危机之一就是，在面对平台型企业的竞争时失去对产品的定价权。将原材料丢进一个供应链管道，它的价值就是由这个管道本身所决定的。管道自身的局限，决定了产品价值的想象空间。而将一个物种丢进一个生态，生态的每一个部分都会与它互动，给它养分或支持它的成长，那么它的想象空间就是无限的。在平台型思维中，我们理解一个事物的角度是多维和立体的，理解事物之间是彼此关联并互相促进的，理解没有单纯的输入输出关系，更多的是支撑与反哺乃至于不断地循环壮大。从平台型思维的角度看问题，能赋予事物更多的价值。

对内的控制性视角 VS 对外的发展性视角

在传统的产品型组织中，企业通常会致力于打造一个强大的供应链体系。在这种情况下，强调的是一种对资源的控制行为，也就是说，希望将供应链所流经的每一个环节都置于强力的管控之下。管控（Governance）是传统企业管理的典型导向。

在控制导向下，需要的是对每一个细节的精准掌握，对组织覆盖能力、监察能力、干预能力的要求很高，事实上，这将不断推高企业的管理成本和管理的复杂度。随着市场竞争性环境的加剧，企业在运行中不可避免地会带来更多的可变因素，这就会使得企业进一步加大管控的力量，并进而形成一个互相强化的循环。

我们经常会听到很多关于大企业"十分傲慢"的评论，其实，从这些企业经营的管理目的上来看，傲慢并非它们的本意。在激烈的市场竞争中，这些企业的高层管理者本也是"战战兢兢"。但因为从逻辑上来看，为了追求产品的竞争力就不得不不断地加强对流程中每一个环节的管控的力量，这就意味着他们的目光始终是朝内的，没有时间和精力将目光投向组织外部，导致无法做到去深入地倾听消费者的声音，去研究市场上出现的新趋势和新势力，去关注合作伙伴和供应商等的真正诉求和研究可能潜在的合作利益点。如果眼光永远只是向下和向内，就难免被人贴上"傲慢"的标签。

但平台型企业就十分不同。由于平台型企业打造的初衷就是去努力营造一个生态。对于企业而言，最主要的关注点会在哪儿呢？决定一个生态是否健康和是否具有成长性的关键条件有两个：第一，这个系统需要持续接收外界的能量，比如太阳能。对于企业生态而言，新技术、新的商业模式、有价值的信息等，都可以归入可以利用的外部资源。第二，不断接受新加入者以完善和壮大现有的生态。大家都知道的道理是，对于一个生态系统而言，物种越是丰富多样，系统就会越稳定和强大。而越是单一物种的生态，其系统就会越脆弱。对于一个致力于成长的企业生态而言，不断发现潜在的合作伙伴，将其引入自身生态系统内并帮助其存活下来，是基本的成长之道。而如果要做到以上两点，生态平台的管理者是需要时刻将眼光投向外部的。

假设一个平台型系统停止了对外的关注，转而如同产品型平台那样只关注自身，那么就必然成为一个封闭的系统，它既无法接收外部新的能量，自身的能量也终将耗尽。它也不再吸引外部新物种的加入，那么现有物种之间终将经历一个长期稳定之后进入"热寂"状态。这样的系统最终的结局都是消亡。因而，对于平台型组织而言，只是始终保持开放，以向外的视角不断探索新的可能，才是成长之道。

共创与生态 VS 竞争与博弈

在传统的产品型组织之中，供应链主导的通道型思维模式有一个显著特征，那就是供应链的固化。在笔者刚刚踏入咨询行业时，当时的公司合伙人在办公区域的墙壁显眼处悬挂了一张巨幅海报，上面画的是一个无比详尽且复杂的通用行业价值链图。那位合伙人得意扬扬地用手指敲打着海报跟我们这群年轻人说，你们要好好学习这张价值链图，它是你们应当掌握的核心基本功。在笔者随后多年的咨询生涯中，每当碰到一个相对不那么熟悉的新行业，笔者都会尽量去找来这个行业的价值链图，试图以最快的速度去了解该行业的运作模式。坦率地讲，在传统咨询项目中，这个方法真的很有效。

在绝大多数行业中，价值链都具有相当大的共性。比如说，都是单向流动的，都是从供应端一直流到客户端；比如说，都会包括一些共同的核心节点，例如研发、生产、销售、物流等。换言之，在残酷的商业竞技场上，几乎所有的玩家都是在按照同样的游戏规则在管理和运行着自己的企业。在这种情形下，唯一能够产生的结局，就是指向同类间的竞争。大家比拼产品、比拼成本、比拼运营效率、比拼服务，比拼的是供应链流经的每一个环节。

通常而言，在一个通道型的商业模式中，产品的价值更多的是由供应端决定的，或者说是由资源端决定的。因为在一个固化、透明、对所有玩家都几乎一样的供应链通道中，大家能够赋予产品的增加值是有规律可循的，这个可由有经验的管理者进行准确的预估和判断。这样一来，为了增加竞争的胜算，大家会致力于拼命增加在供应端的输入，这能解释为什么传统型企业对资源的狂热，大家都在追求控制更多的资源。如果在资源有限的情况下（在既定的技术条件下，从自然界能够获取的资源总量总归是相对有限的），那么企业之间就会陷入一个竞争性博弈的环节。这样做带来的最大的问题，是在这种情况下，已经没有人真正关注组织自身的成长，关注客户和市场真正需要什么，关注创新和新技术带来的新的可能。

在平台型组织中，我们关注的不再是单一的产品，关注的也不再是固化的供应链。事实上，不会有两个完全相同的生态系统，也就不会有两个完全相同的平台型组织。如果出于模仿的目的去打造一个一模一样的系统，考虑到一个生态往往需要一个完整的自然环境以提供系统所需的资源，就必然导致其中一个系统会逐渐走向消亡。如果是两个生态同时并存的话，则会营养不良。这就是人们常说"在互联网行业只有第一，没有第二"的背后原因。从这个逻辑出发，我们能够理解竞争将不再是平台型组织的主题。

平台的力量不是来自竞争，而是来自共创。相比较产品型组织依赖于供应端，平台型组织的价值更多是由需求端决定的。与供应端的资源通常是有限的不同，需求端可以说几乎是无限的。比如说，一个平台所提供的服务，由于网络技术、云计算技术等新技术的加持，服务一万人和服务一百万人的成本几乎没有太大的区别，但所产生的价值却有着天壤之别。在这种情况下，平台的核心组织者必然会致力于追求扩大其需求端的影响力，其做法通常就是让更多人加入平台，或者让平台与更多人产生直接的关联。

当越多的人加入平台，平台连接的相关方越多，那么平台就会带来越大的价值。你会注意到，平台价值的增长，并不是由组织者自身的能力带来的，而是由那些不断加入的人带来的。平台的价值，是由大家共同创造的。平台的组织者就应当努力营造这样一个有利于吸引人才加入并不断共创的环境，这是运营一个健康良性平台的核心思维方式之一。

从以上三点我们可以看到，驱动平台型组织的思维模式，与驱动传统的产品型组织的思维模式有着本质区别。如果要更好地理解为什么平台型组织

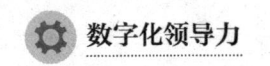

会如此强大，传统的产品型组织为何被逼得变革和致力于转型，了解其各自背后驱动的思维模式是至关重要的。

从无序到有序

如果我们回看一下2000年的世界排名五百强名单，占据前十位的企业中，全部都是传统的产品型公司。但当时间来到2020年，统计数据表明，世界排名前100强的公司里面，有60%的名额已经被平台型公司占据，全球市值最高的前十大企业中，平台型公司则占据了8家。在21世纪初的这20年，是平台型公司迅速崛起并展现出对传统产品型公司显著优势的最重要的时期。如果在遥远的未来有机会以更长的时间维度来回看这20年，我们几乎可以断定，它就是从代表旧的工业时代的产品型企业向代表未来数字经济的平台型企业的最大转折点。现如今，我们正在见证这个历史性时刻。

从泰勒的科学管理算起的100多年来看，现代工业与经济的发展突飞猛进，与之相匹配的管理理论被极大地丰富化，从20世纪60年代起，各类管理思想真正地做到了百花齐放，这一点又进一步促进了当代企业的运营与管理模式都走向了一个极致：围绕产品型思维的供应链模式、流程优化与流程再造、矩阵式管理、平衡计分卡与KPI、组织管控与组织效率等的运用得到了最大限度的普及。在这一波管理思潮的助推下，大量优秀的传统产品型公司的发展也达到了一个极致，在各大行业中纷纷出现行业寡头，这种趋势一直稳定地持续到20世纪末期并达到顶峰。

但自进入21世纪以来，情况开始发生了变化。类似于苹果驱逐诺基亚与摩托罗拉一样，大量类似的颠覆性案例发生在不同的行业。比如，以阿里为代表的电商平台正在驱逐传统的大型商超，以特斯拉为代表的智能出行平台正在驱逐传统汽车厂商。很多优秀的传统型公司以极富远见的魄力已经完成了自己的转型，将自己变为了适应于未来的平台型公司，这里面最典型的代表之一，应该算微软公司。微软在过去是一家极其成功的软件公司，按照我们的定义来讲，是一家产品型公司，但是在数年前微软就已经转型为一家完全以云计算和云服务为载体的平台型公司，并在最近两年来表现出极佳的上升势头。2021年，微软市值大涨19%并突破2万亿美元，这表明老牌巨头微软的转型得到了资本市场的充分认可。

在新晋巨头和老牌巨头转型的双重冲击下，传统市场面临着极大的生存压力。不断会有旧的势力纷纷倒下，人们也不知道在高度不确定性的未来中又会有什么新势力的崛起来继续冲击仅存不多的传统经济。从这个角度来讲，过去的平静被打破，世界进入了一个混乱的时代。

当今的现有秩序已经发展了超过百年，各类社会组织、机构、商业公司等按照现有秩序已经发展到了一个相当的高度。当系统本身继续提升的空间开始变得有限，传统模式开始嗅到新的力量隐隐传递而来的压力时，当前系统的熵增状态其实已经到了一个临界点，秩序开始崩塌，传统巨头开始纷纷死去，新进入者以毫不留情的姿态扫荡着一切，幸存者则纷纷开始努力改变自己尝试新的变革，不同势力冲撞和纠缠在一起，对于未来的发展趋势而言，似乎非常不明朗。如果从一个更为宏观的角度来看待整个经济秩序的发展，我们可以用自组织理论来解释这一现象。哈肯指出，对于所有的高级系统而言，其发展规律必然是从混沌走向秩序、从无序走向有序，这是高级系统自我修复和自我生长的一种核心能力。当系统进阶到一个更为高级的系统后，经过长期的稳定发展期后，由于不断积累的生长的力量，系统又将进入新的混沌期。这个过程将不断重复，它构成了自组织理论的核心思想，也为我们认识复杂性组织提供了一个极好的视角。

在新秩序的形成过程中，我们未必需要把主要精力投放在未来的新秩序究竟是什么上面。按照自组织理论，这个新秩序将是动态的、一直会变，每一个参与者都在参与定义它和修正它。真正重要的事情有两个，具体如下。

一、混沌是秩序的基础，我们无须惧怕无序

贾雷德·戴蒙德在他的《枪炮、病菌与钢铁》一书中提出了他著名的观点：人类在历史上对各种病菌的不断感染和抗击的过程，就是一个人类文明

不断进化和找到更有效对付病菌的过程。越来越复杂的社会系统，以及不断加强的基因都使得人类的免疫系统在变得越来越强大，但新的未知病菌也将会不断出现。换言之，病菌也是一种使得人类个体和人类社会变得更为强大的促进因素。这是自然发展的规律。从这个角度来看，某一个阶段的混乱，无须使我们害怕。当前的无序，其实正孕育着建立新秩序的机会。

二、合作与参与

在新秩序的形成过程中，并没有一个预先就存在的既定规则等着人们去发现。因为复杂系统自带的自组织特性，系统中的每一个个体都需要展现出高度的合作，以及积极参与的精神。哈肯说："合作是秩序形成过程中的主流现象。没有有机体之间的合作，生态和社会系统将不复存在。从混沌到秩序，合作具有必然性。"共同参与，是新平台的重要特性，也是平台型思维的核心特质之一。

我们有理由相信，当前大量平台型组织的不断涌现，正代表着由信息大爆炸和最新数字技术推动的新的经济秩序的形成。为了更好地理解并能积极参与到这一重要过程，我们就需要深刻理解平台思维的内核，以更好地推动这个从无序到有序的人类社会发展进程。

本章小结

- 以环境适应性为基础的生物进化论,一直是被人们采纳的关于事物发展规律的主流观点。在进化论的核心观点中,竞争是占据绝对统治地位的。
- 以利他主义、群体适应性理论研究为代表的研究分支,体现了科学家对适者生存的进化论的另一个方向的思考。
- 群体合作互利现象在人类社会发展史上早有体现,但对此形成的生物学研究的支撑却很晚。
- 起源于笛卡尔还原论和泰勒的科学管理的现代管理理论一直是以强调竞争性为主体的,在大量的战略管理理论和组织管理理论中均体现了这一点。产品领先、服务最佳或运营最优的组织三角模型、迈克尔·波特的五力模型,均是典型代表。
- 大型企业普遍采用的事业部模式、企业中的职能运营模式也都是以竞争性思维为主导的。这导致了当前企业中普遍存在的内耗严重的现象。
- 竞争性思维在一方面能够提升相关方的危机意识和推动相关方的能力升级,但在另一方面却不可避免地带来彼此制约、互相牵制、自大骄横甚至互相伤害的行为。
- 企业在进入一个新行业时固然会普遍处于一个快速上升期,此时的竞争性思维通常是良性的。但当行业红利消失,企业进入发展的瓶颈期时,竞争性思维是弊大于利的。
- 系统论和协同论,是最早在组织领域对整体协同效应进行研究的理论。
- 在早期,商业组织间的组织协同性一直都不是主流,直到进入20世纪90年代，随着平台经济的崛起，组织协同的作用才真正被重视起来。

● 平台型组织在刚刚诞生之初就展现出了强大的力量，它代表了由数字技术驱动的新型商业模式，并形成了对传统的通道型组织和产品型组织的降维打击。

● 平台型企业所包含的核心特征有：开放协同、以网络效应的组织平台为载体、链接、打破物理属性边界、共同创造价值、合作共赢。

● 平台型企业相对于传统的产品型组织的竞争优势体现在四点：强大的技术壁垒、链接所带来的规模效应、共生特性所打造的生态系统对单一的产品型组织形成的整体优势、无边界给平台型组织带来的无限成长空间。

● 电脑技术和互联网技术出现导致的信息大爆炸，才是平台模式诞生的真正触发性因素。平台型思维之所以强大，是因为相对于传统的产品型思维来讲，它有以下几个方面的不同。

（1）平台思维的多维视角 VS 产品思维的单维线性视角。

（2）对内的控制性视角 VS 对外的发展性视角。

（3）共创与生态 VS 竞争与博弈。

● 对于所有的高级系统而言，其发展规律必然是从混沌走向秩序，从无序走向有序，这是高级系统自我修复和自我生长的一种核心能力。

● 平台型思维的出现代表了一种新型思维和新秩序的建立。要更准确地理解这一趋势，要牢记两点：第一，混沌是秩序的基础，我们无须害怕无序；第二，合作与参与是必然，每个相关方都在以共同参与的形式一起定义这个新秩序。

第九章
元认知与元能力

　　本章将提供一个不同于本书前面其他章节的角度，重点探讨一个向内的视角，观察、分析、反思我们自身，思考我们是如何认知这个世界的。当世界在发生巨变时，我们的认知方式也应发生变化。当数字化变革的到来在促进我们的组织进入自组织迭代的状态时，我们应关注如何让我们的领导力也能够完成自我升级和迭代。这是我们提出元认知和元能力这两个重要概念的主要目的。

元认知与认知中的模式识别

徒步之旅中的"上帝视角"

以下是笔者对徒步旅行的一些感悟,为便于阅读,全文以"我"为第一人称进行表述。

在过去的多年中,我都会尽量在每年安排一次山区的徒步远行。2016年9月下旬,我在尼泊尔萨加玛塔地区的珠峰南坡沿着传统的珠峰大本营(Everest Base Camp,EBC)线路徒步,陪伴我的只有一名半路结识的伙伴,和两名夏尔巴人背夫。EBC线路是一条拥有着壮丽风景的声名卓著的国际级徒步线路,具有相当的难度,但又不至于将大部分人生硬地拒之门外。对于正常人而言,只要具备对大自然和徒步运动的热爱,有着坚强的毅力克服高反的折磨,能够忍受寒冷与艰苦的生活条件,就可以在10~12天完成全程。该线路从海拔2840米的卢卡拉一直行进到5360米的珠峰大本营,途中要翻越多座5000多米的垭口,每天平均行进8~10小时。

有很多朋友都曾经问我这个问题,为什么你会如此酷爱花费这么长的时间和精力,在一条看起来既枯燥乏味、毫无乐趣可言,但却要付出极大努力并承担一定风险的线路上独自行走?很多徒步或登山爱好者都被问过这个问题。其中最著名的回答,可能要算是英国登山家乔治·马洛里面对记者提问时说的:"因为山就在那里。"远山的吸引,以极大的毅力征服高峰之后所带来的巨大成就感,可能是大多数踏上EBC线路的人选择的回答。但于我而言,却并非如此。

第九章　元认知与元能力

　　我真正享受长时间独自徒步的最大理由，是可以在漫长的路途上以独处的方式，以一种相当完整、深入、沉浸的方式深入思考很多问题。

　　从进入徒步的第5天开始，从丁波切（Dingboche）经罗波切（Lobuche）至高乐雪（Gorak Shep）这一段两天的路程，是一个很好的例子。该路线沿着巨大的昆布冰川前进，沿途连绵的雪峰、谷底轰鸣融化的冰川溪流、极度荒凉的地貌和无尽的石砾坡，这些在最初两天或许会带给你新鲜感的风景很快就会让你麻木。基本上，每个人能做的就是沉默地、不断努力地迈动双腿，尽力向前进发。沿途会偶见一些欧美的户外徒步团队，无一例外地都是将队伍拉开一个长长的、稀疏的队列，罕有人交谈。在清晨的薄雾中，你可以看到这些人以极其安静的方式默默地行动或攀登着，宛如在观看一部低对比度下的默片，而我也以同样静默的方式行走于其中。

　　这一段行程是极其单调和沉闷的，一直到高乐雪（Gorak Shep）之前，并无其他壮丽的雪峰可以欣赏。我和背夫在天亮之前就出发，以争取尽可能早地抵达当天的住宿点。在全天单调却又艰难到几乎令人崩溃的行走之间，我发现我能屡屡进入一种在平时完全不可能进入的状态：我的大脑虽说也会遭受高反的折磨，但在事实上又十分活跃，大量的念头以极其鲜活的方式进入我的思绪之中，我随意撷取一条，即可就此展开极其发散且深入的思考。从某种程度上而言，我在这种枯燥的徒步行走之中，进入了一种轻度冥想状态。之所以能够做到，可能是因为这种行走是完全不受任何打扰的，全程都不会有网络信号，也不会有人在行走之间过来和你搭讪聊天，因为每个人都是如此地精疲力竭，这样就会留给人一个极其难得的相当长的稳定的时间窗口。艰难的行程会磨掉人剩余的好奇心和多余的精力，独处又会给人提供一个相当封闭的空间。呼啸而过的寒冷山风、枯燥但冷峻的风景、单调而重复的步伐，都更有利于人排除干扰进入深度的内心世界。

　　我十分享受这种轻度冥想状态下的深度思考。这种思考的跨度范围很大，但在每个问题上都会进入平常完全不会进入的深度。比如说，我会思考过去一年中曾经做出的重要选择，反复思考我在当初做出这些决定背后的原因是什么。有些决定可能显得十分正确，但总会有一些决定会让人留下一些遗憾，或者说思考另外一种可能会怎样。在每一个上午或下午的行程中，都差不多拥有数个小时的时间来仔细地完成这个推演，逐一推敲当初做出决定时的每一个动机、当时为何做出那样的反应。有一部分不太好的决定或者当时做出了糟糕反应的场景以极其鲜活的方式进入大脑之后，我能清晰地感受到血液上涌、脸色在微微涨红，仿佛自己正在重临那个令人尴尬的场景。对这些细节的高度还原，能够帮助我以一种极其清晰的方式回顾我为何在当时会做出那样的决定，在当时左右着我的情绪是什么，当时的决策逻辑是如何形成的，为何这个决策逻辑的走向滑向了一个错误，是什么因素妨碍了我做出清醒的或正确的思考，这样的妨碍因素是否可以克服，如果在未来是否还会再次发生。

在一些特定的时刻，我的思绪进入了一种独特的视角，在正念与冥想训练中，导师们会把它称为"抽离的视角"，或者称为"上帝视角"。在这种视角下，因为远离了当时的情绪，所以能够从一些之前未曾注意到的角度，发现相当多的有趣的细节，而这些细节为我重新思考这个问题提供了全新的可能。在经历了这样一次长时间的"抽离的沉思"之后，我往往会有一种遽然而醒的感觉，无论是对当时经历的事物，还是对自己，都有了一些新的认识。毫无疑问，这些新的思考对我而言有着巨大的帮助，它们可能包括突然意识到的以前忽略的思想误区、曾经坚信但实际需要改变和变通的想法、曾经摇摆但却变得更为坚定的信念，等等，不一而足，但都会从各个方面给我带来全新的思考。

对于部分训练有素的人而言，在工作之余的平常时间利用短短的半个小时就可以进入一次深度冥想，但于我而言做不到这样，就算勉力尝试，也会很快被杂乱和世俗的念头打断，根本无法完成类似于一次徒步旅行中很容易就能进入的长时间的轻度冥想。无论如何，与其羡慕他人，不如转而专注于自己从徒步中发现的这种独有的能力。实现的方式和路径不重要，真正重要的是我能通过自己的方式来定期打开自我和重新认识自我。在每一次疲惫而充实的徒步旅行结束之后，我都会卸下一些"包袱"，带上因为新的视角而获得的新的收获，心情愉快地踏上归途。

元宇宙的兴起，及"元"与"Meta"的真实含义

接下来，我们回到本章会重点讨论的两个在数字化时代具有特别意义的重要概念上来，它们是元认知（Meta-cognition）与元能力（Meta-competency），尤其是对那些致力于适应并能主动推动数字化变革的管理者而言，更加重要。不过，"元认知"与"元能力"算得上是在过去的年代中较为冷僻的词，不太容易理解，所以我们首先从"元"的含义谈起。

由于元宇宙（Metaverse）概念的突然火爆，2021 年被称为"元宇宙元年"。本书是探讨关于领导力认知的，并不会涉及元宇宙本身，这里主要是借助元宇宙的概念对"元"和"Meta"这两个紧密关联的东西方词语做一个词义溯源，能更好地帮助我们准确理解元认知和元能力的准确含义。

从权威的定义来讲，元宇宙"是利用科技手段进行链接与创造的，与现实世界映射与交互的虚拟世界，具备新型社会体系的数字生活空间"。这个定义与 1992 年元宇宙于科幻小说《雪崩》[1]中第一次被提出时的定义是基本相同的，都是指一个平行于现实世界的虚拟网上世界。

有趣的地方在于，一个未来的虚拟世界，跟元宇宙这个词中的"元"又有什么关系？在中文语境中所有关于"元"的定义，都没有虚拟这个含义。那我们为什么要叫它元宇宙，而且大家还都觉得挺自然而然的样子？

"元"是一个极为常见的汉字，遍寻其解释，核心释义有以下几条：

（1）本义指人头，引申指首要的、第一的；

（2）开始、起端；

（3）根源、根本；

（4）要素；

（5）货币单位；

（6）构成一个整体的。

很明显，在上述所有定义中，都与元宇宙所提及的"虚拟的"这个含义没有任何关联。那么，Metaverse 这个词被翻译为元宇宙是怎么一回事呢？

---

[1]［美］尼尔·斯蒂芬森.雪崩[M].郭泽，译.成都：四川科学技术出版社，2018 年。

我们再来看一下关于"Meta"的准确释义。Meta 本为来源于希腊语的一个介词，主要有以下三层含义。

（1）After, behind：在……之后；

（2）Changed, altered：变化，变换；

（3）Beyond：超过，高于。

最早的广为人知的 Meta 造词，应该算是 Metaphysics，是在两千多年前由亚里士多德提出来的。亚里士多德提出这个词是用来指无法用当时的物理与科学解释的现象，即超出物理以外的，有超越（Beyond）的含义，后用来指对事物本质与根源的研究。有意思的是，公认对 Metaphysics 这个词最好的翻译是来自日本人井上哲次郎提出的"形而上学"，取自《易经》中"形而上者谓之道，形而下者谓之器"，可谓十分传神。不过，如果按照今天的译法，那么 Metaphysics 可能会被译作"元物理"。

在随后漫长的年代里，有大量的诸如 Meta-language, Meta-learning, Meta-science, Meta-mathematics 等，绝大部分都被翻译为"元某某"，比如元语言、元学习、元科学，等等。从广义上讲，在这一类造词中，Meta 的核心含义是指"超越什么的什么"和"关于什么的什么"。比如元语言，就是指"关于语言的语言"的研究，元学习，是指"关于学习的学习"的研究。

从这个意义上讲，Meta-verse 中的 Meta 意指对现实宇宙的超越，所以理解为虚拟宇宙，似乎就顺理成章了。虽然跟"元"字的本义还是没有直接的关联，只不过鉴于绝大部分的 Meta 词首的单词，通通都翻译为了"元某某"，所以，元宇宙这个指称就自然而然地继承下来了。

弄清楚这一层，可以帮助我们更好地理解元认知 Meta-cognition 和元能力 Meta-competency 这两个词的真正所指。

元认知的重要性与价值

接下来，谈一谈元认知这个概念。

这个词最早是由美国心理学家 J.H. 弗拉维尔（Flavell）提出的概念。按照我们上文的解释，就容易理解 Meta-cognition 是指"关于认知的认知"，即

thinking about thinking。这里面有几层含义，具体如下。

（1）冷静的观察者审视自身思想的能力，是调整思维、改进思维结果最有力的手段。

（2）从自我知觉中脱离出来，审视一种脱离了自我的情景（Detachment）。这超越了自我意识的阶段，是一种对自我意识的审视。

（3）有效控制元认知回路（Metacognition loop），能够帮助从低层级元认知进入高层级元认知，并提升自我控制水平。

元认知的思考对象是什么呢？或者说，在什么样的情况下，我们需要元认知呢？英国思想家E.F.舒马赫关于这一点有一个更容易理解的通俗解释："我的内心世界里，正在发生什么。"具体来说，"什么让我喜悦？什么让我痛苦？什么令我坚强？什么令我软弱？我在何种程度上掌控生活，又在何种程度上受制于生活？我受制于我的感受吗？这种内在的认识，对我的生活有什么价值？"这一连串的问题，并不容易回答。但如果想要找到这些问题的答案，就需要借助元认知的力量。思想家帕拉切尔苏斯说"人并不了解自己，因此他们并不理解自己内心世界的事物"。由此可见，元认知不仅必要，也十分困难。

元认知是一种主动的、向内的、积极且冷静的对自己认知模式的思考。想象一下吧，有另一个你抽离出来，冷静地观察"你"的行为、动机和认知，并思考这种"认知"。这是一种很辛苦的状态，往往需要大量的训练，你才能熟练掌握，变成自己真正的习惯。

元认知最大的价值在哪里呢？在于认清、打破并不断重构更新更好的你。

资深的管理者，往往都是自信或自恋的！他们多年来经受职场搏杀，经验丰富，认为自己熟谙各类管理教义。关于自我认知，他们会觉得自己也做得挺好。殊不知，他们自认为的老到与成熟，却是他人眼中的偏执与顽固。打破过去最成功的你，是最难的部分。这也是进入元认知状态的困难之所在，它远比你想象的更不容易。

如果结合到日常的工作与生活场景，比如说，我们能够做日常反思，日省乎己，算作"元认知"吗？算，也不算。为什么会这样呢？

算，是因为从定义上讲，它符合我们所说的关于"认知的认知"的范畴，它是在思考诸如"我在当时为什么会采取这样的行为（动机）"这样的问题；不算，则是因为在大多数情况下，这种思考并没有形成真正的"认知之上的认知"。

要理解这一点，先需要简要理解一下，什么是真正的"认知"，以及如何才算得上是真正的"认知之上的认知"。

认知中的模式识别，与元认知的二次建模

H.西蒙提出，模式识别是人类认知中的一个基本模式。意思是说，人类认知事物的模式，是通过建立各元素之间的关系的方式完成的。这是人类认知的一个特有的核心能力。

比如说，人类的宝宝在第一次见到一只鸭子后，即能快速识别出之后无论在何处见到的鸭子，这是因为他能迅速建立起关于鸭子的认知模型。对比来看，以现在最先进的人工智能，依然还需要进行数以万计的图片学习，才能以不太高的准确率来识别一只鸭子。由此可见，人类认知能力中的这种模式识别，其实具有相当高的门槛，也是人类特有的一种能力。

对于简单事物的模式识别并不困难。小孩子的牙牙学语与跌跌撞撞，就是一个快速建立对身边事物的概念识别的过程。

而对于行为动机的模式识别，则要复杂得多。尤其是在复杂情景中的管理行为动机的识别，其复杂程度可能会超出你的想象。首先，基本上任何一个已广为人熟知的心理学效应，比如光环效应、首因效应、刻板印象、破窗效应等，都是经过了大量心理学家的多年实证研究后方能提出。其次，对于每个具体的管理行为而言，往往又是由错综复杂的众多潜在心理动机共同决定的。

举例而言，如果一名管理者在日常管理场景中碰到某个桀骜不驯的员工的当众顶撞，他应如何来处理呢？在大多数情况下，一个新晋的主管都会在企业中接受相关的管理类培训，有一些关于如何处理这种情况的指导意见会被传授给他们。比如说，在冲突爆发之时是选择柔和处理、尝试倾听和了解员工顶撞背后的真实理由，还是说选择直接压制，先行控制住局面，事后再寻求合适的沟通渠道来解决问题。这两种不同的行动方式，反映的其实是人对于如何处理这一类问题的认知模式的差异。这里面包含了对众多管理概念

的认知，包括团队合作、大局观、有效沟通、冲突解决、倾听等诸多重要的概念。选择什么样的应对方式，反映了人对这些概念的认知模式的差异。换言之，在处理这一个冲突场景的背后，存在着一棵相当复杂的决策树，而在这棵决策树的每一个决策点上，都有一个类似于"如果我做出这样的反应，那么就会得到一个这样的结果"的逻辑存在，而所有的这些逻辑，都是已植入大脑的既有认知模式。

决定每一个管理者的行为偏好的，都是由他深层次的认知模式驱动的。对于每一个理性的管理者而言，如果想要对自己形成一个完整且准确的了解，笔者会推荐他去做一次权威的管理能力、行为动机等的测评。当前市场上有相当多的权威且值得信赖的测评工具可供选择，比如霍根测试、MBTI、15FQ+、OPQ，以及励衿领导力推出的 VERA8 领导力测试和 TALENTx7 学习敏锐度测试等。怎么理解这类测试的价值呢？其本质上是通过提供一个基于大数据的、经过科学验证的行为框架模式作为标杆，将个人的行为特质与之做一个比对分析，从而得到一个对个人领导力行为的类型、动机或背后驱动的认知模式的确切描述。经过这样一个相当严谨的流程之后，管理者在事实上是获得了一次对自己的行为模式进行"建模"的机会。这个建模不仅描述了他的管理行为的类型，更回答了这名管理者为何在日常工作中会做出相应选择背后的深层次原因，以及在驱动因素和行为结果之间的关联关系。这个建模的过程，通常能够帮助我们更好地实现自我认知。

我们刚才谈到了认知中"模式识别"的概念。回到"元认知"这个概念上来，因为我们说过元认知是关于"认知的认知"，那么元认知在本质上其实就是一个二次建模的过程。二次建模，是形成"认知的认知"的关键。

我们稍微梳理一下：认知是第一次建模。再次回顾一下最早提出元认知概念的心理学家 J.H. 弗拉维尔为元认知下的定义："反映或调节认知活动的知识或认知活动。"这里面的关键词是"调节"。也就是说，通过个体对自身认知活动进行积极的干预、监控和调整，形成对认知的主动调节。

仅当这种主动调节能够形成新的认知，并且形成新的认知模式时，才能够被称为"认知之上的认知"。而在这个过程中，最容易被人忽略的一点是什么呢？是对原有认知模式的打破！

只有不断地打破原有的认知模式（意识到其中的不足、缺陷和需要提高的地方），才能够调整和塑造新的更好的认知模式。这个过程，就是元认知在发挥作用。需要注意的是，当人们进入一个正常的元认知进程中后，这个打破和重建的过程会不断发生，它会形成一个良性的螺旋式上升的循环，不断推高人的领导力。

但对更多人来讲，这个螺旋式上升很有可能变成一个假象，就是变成一个原地不断自我强化的循环。为什么会这样？造成这一点最重要的原因，就是没能打破旧有的"我"，没法持续进行以优化为目的的"二次建模"。很多人停留在这一个阶段，在事实上是在不断进行原地的自我强化，没有进入一个持续优化和升级的应有状态。

环顾一下你我的周边，其实大多数人处在这一状态。

发挥你我身边"元认知"的真正作用

对很多资深的优秀管理者而言，定期自我反省已经能够成为他们良好的行为习惯，他们能够谦逊地向身边的人寻求真实的反馈。他们自律、广泛涉猎且认真做着深度阅读，对新的知识保持着好奇并积极了解。一切的一切，都在表明他是一名开放、对自己有很高要求，为自己设定目标希望不断进步的管理者。

但即便在这种情形下，他却有可能仍然没有进入元认知的状态。最为关键的一点，就是他可能没能打破原有的认知，反而是在不断强化原有的认知模式。换言之，很有可能多年来他的这些努力，其实是在让他原有的强变得更强（优势更加明显），而弱的部分呢，一直未能真正发现，或者是在潜意识中回避或隐藏。

通常而言，在顺境时，上述策略可能不会碰到很大问题。但是，一旦碰到逆境，或者突然之间来到全然不同的陌生环境，那些被隐藏的问题就可能会一下子爆发出来。

那么，我们应该怎样去做呢？

我们把概念简化一点。元认知作为"认知之上的认知"，把握好它有几个关键点，具体如下。

（1）形成螺旋式上升的"二次认知"，是元认知的关键。

（2）如果要做到"二次认知"，需要打破旧有认知，形成不断调整和优化的新认知。

（3）努力避免很多人容易陷入的"原地自我强化模式"，勤奋但徒劳。

相比较于传统的认知而言，元认知需要我们做的是：以真正抽离和超然的态度，冷静、客观、细致入微地观察自身认知的固有模式（动机，行为决策的偏好类型，认知阻碍因素如情绪、环境等），建立新的优化的认知模式，实现认知迭代。所以，元认知是一种更高级、更智慧的认知模式，也是真正能让我们变得不断完美的认知模式。

顺便提一下，一个高质量的冥想（Meditation），是可以算得上真正的元认知的。这从一个侧面反映出，元认知本质上反映的并不是一个全新的概念。用西方的纯理性和科学研究的态度提出的元认知，在注重感性和人体内在小宇宙的古老东方哲学中，数千年前就已有了类似的思考方式。东西方的哲学智慧，殊途同归。

而笔者在 EBC 艰难的徒步线路上所常常进入的那种深入的、沉浸式的轻度冥想，反思自己过往得失、对更真实的我的惊喜发现、对错误行为驱动关联的检讨与盘点、对未来如何改变以更好地应对，等等，无疑也算是一种元认知的体验。

如何正确认知自我、认知自己的领导力缺陷

优劣势转换带来的困惑

致力于改正和提升领导力缺陷之处，是每个管理者都重视且投入极大精力的事情。但从一名经验丰富的领导力顾问的角度去看，不同管理者在这方

面所获得的回报却有着极大差异。加强对元认知概念的理解和应用，是一个非常有效的能够帮助正确认知人的领导力缺陷并进行针对性改进的办法。

曾经做的几位高管辅导的客户，初期的几次沟通下来给了笔者一个很深的感触。有一个共性的地方：他们都是成功多年的高管，过往的职业生涯都十分顺利。在最近两年来，因为市场及其他种种原因，不确定性增加、数字化转型、颠覆式创新的倒逼、突然去到一个完全陌生的职位，以及不断加剧的组织与人才的挑战等，都让这些高管陷入焦虑。曾经十分自信的他们都面临着一个窘境：自己曾经依赖的领导力优势似乎荡然无存，一部分未曾留意的能力项突然变成最大的障碍，一些貌似十分熟识且自感不错的领导力项在测试中表现垫底。他们感觉这些领导力项开始变得陌生，不禁怀疑究竟是自己的认知出了问题，还是领导力的定义和要求发生了变化？

如果与多年前比较，当前管理者中的绝大多数人已经变得相当理性且对真实自我的接纳度越来越高，现如今已极少碰到那种对自己的缺点视而不见甚或拒绝的傲慢而封闭的管理者。但新的挑战却是，在你认为已经非常了解自己缺点的情况下，突然之间被人告知你新的弱点，或者干脆你的优势项反而成为你的领导力缺陷。比如说，你曾经一直为你在日常管理中展现出来的果敢、坚定、快速推进的强执行力自豪，但在新环境中突然收到大量关于你武断、粗暴、专行的投诉。这让你陷入了巨大的困惑之中！

从领导力提升的角度而言，很多管理者包括组织方，都十分信赖从领导力测评出发，因其可以十分清晰地揭示每个人的领导力弱项，从而针对性地进行改进。在该模式下，反映的是这样的一种逻辑：你被告知在某个方面有所不足，你信赖这种看起来权威的反馈，因而接受了它（你在读取报告后的反思似乎也证明你确实有这样的问题），并将其列入自己的领导力改进计划。事实上，这确实是一个非常好的开始，它正好符合我们在前文所说的，可以帮助你对当前领导力行为背后的认知模式建模，准确识别你的领导力类型以及形成该类型的驱动性原因。

不过，在上述逻辑中依然缺少了非常重要的一环，那就是你不仅需要知道自己的领导力优、劣势是什么，更需要知道你的领导力弱项因何而形成，这些弱项是否会因环境和条件而变化。了解清楚领导力缺陷的来源，更有利于后续针对性地解决。

能力缺陷的起源

一个人领导力的缺陷与不足，大体上来自两个方面，认识到这一点很重要。

一、源自个性偏差

每个人因为成长经历的不同，其个性都会呈现出极大的差异，并且，这种个性化表现通常是类型之间互斥的。比如说，某人展现出刚强、顽固、难以说服的一面，那么他通常就会难以表现得灵活而变通。在这种情形下，一个刚硬和铁腕型的领导，就有可能表现出其不够体恤下属、不够关注团队士气而被下属抱怨。这种能力的弱项，本质上是由其个性特质所造成的，正如他优势的那一面一样。通常而言，对于这种来自个性偏差而带来的弱项，对于管理者而言是比较容易察觉的，尤其是在当今非常注重开放透明与及时反馈的组织环境中，更是如此。

二、源自认知偏误

事实上这部分隐藏得要更深一些，其形成的原因也要更复杂一些。比如，如果某位管理者被认为自私、本位主义、难以合作，那么这种领导力特征的形成更多是由其价值观和思维模式决定的，我们把它定位于认知的层面，因而称为认知偏误。有趣的地方在于，通常不会有人通过自我觉察就能认识到自己是自私和本位主义的，也就是说，这种类型的能力弱项，管理者通常是难以自知的，也就是我们所说的认知盲点。这是认知偏误所产生的第一个层面。

在这个基础上如果继续深挖，我们还能发现认知偏误所产生的更深一个层面，那就是他认为自己在某个方面感觉良好，甚至认为自己极为擅长，但他的同事们却感觉糟糕。在这种情况下，他对该领域能力要素的理解是偏差和错误的，但他反而对自己的理解深具执念，认为自己表现优秀。这是一种更为糟糕的情形。总体而言，帮助一个管理者去认识来自认知偏误而导致的领导力缺陷时通常极为困难，这是因为改变一个人的认知模式是极难的，差不多需要他重构整个的价值观甚至生活信念。管理者即便最终认识到了这个部分的问题，其改正和修正的过程也会极为漫长。

基本上，如果分析我们能够碰到的绝大部分领导力的问题，都可以归入这两类。比如，当我们说某位管理者羞涩腼腆、不善于言辞表达，或者大大咧咧、忽略同事且容易犯错，还有性情急躁导致无法控制脾气等，这些问题都是属于个性偏差带来的特质类的缺陷。再比如，当我们说某位管理者缺少大局观、团队合作差、个人英雄主义等，这些都属于很典型的认知偏误问题，因为管理者既对正确的管理概念缺乏准确而深刻的了解，同时自己多年形成的价值观和其错误的行为定式已经深刻地绑在一起，难以纠正。

认识到自己的领导力缺陷主要来自以上两个部分是一个重要的起点，它表明了一个正确的自我觉醒的开始。

两种起源因素的交织

将领导力问题进行归类没那么简单，如果我们对一些复杂的领导力问题做更深入的分析，会发现很多问题其实是由上述两个方面的因素交织在一起共同造成的。

比如，这里有一位资深的管理者，他聪明且经验丰富，对市场大势的判断敏锐且正确，非常善于抓住时机。他在领导力反馈中被指出有一个问题，就是过于自信且自负，傲慢且常常凌驾于其他团队之上，破坏团队之间的合作，从而被上级警告。

这位管理者的自信、自负与傲慢，可能首先是来自他的个性偏差部分。分析表明，他的同理心较弱、性格上蔑视规则、利他主义薄弱、兼具极强的成就动机。以上的行为特质都会容易导向他成为一个过于自信与难以合作之人。但同时我们也需要认识到，并非所有具有上述性格特征的人都一定会成为这样类型的管理者。比如，同样的同理心较弱、利他主义薄弱和强成就动机的人，也可能会冷静、理性、善于利用周边资源而达成自己的目标。他不会让身边的同事和下属喜欢和亲近他，但是未必难以合作。造成前述管理者合作困难的原因，除了个性偏差因素之外，可能还会有认知偏误的因素存在。

更具体地讲，当我们说这位管理者同理心较弱、容易蔑视规则、利他主义薄弱时，这些都是他个性特质层面的东西，这一类的个性特质更容易激发产生相对应的行为，从而构成他的行为特征。因为特质的稳定性，由特质影响而带来的行为特征往往难以改变，且易于观察。如果我们就此类行为表现给这位管理者进行反馈的话，比如说列举他有时对待同事比较冷漠，常常忽视且破坏公司规则与章程的示例，他也通常比较容易接受。不过，了解到自己的行为特征是一回事情，而清楚地知道如何选择性运用自己的行为并会带来何等后果却是另外一回事情，在这个环节，就是认知在发生作用了。作为大多数管理者而言，解决第一个环节的个性偏差认知并不是难题，但是在选择性运用该方面的行为方面，却会频频出现失误。事实上，大部分的领导力问题，都是产生于这个部分。

管理者一般比较理性且自信，在自我认知这一项的自我评价通常较高——虽然根据邓宁—克鲁格效应，越是愚蠢之人，越会对自己充满信心——我们还是倾向于认为管理者在越来越善于自我反省和趋于理性认知。在这样的情形下，了解到自己的个性特质——各类测评工具随处可得，组织反馈也越来越开放透明——会是一件很容易的事情。好的管理者会对这个环节揭示出来的行为问题表现出警惕，有意识地控制、调整和训练，也都能取得很好的效果。

不过，问题在于如果认知偏误参与进来，情况就会变得复杂甚至恶化。认知偏误最典型的表现之一，就是管理者并不知道在某种情况下的某个特定行为，并没有缓解反而是加剧了问题的风险。或者说，当明知道自己容易在某种特定情况下容易犯错，但却缺少明智的事先控制和防范。简而言之，就是说当危机发生时，他在事实上采取了一个或一系列错误和失当的行为反应，让其原本因个性偏差带来的领导力风险被进一步放大了，关键他还不自知。

比如说，当面临某个需要两个部门共同合作且须双方适当让步才有可能完成的一个重大项目，这位管理者事先已经接受过上级的反馈，知道自己的同理心和利他主义较弱，但他极强的成就动机使得他依然采取强硬的立场与本该联手的部门进行寸土不让的斗争。他理性认知的一面告知他共同的利益很重要，但潜在意识影响他采取了捍卫本部门利益的行为却并不自知。在这种理性认知与潜意识行为的斗争中，往往是理性认知的一面败下阵来。类似于这样的管理案例比比皆是。

对行为加以主观控制，是需要认知和主动意识介入的。事实上，如果对一个孤立的行为事件本身进行判断是比较简单的，基本上，基于管理常识，我们都能知道何为正确何为不当。但一旦自己身临具体真实的管理场景中，我们的认识模式却往往会出现极大偏差。这是因为，有大量的其他因素混杂进来，在不知不觉之间搅乱了本该清晰无误的判断模式。这些影响认知模式的因素包含以下几点。

（1）情感因素。每个人的情感依附模式，以及喜好或憎恶的情感会影响到我们的判断。

（2）外在环境因素。比如项目的急迫性、合作方或竞争方的态度、项目进展不利的压力等，会让我们在应对时手忙脚乱，在急迫之间很多行为就会是本能反应而缺少理性甄别了。

（3）人们普遍拒绝认错的防御机制。相信很多人都曾有过这样的经历，冷静下来之后，会对之前采取的一系列管理行为后悔不已，而在面对同事初期的提醒时，还曾无比坚定地为此面红耳赤地据理力争，不惜得罪同事。很多的错误行为往往都是连续发生的，但我们对做出的一系列误判却很难及时醒悟和纠正。之所以会这样，是因为人在本能中有一种强大的心理防御机制来捍卫证明自己并没有犯错，从而导致更多错误的发生。

（4）个性偏差可能会在以上所有已经发生的错误行为的基础上再次发生叠加效应。个性偏差如同一个触发器，它本来就会诱使你在既定情况下给出某种特定行为表现。当在某个不利于你的管理场景下，种种情绪因素、外在环境因素及你可能已经做出的种种误判，会进一步加剧触发因你的个性特质而带来相关偏差性管理行为，比如你会变得更加固执、易怒，产生更强的攻击性、更少的同理心等，从而一发不可收拾。

更好地了解一个错误的管理行为是怎么产生的，某类错误的管理行为为何会集中发生,就能更好地了解我们的领导力缺陷。

通过上述分析我们得知,错误的管理行为和个性偏差及认知偏误这两个驱动因素之间并不是简单的一一对应关系,而是有着错综复杂、层层纠缠的递进关系。个性偏差可能是大部分错误行为的原生触发点,但认知偏误及相关因素会进一步放大这些错误行为,导致前后行为之间会产生相互负面影响,进而发生恶性循环。

接受弱项反馈的进阶思考

当我们接受弱项反馈时,往往容易停留在第一个阶段,也就是只做简单归因。比如说,当被告知需要加强团队合作,那我们就会去做那些被认为是积极正面地体现团队合作的行为,以及尽量避免去做那些被认为是伤害团队合作的行为。但根据我们在大量实际案例中的观察,这种单纯反应式的改进往往很难奏效,更难真正扭转在他人心目中的已有形象。为何会这样?真正的原因就在于你很少去思考为什么在某个方面你难以表现出色,你是否能够完整辨析出导致你错误行为的个性偏差因素、认知偏误因素,以及其他相关叠加因素的影响。也就是说,你没能够就你的领导力弱项进入元认知的状态,没能准确识别出是什么样的错误的认知模式驱动了你的错误表现。

简单归因是领导力缺陷改善的大敌,但在以往人们并没有给以足够重视。用正确的行为去替换错误的行为,看起来似乎是相当简单且应当有效的改善方式,但实则不然。采用这种以替换为主的改善模式在本质上是一种修补模式,但如果我们不能学会让船体本身停止出现裂缝,那么始终不断地修补并不能让船体变得更为坚固。

因而,当我们第一次了解到自己的领导力缺陷时,首先应认真识别导致这种缺陷的个性偏差因素是什么。每个人的内心都有一个完美倾向,所以接受自己的不完美总归是比较困难的事情。认真、全面而深刻地了解自己因个性偏差而导致的行为偏差,是非常有价值的起点。

其次应分析自己在某些方面存在的认知偏误,不过这一步要困难得多。很多管理者历经多年也始终无法走到这一步,这也是为什么我们总能看到很多人在不停地重复同样的错误，不停地努力却不能带来应有的改进。

有一个很好的例子能够说明认知偏误的普遍性。在很多的领导力测试中都会有一项关于"自我认知"的评价。我们经常能够碰到那些在"自我认知"方面评价得低分的管理者，在和他们进行辅导反馈时，他们一脸吃惊地表示："啊？我觉得我的自我认知还不错啊！"这个反应其实并不让人奇怪。事实上，前文所提及的邓宁—克鲁格效应也是一个典型的认知偏误的例子。

在很多情形下，这种认知偏误都是难以觉知的。一个自负的人，往往不会觉得自己瞧不起他人；一个缺少大局观的人，往往也不会觉得自己眼界不够开阔。要打开这个认知偏误的真相，对于管理者而言，既需要勇气，也需要智慧。

事实上，比认识到存在认知偏误更困难的，是纠正认知偏误。我们假定某位管理者已经成功认识到自己存在因为认知偏误而带来的过于自负，但他可能马上就会陷入新的困扰：究竟哪些行为是过于自负的表现，而哪些是果敢坚定的表现？更进一步的困难是，管理者每天都会做无数个大大小小的决策，每个决策都发生在无数个完全不同的情境之下。在实际的场景中，无数个决策和管理行为其实都是自然而然地发生的，你不可能做到在每个行为之前都思考一下这是不是你需要注意的某一个有问题的行为。

所以很显然，如果要发生行为的根本性变化，你需要重新审视并深刻认知你的认知模式，也就是说，纠正你的认知偏误。认知模式是一种固化在你的大脑中的思维自动产生的过程，只有建立了正确的认知模式，你才能在接收到环境信息后自然而然地采取正确的行为反应。

对照我们在前文所述的元认知的概念，首先你需要通过专业的领导力测评建立一个对自己既有领导力类型的完整了解，这是对自我领导力的第一次建模。通过初次建模的结果分析再结合周边反馈，你对自己的领导力优、劣势有了一个准确的判断。其次你需要做个性偏差分析和认知偏差分析，以深入了解为何会形成这样的领导力特征。当你有了真正深刻的发现，进而着手调整自己的认知模式，再展现出改进后新的领导力行为，这就形成了一次完整的元认知过程。

领导力的梦境与现实

我们来看一个笔者曾经的案例,以了解一下在资深管理者身上,打开自我为何如此艰难,进入一个深层次的元认知状态又会如何深刻地改变一个人。

一位出身于一家知名外企并做到了核心高管的管理者,于两年前跳到了一家本土互联网"独角兽"企业担任 CTO。这位 CTO 碰到的问题是,公司其他几位核心管理人员包括 CEO 在内均认为他固执、保守、难以合作,且一直未能真正融入新公司的文化。他所领导的产品团队进展缓慢、人员流失严重,与其他高管所带领的团队之间冲突不断,大大拖累了公司高速发展的进程。在他很认真地完成了一份领导力测试之后,笔者和他做了一次非常深入的交谈。

测试中有一项结果表明,他的创新意愿相当低,思维模式也显著偏向于传统和保守。事实上,这家公司的 CHO 事先给我们的关于他的反馈都是说他理性、严谨、沉稳、典型外企高管的方法论导向,并且,一直在和这家创业公司的狼性、不守规则、有些疯狂的一面进行斗争。CEO 和 CHO 希望他能更好地融入公司,且十分尊重他在专业上的地位以及在技术团队中的影响力。

不过,CTO 本人在刚拿到这个测试结果时却是大吃一惊。在我们的交谈中他回忆道,在过去那家外企的十年中,他从产品经理快速升迁到负责整个产品在大中华区的运营,靠的就是他的大胆与创新的魄力,并以此成功得到亚太区领导层的注意。他在过去引以为傲的标志性领导力风格,恰恰就是不墨守成规、勇于挑战与大胆变革。也就是说,在做这次测试之前,他的自我印象,以及他以前的领导所给予他的评价,都说他是一个善于领导创新和善于推动变革之人。那么,究竟是哪里出了问题?是测试结果不准,还是他在过去对自己形成了一个错误的印象,以至于给了自己一个极大的误导?

幸运的是,关于这位 CTO 极其理性的这部分判断是准确的。当时,我们做了一个接近三小时的长谈,其中相当大的一部分时间,是在以一种尽量客观的方式回顾过去 10 年中他的管理经历,以及讨论他当前所碰到的种种挑战。感谢这位CTO的坦诚，以及他极强的思辨与自我反思的能力，我们开始了一场关于领导力养成的脑力激荡。

这位CTO在外企工作时的锐意进取当然是真的，不过，这很有可能更多的是因为这家外企本身就是一家以严谨务实风格著称的专业类公司。当时还年轻的他以对产品深刻的理解、对市场准确的预判，提出了与公司管理层截然不同的市场策略，请缨而出并取得极大成功，一举奠定他在公司的地位。在此之后，他在这家外企的领导风格就打上了敢于创新、突破常规的烙印，他自己也对此深信不疑。

来到这家互联网创业公司之后，新公司在产品开发、商业判断及团队管理等各方面与他原有的管理理念形成了极大的冲突。他一边要带领技术团队顶着巨大的外部压力快速完成新产品的开发与迭代，一边还要与公司整体做抵抗融入的斗争。在最近的两年中，他更多的管理精力耗费在内部协商与争取资源上，以及努力安抚从原公司带过来的技术团队方面（来到新公司后大量流失），这些都让他精疲力竭。

坦率讲，这位CTO在谈话中陷入沉思，有一阵子迷茫。两个截然不同的工作环境带来了两种截然不同的管理风格，究竟哪个才是真实的他？作为一名来到一家创业型公司且对自己有很高期望的CTO，当然希望在领导力测试中得到一个关于"创新和变革意愿"很高的评价。但偏低的测试结果是真实的他吗？他也能清晰地感知到在新环境中的举步维艰以及其他高管对他的不认可。那么究竟是"他是一个孤独的勇士在努力将一些正确的管理理念和产品理念带进这家创业公司"，还是"他是一个不合群的管理者，陈旧且老套，无法跟上当今互联网公司的节奏"？

很显然，在这里我们会进入一个更为高阶的概念，那就是关于"你以为的领导力"与"真实的领导力"的比较。这也是一个关于领导力的梦境与现实的比较。对于这位CTO而言，他长时间以来都停留在一个"你以为的领导力"的状态之中，一直到我们的这次谈话将其敲醒，并开始发出"我真正的领导力类型究竟是什么样子？"这样的疑问。对他来讲，这其实是一个非常好的转折点。

在顺境或逆境中，一个人的领导力风格可能呈现出截然不同的特征，诸多领导力理论都会指出这一点，很多人也能够意识到，但却未必具备知道这种差异会巨大到足以影响一个人长达十余年之久的认知。这位 CTO 在上一家外企时，其亚太区领导层乐于见到一名有想法、能够打破常规开拓全新市场的年轻人，对他的新奇主意给予了全力支持，从而让他得以顺利实施他所想要的变革。到了这家创业公司后，一切都变了，现在是整个高管团队比他要更为激进和敢于冒险，反而变成他是那个在大声疾呼应保持冷静的人。在这样一种全新的高压环境下，他的领导力行为发生了巨大变化，他对事物的判断与看法、对环境的反应方式跟以往不再相同。按照他自己的说法，他对曾经深信不疑的管理理念也产生了动摇，是不是自己老旧的思想无法跟上互联网的节拍？

在顺境的十年中，他展现出了高度稳定的领导力风格，他的大胆创新与锐意进取这部分，当然是真实的他。在逆境的两年中，他以理性、稳重的风格著称，用他的话来讲，是他在竭力维持这个公司不被疯狂的主意劫持，这部分的他当然也无比地真实。但这两种真实之间有着巨大的不同与截然不同的含义，只有将两者合在一起来看，才能得到一个完整的领导力视角。

顺境中的领导力，首先是你个性特质的一个自然而然的顺势发挥，你最擅长的和最外显的那部分被有利的环境和其他外部因素轻松引导出来，并让你能够以一种相对舒适的状态尽情发挥。在这种情况下，它能让你强的部分变得更强，而相对薄弱的环节因而缺少挑战和压力，几乎没有为你带来什么麻烦。人们对你的关注点，都会集中在你最闪亮的那部分，你如同天然地就站在舞台的正中央，在聚光灯下熠熠生辉。问题是，这种聚光灯也可能会带给你一种假象，那就是你处于世界的中央。如果灯光与舞台消失，你很可能就变回普通的一员。

而当人们处于逆境之中，周围的环境与压力如同一个紧箍狠狠地禁锢着你。你首先能做的事情不是尽情施展你最擅长的那部分，反而是要看你最抗压和最坚韧的那部分，通常这两部分并不重合。你的大脑会对所处的管理环境进行判断，并调用和采取最合适的策略来应对。逆境同样会给你一个假象，那就是你只会注意到自己无力和愤怒的那一部分，反而会忽略掉自己最强大的那一部分。

领导力专家们经常讲，"人们在逆境中展示的领导力才是真实的你"。这句话正确的理解方式应该是：如果你一直处于某种单一的顺境或逆境之中，你所看到的那部分领导力其实都不完整。两种场景都能给你提供一个宝贵且互补的视角，只有结合在一起看，才是你的领导力的全部真相。

有很多管理者在他的管理生涯中并不一定会碰上可以真正被称为逆境的挑战。如果他一直保持顺利，当然也没有任何问题。不要轻易把这种顺利简单称为幸运，这固然可能是他最擅长的天赋部分，自然地和所处环境相契合，但前提依然还得是他具有某方面相当不错的领导力。

当管理者碰到了严峻的逆境和挑战，如同这名CTO一样开始对自己真正的领导力风格陷入反思时，我们认为这是一个"发现"的时刻，他开始发现自己以前可能没有意识到自己的那一部分，发现自己的某些能力实际上存在着瓶颈和障碍，发现自己某些被隐藏和未被激活的个性特质突然在逆境中迸发出来，因为以前对此并不熟悉从而驾驭可能失当。事实上，每个人都会存在自己能力与个性的阴暗面，从领导力提升和自我完善的角度而言，如果要变得更为完美，首先需要具备发现自己阴暗面的能力。应该说，这位CTO通过这次反思，顺利进入了这个区域。我们相信经历这个阶段之后，他会对自己有一个更加清醒、完整的认知：相对于创新和变革意愿而言，他其实首先是一个理性的完美主义者。对于打破和求变，他其实更加关注的是建造和不断完善。在思维上，他的颠覆想法与创新是基于对已有陈旧现状的不满。而在一个逆境之中，尤其是在一个从价值观层面难以得到认同的地方，他潜藏个性中的尊重传统、追求完美、挑战强权的部分被激活唤醒，这部分让他在新的组织环境中选择了对抗而非合作。

我们一一梳理出来这些隐藏的成分，引导这名CTO认识到过往的误区，识别出他熟悉且曾经高度自信的领导力行为的驱动模式，认识到认知偏差对他当前的领导行为带来了何等的困惑和挑战，应当说，他是在顾问的帮助下完成了一次元认知的思考。

在谈话的最后，我们达成了一致。这位CTO意识到了自己采取的一系列管理行为背后真正的行为动机是什么，他也真正接收到了来自CEO及其他高管向他传达的善意，因为大家拥有一个真正能够被所有人认同的共同目标，就是打造一个符合大家共同愿景的优秀公司。他之前可能没有意识到自己的对抗给大家带来了多大的困扰（他还自认为是在为自己坚持的理想理念而孤胆英雄般地奋斗），当认识到这一点后，他认为选择共同去创造一个新的东西，比单纯地去反抗一个事实上尚不成熟的迭代进化中的组织（他自己还是核心高管中的一员），要来得更有意义。总而言之，他从一个对抗的消极状态进入了一个共建的积极状态，对他和组织而言，这是最大的收获之一。另外，他也可以借此完成自己领导力自我认知的飞跃，成为一名更加成熟而优秀的管理者。

我们需要认识到，当管理者长时间处于某一个稳定的管理环境之中，无论是顺境还是逆境，他们都会形成对自己领导力风格的一个固化认知，也就是形成某种思维定式。他们会在强烈的心理暗示下认为自己拥有某些领导力的优势，以及默许自己在某些方面表现不佳。就正如前述那名CTO在过去外企的十年中给自己的定义一样。这种思维定式在某种情况下，会让你生活在一个虚拟现实之中，就如同电影《盗梦空间》里由造梦师所精心构建的梦境一样，而你自己亲自成了那个造梦师。如果缺乏一个强有力的外部契机将你从梦境中唤醒，那么你就很有可能会一直停留在这个梦境之中。电影《盗梦空间》中所构建的梦境都非常地真实，一般都能持续数年甚至数十年之久。在你实际的管理生活中，如果你不能被他人唤醒，也有很大可能一直生活在这样的虚拟认知中而无法觉知。

在实际的观察中，有相当多的管理者事实上都处在这种梦境之中，或者无法被人唤醒，或者拒绝被人唤醒，这些管理者的领导力进阶之路就会在此停止。这部分人最大的问题行为表现就是拒绝改变，或者认为只有自己是对的，一切都是组织的问题和外部环境的问题。事实上，关于领导力修炼最核心的要义永远都应该是从重新认识自己开始，元认知能够很好地帮助到这一点。我们希望每个人都能很好地利用元认知，在每一天中都致力于发现全新的自己，调整自我认知，在领导力之路上走得更远。

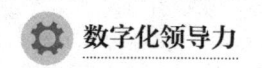

元能力——打造你的学习敏锐度

按照我们对 Meta 的"超越什么的什么"和"关于什么的什么"的解读，元能力 Meta-competency 应当被理解为能力的能力、超越能力之上的能力，或者是理解为"让你具备某项能力的能力"，也有人将其称为母能力，其含义也就是说，如果你拥有了元能力，那么就更容易具备其他的能力。

元能力其实并不是很生僻或很新的概念，认知心理学家对此已早有研究。较早比较有代表性的研究案例是对孩子的学习能力的研究。在两个经过选择的对照组中，两组的数学测试成绩基本相当，但研究显示其中一组在掌握新的数学知识的速度方面要显著高于对照组。这表明该组的学习能力是显著高于另外一组的，而这种让孩子们能够更快学习新知识的能力，就是元能力。

在教育阶段的这种差异性是十分常见的，按照通俗的理解，就是我们所说的儿童天赋差异，有些孩子的学习速度就是要更快一些，其学习结果也更容易以显性化的方式体现出来。在这个时候我们会说，这部分天赋儿童的学习能力更强。

不过，当人们进入职场之后，情况会有些不同。人们明显对能力的关注度显著超过了对元能力的关注度。这就好比人们只关心你考试是否得了高分，但并不关心你学习的速度。比如说，对于几乎所有的大型企业来讲，都会以各种专业且复杂的方式来评估、遴选在领导力素质上表现优异的管理者，但从来都不会对管理者掌握某项新能力的速度进行评估，也就是说，不会对领导力背后的元能力进行评估。人们只关心你是否具备了足够成熟的管理能力，例如沟通协调能力、团队组织能力、冲突解决能力、战略思维能力、项目管理能力，等等。企业也使用这些标准来衡量和判断一名管理者是否足够优秀，但不会关心你用了多久才学会了使用这些能力，也不会关心你需要多久才能掌握一项新的能力。

元能力的重要性逐渐凸显

当时代变革的速度加快之后，尤其是在数字化变革以汹涌之势加速来临之际，人们发现面临的管理挑战跟以前有了很大的不同。

一、情境变化带来的能力迁移

不能否认，因为新技术推动了当前越来越多的行业不得不进行数字化迭代之时，当今社会从一个确定性世界向不确定性世界进行转换的速度在不断加快，商业模式、组织运营、人才管理等各方面的管理理念的变迁也在加快。这样带来的直接影响就是，管理者在过往曾经引以为傲的能力在新环境中可能会失效。

其中的一个问题就是，当今管理者被培训或训练出来的管理能力，往往都具有极强的企业属性或行业属性。如果一名管理者有幸成长在一家优秀的大企业中，那么按照惯例的做法，这样的企业都会十分重视按照自己的文化属性和管理传统来培养人。比如说，你在A公司所学到的跨团队合作的方式、曾经屡试不爽的项目推进方式、寻求相关领导获取资源的方式等，来到B公司可能就不一定会有用。在这种情况下，很多人可能就会简单归因于企业文化不合适，或者管理理念的不认同，从而不停地转换新工作。

在上一节中，我们跟大家分享的CTO案例里面，就可以很清楚地看到这名CTO过去曾经具备十分优秀的创新与变革管理能力，但当他从过去的大型外企来到一家创业型互联网公司之后，人们却无法从他身上发现这些能力的踪影。那么问题来了，曾经具备的能力会消失吗？

准确地讲，已经掌握的能力并不会消失，但管理者对每一项能力掌握的深入程度，会影响到他在不同管理场景中的迁移应用。

这种迁移体现在两个方面。一是由于环境的变化，一般来讲，可能是变得更加陌生和变得更具有挑战性，因此需要管理者对现有能力进行升级。从认知的角度讲，能力是对一种既定任务场景下的行为反应范式的归纳与提炼。这样看来，能力就不应是一成不变的，当组织运行的逻辑发生了变化时，行为范式就应当发生相应的变化。当前的时代各类组织都在发生巨变，连带着就会赋予很多传统的能力项目以全新的含义。

二是从问题解决的角度出发来看。在过往的确定性时代，问题往往和解决方案是相对固定的，这就意味着对某类问题，往往会有相应推荐的最佳解决方案。这是一个非常常见和被普遍接受的思路，在这种思想的影响下，大量的模式化和工具化的管理类培训被提供给新晋管理者，他们会被一些固定的管理套路和相配套的管理方法论武装起来。当具体问题出现时，对于经验丰富的管理者来讲，相应的能力会不假思索地匹配上去。在过往，这通常十分有效。不过，在新的数字化变革来临的时代，当同样的问题出现时，你可能需要做的是对能力进行重新匹配。也就是说，你需要找到新的解决思路和解决方案，而这需要新的能力组合。这是另一种意义上的能力迁移，或者我们可以称为能力组合的迁移。

二、不断获取新能力的能力

人无完人，没有人能够在所有的领导力项目上都表现得十分出色。以励衿领导力推出的 VERA8 领导力测试为例，与当今几乎所有主流的领导力测评工具的计分规则相同，都是按迫选法的方式来对管理者的能力优势项进行强制排序，那么就意味着，如果你在一项领导力项目上得高分，就必然会在另一个项目上得低分。这符合人们所能够掌握的领导力的实际情况，比如说，你很难要求一名管理者既刚硬又灵活。

对于一名成熟的管理者来讲，当他进入成熟期之后，通常他所掌握的领导力会相对稳固成型，他的优、劣势均十分明显，不会轻易转换。在这个阶段，他比较容易进入的一种状态是对自己的高度自信和成竹在胸。在大多数情况下，自信会为这名管理者添加魅力，让他的跟随者更具有信心，团队士气更足，往往解决问题也会更加富有效率。但同时，他也往往会停止自己获取新能力的动机和愿望。在足够幸运的情况下，如果这名管理者所处的组织与环境都十分稳定，他能够相对平静地度过自己的职业生涯。但如果时代发生巨变，在组织环境与商业环境都发生了巨大变化的情况下，显然都将提出全新的能力需求。在这种情形下，一名管理者如果需要更好地适应这个变革的时代，就需要打破以往的传统，开始着手不断获取新的能力。

当对现有能力进行持续升级，以及不断获取新能力的需求变得越来越重要的时候，人们就需要开始关注元能力的重要性了。因为，管理者的成长能不能及时跟上组织变化的速度，将成为组织能否在未来获得成功的真正关键。组织的竞争优势不再是你当前拥有多少合格的管理者，而是在多大程度上能够源源不断地产生引领未来的管理者。在这一点上，体现组织之间差异性的，是组织内部的元能力的高低。

学习敏锐度是元能力的核心

能力是一个相当宽泛的概念，为便于讨论，我们在这里限定一下仅仅指领导力，而本章中所讨论的元能力也是指能帮助我们获得新的领导力的能力。我们在前面讲过一个观点，领导力在本质上是由管理者对行为与结果之间的一种认知模式驱动的，也就是指"你认为在……的情况下，采取……的行为，将会得到一个什么样的结果"这样的一个逻辑。那么，就掌握一项新的能力而言，就是一个建立全新的认知模式的过程，而这个建立新认知模式的速度和效率的高低，体现的就是元能力的高低。从这个意义上讲，元能力应当是一种以学习能力为核心的能力。

已经有相当多的领先的咨询机构和领导力研究机构就此提出了它们的观点，它们将这种元能力称为"学习敏锐度"。励衿领导力的创始人林光明先生数年来一直致力于这方面的研究，他在与美国著名的组织心理学专家 Ken De Muse 博士合作的基础上，于 2014 年即提出了学习敏锐度模型，他们将学习敏锐度定义为：学习敏锐度（Learning Agility）是一种快捷学习，并且能将所学到的经验很好地运用于新的富有挑战性的领导力情境中的能力和意愿。

在林光明先生倾力撰写的著作《领导力基因》中，对学习敏锐度的概念有非常详尽的介绍，在这里我们就不做展开了，有兴趣就此做更深入了解的读者，可以找来该书读一读，绝对是一本开卷有益之作。

学习敏锐度模型中一共包含了七个要素，具体如下。

（1）人际敏锐（Interpersonal Acumen）。

（2）思维视角（Cognitive Perspective）。

（3）环境敏感（Environmental Mindfulness）。

（4）驱动卓越（Drive to Excel）。

（5）洞悉自我（Self Insight）。

（6）变革意愿（Change Alacrity）。

（7）响应反馈（Feedback Responsiveness）。

围绕该学习敏锐度模型，励衿领导力还开发了相应的测评工具TALENTx7™，为企业和相关机构在衡量组织中的管理者的学习敏锐度的高低方面提供了一个很有效的手段。关于学习敏锐度七个维度的具体定义和解释，可以参见本章的附录一部分。

在学习敏锐度中，实际上涉及了两层核心含义。第一层含义是指它体现的是一种快速学习能力，这指向了元能力概念中强调对于新能力的学习和掌握的最核心部分。

第二层含义，则是它名称中包含的"敏锐度"（Agility），从其英文本义来看，我们也完全可以把它理解为敏捷（Agile）。事实上，在当今的商业与组织管理中，大量的领域都在谈到敏捷，比如敏捷组织、敏捷团队、敏捷领导力等。我们认真思考"敏锐"（或敏捷）这个词，会发现它实际上体现的是一种态度，一种对世间万物的反应态度和认知态度。没错，它回归到了我们所说的领导力实际上反映的是对行为与结果的认知模式的体现这一点上，也就是说，对学习敏锐度的另一种理解，是它体现的是我们对事物的一种认知方式。而人们在学习敏锐度上的差异，反映的就是不同管理者在认知新的事物时，有的人会更加敏锐（Agile），能更快地适应、学会、掌握和应用，但也会有相当一部分人表现得缓慢、封闭甚至拒绝改变自己。

如果从认知的角度来理解学习敏锐度的话，笔者会推荐英国著名思想家E.F.舒马赫在他卓有声誉的著作《解惑——心智模式决定你的一生》中提出的关于对世界认知的划分维度，可以帮助我们更好地理解学习敏锐度相对晦涩的概念。

E.F.舒马赫在书中指出："对我们每个人来说，现实分为两个部分：一部分是'我',另一部分是其他的一切——包括你在内的这个世界。"他进一步指出:"我们还能观察到另一种两重性……我们可以称之为外在体验和内在体验。"从这两组相对的概念中,就可以得到一个两维的象限,共分为四个部分:我—内在;我—外在;世界—内在;世界—外在。

以上一共形成四种认知领域,它们能够涵盖我们认知整个世界的完整角度。更进一步地,如果借用这四个维度的划分,我们可以将学习敏锐度的七个维度拆分成这样的七个问题,具体如下。

(1)你对自我是否敏锐——"洞悉自我"。

(2)你对"外在的我"(他人眼中的"你")是否敏锐——"响应反馈"。

(3)你对环境(世界)是否敏锐——"环境敏感"。

(4)你对人际(他人)是否敏锐——"人际敏锐"。

(5)你对世界中的变化是否敏锐——"变革意愿"。

(6)你对变化的结果是否敏锐——"驱动卓越"。

(7)你对你映射这个世界的方式是否敏锐——"思维视角"。

从上面的七个问题中,能清晰地看到学习敏锐度实际上反映的就是我们是如何认知这个世界的,我们是否在以足够开放、包容的心态,以不断升级和迭代自我为目的,不断推高自己对世界认知方式的形式,来接纳这个世界的变化。当我们强调当今世界越来越多地进入一种自我升级的自组织形式的时候,我们也能够以一种足够敏捷的方式来快速学习和提高自己。

学习敏锐度的反面——钝化

保持敏锐并非易事。在我们所做的大量咨询案例中,从运用TALENTx7™测评工具对各级管理层所做的学习敏锐度测评结果中发现,学习敏锐度跟年龄无关,也就是说,在不同年龄层分布中,学习敏锐度的差异并不明显,在年龄较大的人群中会存在高学习敏锐度的人,在年轻人群中也会存在大量学习敏锐度较低的人。

不过,我们更感兴趣的一点是,基于测评结果的统计数据表明,在高管层级人群中的学习敏锐度结果要显著高于中低层管理人员。从这个结果中可以得到一个有趣的结论，那就是高学习敏锐度的人具有更大的潜力去到更高的管理层级，而低学习敏锐度的人则更加困难一些。

从我们的实际观察中不难验证这一点。因为作为领导力顾问，我们有大量机会跟很多在管理生涯中碰到上升瓶颈的管理者进行深入交流。首先，在大多数情况下这部分人群的学习敏锐度结果会呈现出一个相对较低的分数，表明他们对新事物的快速学习和建立新的认知模式不够积极。其次，在这部分人身上，我们发现了一个较为普遍存在的一个特质，并把它称为"认知钝化"。

这种认知钝化又可以分为主动和被动两种表现形式，具体如下。

一、主动钝化

在现实生活中有太多人在经历了职场和生活的多年阅历之后，慢慢开始无论是对"我"，还是对"包含我在内的这个世界"都失去了敏感。他们对外部环境中发生的新的变化不够敏感，对出现的新概念缺乏深入探究的兴趣，尤其是当这些新事物或新概念看起来跟他的工作和生活不太相关的情况下，他会缺少好奇心。比如说，当出现"碳中和"和"碳达峰"这样的概念时，他缺少足够的动机去搞清楚里面具体的含义，去弄清楚对宏观经济、行业或具体企业所带来的远近期影响，因为他觉得这和自己无关。励袵领导力曾经针对一些大型企业的中层管理人员做过一次关于数字化知识的常识性测试，主要目的是想探测这部分人群对最近两年来不断涌现的跟数字化技术和数字化变革相关的新概念的熟悉和了解程度。从测试的结果来看，可以说既在意料之中，也有令人吃惊之处。意料之中的部分是，这些来自优秀企业的中层管理人员的整体测试分数不高（在100分满分的测试中，最终的总体得分平均分低于60分）。意料之外的地方则是，既有表现极其优秀的人（拿到满分），也有人几乎得零分，分数分布的个体差异性极大。坦率地讲，我们预料到有人分数会低，但我们确实没有预料到会有如此多的中层管理者对当今热门的数字化新技术和新概念表现出毫不关心的态度。

在实际的工作场景中，这种认知钝化的情况会体现得更加充分一些。在解决问题时，固守方法论和依赖遵循成熟解决方案，不愿尝试创新方法，就是一种典型的主动钝化的表现。另外有一种更值得引起人们重视的表现是，有很多人对本职能或本专业领域之外的内容表现得几无兴趣，其绝大部分精力都会兢兢业业地投入自己的职能和专业领域之内。比如说做销售的人，会觉得产品部的产品开发流程、财务部的预算控制流程跟自己没有什么太大关系，不愿意花时间去了解产品开发流程和预算控制流程中的关键节点，也不会去花时间和不相关部门的人员打交道。这部分人在自己的领域内可能会非常专精，但在对组织内部周边环境上表现出来的这种"主动钝化"，会给他在更大的职业发展可能性空间上设置障碍，同时，他在实际的问题解决中也会严重缺乏迁移视角和应有的大局观。

二、被动钝化

被动钝化则更加难以察觉。这部分人也会保持看书的习惯，及时去了解一些最新的动态和信息，甚至也愿意去学习。但最为重要的一点，他们拒绝改变自己的心智模式。对他们来讲，学习任何新的东西，是在不断强化他们固有的认知和行为模式。任何新的信息进入他们现有的认知体系中，都会转化为有益于他们原有认知模式的养分。这类人简直是自带转换器，不管什么样的新东西进去，出来的都是同一类东西，是他们只愿意接受的东西。

学习敏锐度作为一种最为典型的元能力，其核心是致力于不断改变和提升自己原有的认知模式，使其能够不断升级并进入一个更为高级的状态。但对于被动钝化的人来讲有一个很强的欺骗性，他们在表面上看起来谦逊、开放、阅读广泛、保持相当不错的好奇心，但在事实上一旦进入需要打破其原有认知状态的情况下，就会碰到一个非常坚硬的保护壳，从而无法形成一个真正的"二次建模"，形成新的更高级的认知模式。他们在实际上进入的是一个呈螺旋式不断原地旋转的状态，即在原有领域进入得越来越深，越来越快地从原地跳跃出来进入一个新的平台。

运用元认知和元能力改变自己，提升自己的领导力

我们如何同时理解元认知和元能力这一对相关的概念呢？它们有什么内在的关系？以及跟我们所要讨论的在数字化时代如何提升自己的领导力有什么关联？我们在本章最后的部分重点讨论一下这几个问题。

"元认知"作为认知的认知，它指的是我们需要建立一种能够促进领导力进行自我迭代和自我升级的正确的认知方式。这种方式强调我们应思考以下几个问题。

（1）在每一个管理动作的背后，都有一个行为范式在影响我们的行为选择。每一个成熟的行为范式的背后，有其相应的驱动因素在影响。这个过程反映的是管理者关于领导力的初始化认知模式。

（2）各类领导力测评工具可以提供一个很好的对自己领导力类型的建模，让自己对自己的领导力有更深刻的理解。

（3）对"初始化认知模式"的形成进行深度思考，结合自己的优劣势与过往得失，以抽离、客观、冷静的"上帝视角"分析现有认知模式的不合理之处，并将其打破。

（4）结合新的思考和新的输入，对自己的认知模式进行二次建模，形成自己更高阶的领导力。

以上是一个顺序发生的动态过程，是一种认知模式的再造和升级。如果不经历这样一个阶段，个人的领导力难以得到提升。

对"元能力"而言，它是能力的能力，但本质上也是一种能力，只不过是一种更高级、更深层次的能力，能够驱动其他能力的获得和升级。

既然是能力，就也应符合我们对"能力是一系列固化的行为范式的集中体现"这一定义。

从这个意义上讲，元能力的行为范式体现的是一个静态的多因素集合体，它们从立体的角度解读我们应该从哪些维度来思考和认知这个世界。它描述的是一种我们认知万物时应该具备的一种态度：开放、包容、探究、充满好奇心、求变求新、持续追求更优结果。

元认知提醒我们的是应如何保持一个有深度的反思和重构自己原有认知模式的过程。对元认知的认知缺乏，会导致我们的认知模式停滞不前，无法提升自己的领导力。而元能力提醒我们的则是一个自检的视角，看看自己是否具备一个对"我"和"包含我的世界"的敏锐视角，能否熟练地进入这一视角，并帮助完成自己的元认知过程。

所以，元能力和元认知二者在目标上是一致的，它们都是为了帮助我们更好地完成自我升级。更具体地讲，具有优秀的元能力，能够帮助你更好地完成元认知的过程，而元能力的缺乏，会使得你更难以完成元认知的过程，使你的自我提升变得更困难和更具有挑战性。

当今的时代是一个变化加剧来临的时代，我们所处的组织均在主动或被动地迎来巨变，数字化浪潮正在深刻地改变我们生活与工作的每一个角落，组织的运转形式、信息的交换与获取方式、商业的运转与利润的产生方式等都发生了剧烈变化，新的管理思想与管理理念正在快速形成，这些都在呼唤新时代所需的新领导力。更清晰地了解元认知和元能力，掌握好和运用好它们，能帮助我们更快地完成自我领导力的提升与进阶，这也是编写本章的真正目的之所在。

本章小结

- 元认知是指关于认知的认知，是一种以冷静、客观、理性的审视角度，调整原有的思维模式，改进思维结果的一种认知活动。其最大的价值在于认清、打破并不断重构更新更好的你。

- 准确理解自己管理行为背后的认知驱动模式十分重要。参加一个权威的领导力测评可以很好地帮助你做到这一点。

- 相比较管理者领导力的初次形成，元认知在本质上是一个二次建模的过程。二次建模，是形成"认知的认知"的关键。

- 在通过元认知形成新的认知模式时，最容易被人忽略的一点是原有认知模式的打破。元认知的状态很难进入。如果要把握好元认知的关键点，需要认识到以下几点。

（1）形成螺旋式上升的"二次认知"，是元认知的关键。

（2）努力避免很多人容易陷入的"原地自我强化模式"，勤奋但徒劳。

- 元认知需要我们做的是：以真正抽离和超然的态度，冷静、客观、细致入微地观察自身认知的固有模式（动机，行为决策的偏好类型，认知阻碍因素如情绪、环境等），建立新的优化的认知模式，实现认知迭代。致力于改进自己的领导力缺陷，是一种常见的领导力提升之道。不过，如何真正认识到自己的领导力缺陷的来源，比单纯地进行改进型练习要来得更为重要。

- 一个人领导力的缺陷和不足主要来自两个方面：个性偏差和认知偏差。不过对于大多数的领导力问题而言，往往都不是单一归因的，往往是这两个因素交织在一起共同造成的。更进一步地，情感因素、环境因素和人们拒绝认错的防御机制这些多重因素都会影响和放大领导力缺陷。

- "你以为的领导力"和"你真实的领导力"这二者之间往往会让很多管理者混淆或者迷失。在顺境之中，二者会有很大的重叠部分。但当逆境来临时，很多管理者会突然之间陷入困惑。在这种情况下，需要管理者以巨大的努力来进入元认知的状态，以认识真实的自己，并能着手进行改进。
- "元能力"是关于能力的能力、超越能力之上的能力、能够让你具备某项能力的能力。
- 在现实的管理中，人们给予了能力很多的重视，但对元能力的关注却远远不够。当变革的时代来临之际，组织在发生巨变，带来了对新能力掌握的持续需求。在这种情况下，元能力的重要性凸显。
- "学习敏锐度"是元能力的核心。学习敏锐度是指一种快捷学习，并且能将所学到的经验很好地运用于新的富有挑战性的领导力情境中的能力和意愿。良好的学习敏锐度能够帮助管理者更快地成长和进入更高阶的层级。
- 学习敏锐度的反面是认知钝化。事实上，有大量的管理者会停滞在这个阶段。认知钝化又可以被区分为主动钝化和被动钝化。其中，被动钝化是一种更为危险的状态，管理者可能会陷入一个原地强化的固有状态并导致更难以打破。

附录一：关于学习敏锐度七个维度的定义

1. 人际敏锐。能与各种各样的人有效交往，了解他们各自的动机、价值观、目标、强项和弱项，树立他人自信，并激励他人在工作中表现最佳。

Interpersonal Acumen. The extent to which individuals interact effectively with a diversity of people, understand others' unique motives, values, and goals as well as their strengths and limitations, instill confidence in them, and leverage them to perform successfully on their jobs.

2. 思维视角。为了解决复杂问题，总览困难、多面的组织内部挑战，从高瞻远瞩的角度分析形势，进行批判性和战略性思考。关注多角度的信息来源，而不是只有一两个职能／技术的思考角度。

Cognitive Perspective. The degree to which individuals think critically and strategically to solve complex problems, embrace difficult, multifaceted organizational issues, approach situations from a broad high-level perspective, and focus on multiple inputs rather than from only one or two functional/technical perspectives.

3. 环境敏感。善于观察周围环境，留意新的角色和岗位职责的要求，以客观的方式来应对环境的变化，并且有效调整自己的情绪。

Environmental Mindfulness. The level to which individuals are fully observant of their external surroundings, attentive to their changing job duties and requirements in new organizational roles, approach environmental changes in a nonjudgmental manner, and regulate their emotions effectively.

4. 驱动卓越。能够被困难的任务激励，设定挑战性的个人和组织目标，足智多谋地组织资源的程度。能够在新的、前所未见的情况下达成结果的程度。

Drive to Excel. The extent to which individuals are motivated by difficult assignments, set challenging personal and organizational goals, are resourceful, and can be counted on to deliver results in new and untested situations.

5. 洞悉自我。对于自己有准确的认知，包括自己的能力、弱点、信仰、价值观、感受，以及与工作相关的个人目标。

Self-Insight. The degree to which individuals accurately understand themselves, their capabilities, weaknesses, beliefs, values, feelings, and personal goals as it relates to the workplace.

6. 变革意愿。对于新思维和新的行为方式好奇、渴望学习的程度，对于新形势持开放态度，喜爱变化，持续性地寻找创新（有时带有冒险性）的方法来工作。

Change Alacrity. The level to which individuals are curious and eager to learn new ideas and ways of behaving, open-minded to new situations, relish change, and continuously seek innovative (and at times risky) approaches to perform their jobs.

7. 响应反馈。能够征求、听取和接受他人反馈，切实仔细地思考其益处，并继而采取改正措施提升业绩。

Feedback Responsiveness. The extent to which individuals solicit, listen to, and accept personal feedback from others, carefully consider its merits, and subsequently take corrective action for performance improvement.

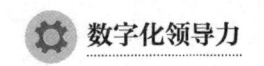

附录二：以Digital Leadership 5™测评数字化领导力

数字化时代下组织领导者面临两大新挑战：如何驾驭外部的不确定性，如何在推动数字化转型的同时持续达成短期业务目标。企业当下最需要的人才须具备适应数字化时代业务要求的领导力素质，或是能够推动企业进行数字化转型的领导力素质。而传统的领导力素质已然不能满足数字化业务场景下的应用和转型。面对数字化时代，如何更有针对性地衡量和发展数字化时代所要求的领导力素质，并用于企业的人才选拔和发展成了企业必须直面的挑战。励衿公司倾力研发DIGITAL5™数字化领导力建模和测评，为企业提供敏捷高效的解决方案。

这个工具的主要特点如下。

（1）包含了数字化时代企业管理者所需要的基本的数字知识的测评，这部分的测评题库随机生成，并不断更新。

（2）行为部分的测评用迫选的方式进行，在一定程度上避免自评所带来的伪装。

（3）测评结果对标中国常模得到24项数字化领导力素质得分的百分位。

这个工具可以用于数字化场景下内部人才测评和盘点，也可以用在外部人才的招聘中。

欲详细了解该测评工具，可以扫描以下二维码从"励衿领导力"咨询具体信息，也可以直接联系 marketing@leadersgene.com 获得专业的帮助。